열반은, 있는 것도 없는 것도 아니다

고승전
(高僧傳)

慧　　皎 지음
柳 月 誕 편역

자유문고

'고승전(高僧傳)'이란 어떤 책인가?

고승전은 중국 양(梁:五代 때의 한 나라. 502~557) 나라 시대 혜교(慧皎)가 지은 저서이다.

이 고승전을 지을 당시의 중국사회는 혼란기였다.

춘추전국시대를 거치면서 주(周)나라의 왕도(王道)가 문란해지고 공자(孔子)가 세상을 떠난 뒤에 진(秦)나라에 의해 분서갱유(焚書坑儒)의 화액이 일어났다. 또 이때는 유학(儒學)이 쇠퇴의 길로 접어들어 한대(漢代)에는 황로(黃老)의 가르침이 존중되고, 진(晉) 위(魏) 양(梁) 수(隋) 등 5대(五代) 때에는 불교가 인심을 풍미(風靡)하게 되었다.

도덕과 인의(仁義)를 내세우는 자는 양주(楊朱)에 공명하지 않으면 묵적(墨翟)에 동조하고, 노자(老子)에 열중하지 않으면 불타(佛陀)에 도취되는 형편이었다. 천하가 이렇게 돌아가는 것을 개탄한 당(唐)나라의 문호(文豪) 한유(韓愈)는 '원도(原道)'를 저술하였는데, 그 논조는 지극히 심각하였다.

그러나 한유의 주장대로 문명에서 야만으로 사람의 마음을 타락시킬 뿐인 불교에, 당나라는 상하와 귀천을 가리지 않고 심취되어 있었다. 천자 자신이 불골(佛骨)을 향하여 엎드려 예배하는 형편에 이르자 한유는 더욱 견딜 수 없는 분노를 느꼈다. 그는 마침내 '논불골표(論佛骨表)'라는 글을 지어 직접 천자에게 올렸는데 그 논조는 격렬하고 비창감(悲愴感)마저 감돌았다.

그러면 한유가 이와 같이 초조해 했던 원인은 무엇일까.

본래부터 왕도(王道)의 길인 유도(儒道)가 쇠퇴하고, 이단사

설(異端邪說)에 불과한 도교(道敎)와 불교가 만연하는 상태에서, 야만의 땅에서나 어울리는 불교의 가르침이 문명의 땅인 중화(中華)로 침입하여 천자 자신이 솔선수범하여 신봉하는 일에 그는 견딜 수 없는 모멸감을 느꼈을 것이다.

도교와 불교가 성행하고 유도가 쇠퇴하게 되는 사상적인 상황은, 당나라 시대에서도 후반인 한유가 관계에 진출한 시기에 갑자기 나타난 현실은 아니다.

한대(漢代)에 황로도가(黃老道家)의 가르침이 사람들의 관심을 불러일으킨 뒤, 한(漢)나라 명제(明帝) 때 새로 전해 들어온 불교가 삼국시대(三國時代)와 양진(兩晉)시대에서 남북조시대를 거쳐 수당(隋唐)시대로 이어지면서 신자를 획득하게 된 반면, 유가(儒家)의 가르침은 쇠퇴일로를 걷게 된 것이다.

토착(土着) 전통의 가르침이 아닌 불교가 이향(異鄕)에서 신자의 수를 늘려간 데에는 그럴만한 까닭이 있었다.

당시의 기록에 의하면, 토착 사상으로는 생각할 수 없었던 인생의 도리를 밝힌 것이 사람들의 관심을 끌었던 것으로 생각된다.

기원전후(紀元前後)에 중국에 전래하기 시작하여 세월이 흐르기 약 8백 년, 그 흥륭성쇠의 과정을 거치는 전교(傳敎)와 홍법(弘法)의 길은 결코 평탄하지 않았다.

파란만장(波瀾萬丈)과 간난신고(艱難辛苦)의 연속이었고, 무수한 사람들의 피와 땀의 결정(結晶)이었다.

불타가 깨달은 진리와 그가 정한 계율, 그것들을 설명한 경(經) 율(律) 논(論) 삼장(三藏)이 불교의 핵심이지만, 그것을 중국어로 바르게 바꾸어 놓는 일 없이는 전교도 홍법도 있을 수 없었다.

풍속과 습관, 언어의 구조가 전연 다른 범어(梵語)를 한어(漢語)로 번역한다는 일이 쉽지 않았는데, 유명무명(有名無名)의 많은 승려들은 그 일을 무난히 해냈다.

그 밖의 여러 가지 방법으로 하는 전교와 홍법의 수레바퀴가 대지의 구석구석을 돌면서 세계를 덮었던 어두운 구름을 완전히 걷어치웠고, 진홍(眞紅)의 태양 광선이 대지의 구석구석까지 비추게 된 것이다.

혜교(慧皎)가 편찬한 '고승전(高僧傳)' 14권은, 서문인 권14를 제외한 권1에서 권13까지 역경(譯經)·의해(義解)·신이(神異)·습선(習禪)·명률(明律)·망신(亡身)·송경(誦經)·흥복(興福)·경사(經師)·창도(唱導)의 10과를 세워 정전(正傳) 257인(人) 부전(附傳) 2백여 인의 고승의 전기(傳記)를 수록하였다.

이 편역서는 그 많은 인물을 다 수록할 수 없어서 공적이 지대한 32인의 고승만 선정하여 기술하였다. 그 과정은 일본의 강담사(講談社) 발행, 고승전(高僧傳)을 참조하였다.

후한 명제의 영평(永平) 10년(67)에서 양(梁)나라 무제(武帝) 천감(天監) 18년(519)에까지, 전후 453년 간 몸과 마음을 바쳐 전교와 홍법에 힘쓴 승려들의 사적(事跡)을 기술했는데, 중국에 불교가 널리 전파된 전말과 경위를 남김 없이 보여 준다.

그런데 혜교가 붓을 놓은 천감 18년(519)은, 한유가 위기감에 몰려 '원도(原道)'와 '논불골표(論佛骨表)'를 저술하지 않을 수 없었던 9세기 초와는 약 3백 년의 거리가 있다.

이 시점에서 이미 불교는 중국 사람들의 마음을 풍미하고 시대를 석권(席卷)하여 황제 스스로 보살계(菩薩戒)의 제자를 자처하는 데까지 이르렀다. 이러한 시대에 산 혜교는 '고승전' 서문에서 유(儒)·도(道)·불(佛) 삼교(三敎)를 비교하여 불교의 우수성을 설파하였다.

그러면 혜교는 어떤 인물인가.

당(唐)나라 때 도선(道宣)이 지은 '속고승전(續高僧傳)' 권6에 보이는 그의 전기에 의하면, 그는 어떤 씨족(氏族)의 출신인지 분명하지 않으나, 회계(會稽)의 상우현(上虞縣) 사람이다.

학문은 내전(內典:佛書)과 외전(外典:俗書)에 두루 통달하였고, 내전은 경(經)과 율(律)을 널리 닦았다. 가상사(嘉祥寺)에 살면서 봄과 여름에는 법(法)을 설(說)하였고, 가을과 겨울에는 저술에 힘썼다.

'열반의소(涅槃義疏)' 10권과 '범망경소(梵網經疏)'를 찬술하였고, '고승전' 14권을 저술하였는데 전(傳)이 완성되자 온 나라 안에 널리 퍼졌다.

문장이 간략하고 의미가 명료하여 사람들에게 존경받았다. 그 뒤 어디에서 어떻게 입적(入寂)했는지는 알 길이 없다고 하였다.

'고승전' 권14의 말미에 덧붙인 한 글에 혜교가 입적한 해를 명시한 문자가 보이며 '속고승전'의 기사를 보충해 주고 있으나, '속고승전'이 찬술된 뒤에 발견되어 '고승전' 말미에 덧붙인 것으로 보아, 어느정도 신용할 수 있는지는 의심스럽다.

그것에 의하면 '양(梁)나라 말기인 승성(承聖) 2년(553)에 후경(後景)의 난을 피하여 분성(溢城)으로 왔다. 거기서 얼마 동안 강설(講說)하였으나 갑술년 2월에 세상을 떠났다. 향년 58세. 강주(江州)의 승정(僧正)인 혜공(慧恭)이 여산(廬山) 선각사(禪閣寺)에 장사 지냈는데, 용광사(龍光寺)의 승과(僧果)가 함께 난을 피해 왔다가 목격한 것을 여기 적어 둔다.'고 하였다.

갑술년이 서기 554년이고, 58세에 입적했다면 그의 탄생은 남제(南齊)의 명제(明帝) 건무(建武) 4년(497)이 된다.

혜교의 일생은 남조(南朝) 굴지(屈指)의 불교 왕조인 양(梁)나라의 흥륭과 멸망의 전 과정과 거의 일치한다.

불교를 독신하던 무제(武帝)가 이끈 양왕조(梁王朝) 치하에서 불교의 교단이나 출가자(出家者)들은 무제의 두터운 보호를 받았다. 그러한 상황에서 승려의 한 사람으로서, 상하 모두에게 존경받은 혜교에 의해 이루어진 '고승전'은 음으로 양으로 시대의 영향을 많이 받았으니, 그 흔적은 도처에서 보인다.

차 례

'고승전(高僧傳)' 이란 어떤 책인가 / 3

제1장 역경전(譯經傳) / 13
역경의 다섯 가지 모순…15

불가사의한 역경성승(譯經聖僧)의 숙명 / 18
— 안청전(安淸傳)

사람들을 감동시킨 불멸의 사리(舍利) / 27
— 강승회전(康僧會傳)

이 몸을 불태우더라도 내 혀는 타지 않는다 / 39
— 구마라습전(鳩摩羅什傳)

사방으로부터 정(靜)을 즐기는 자가 이르다 / 59
— 불타발타라전(佛馱跋陀羅傳)

'열반경(涅槃經)'을 중국어〔漢語〕로 번역한 스님 / 68
— 담무참전(曇無讖傳)

위에는 나는 새 없고, 아래는 달리는 짐승 없다 / 76
— 법현전(法顯傳)

제2장 의해전(義解傳) / 83
진실한 가르침을 직접 받을 수 있는가…85

진리를 이을 이는 이 사람뿐이다 / 88
― 지둔전(支遁傳)

금세(今世)는 즐겁다. 그러나 내세(來世)는 어찌할 것인가 / 96
― 축승도전(竺僧度傳)

고해(苦海)를 건널 수 있겠습니까 / 103
― 석도안전(釋道安傳)

30여 년 동안 그림자가 산을 벗어나지 않았다 / 115
― 석혜원전(釋慧遠傳)

겨우 돌아갈 곳을 찾았다 / 133
― 석승조전(釋僧肇傳)

선근(善根) 없는 자도 다 성불(成佛)한다 / 145
― 축도생전(竺道生傳)

제3장 신이전(神異傳) / 151
내 위에 누가 또 있으랴 / 153

도술로써 징험을 보였다 / 156
― 축불도징전(竺佛圖澄傳)

불가사의한 주력(呪力)이 중병(重病)을 고쳤다 / 165
― 배도전(杯度傳)

제4장 습선전(習禪傳) / 175
선(禪)의 또 다른 세계…177

돌로 사다리를 만들고 바위에 올라 좌선하다 / 180
— 축담유전(竺曇猷傳)

악세(惡世)에 태어나 중생을 구원하려다 / 186
— 석현고전(釋玄高傳)

제5장 명률전(明律傳) / 197
계율(戒律)을 깊이 닦은 분들…199

이 사람이야말로 후세의 우바리(優波離)이다 / 201
— 석승업전(釋僧業傳)

배움은 내외를 겸하고 율행(律行)도 부족함이 없었다 / 204
— 석승거전(釋僧璩傳)

장수도, 높은 지위도 내가 바라는 바 아니다
— 석지칭전(釋智稱傳)

제6장 망신전(亡身傳) / 213
이 한 몸을 바쳐서…215

범이 나를 먹는다면 재앙은 반드시 소멸되리라 / 218
— 석담칭전(釋曇稱傳)

내 살을 먹으면 아직 며칠은 더 견디리라 / 220
— 석법진전(釋法進傳)

나의 신명(身命)이 무엇이 아까우랴 / 223
— 석혜익전(釋慧益傳)

제7장 송경전(誦經傳) / 227
행복을 초래한 힘의 원천…229

저에게 90일 동안 만 법을 설(說)하여 주십시오 / 231
— 석담수전(釋曇邃傳)

하늘의 동자가 시중 들다 / 233
— 석홍명전(釋弘明傳)

도림(道琳)이 와 살면서 요괴(妖怪)가 없어졌다 / 236
— 석도림전(釋道琳傳)

제8장 흥복전(興福傳) / 239
삼라만상은 곧 부처의 활동…241

예배와 참회(懺悔)를 으뜸으로 삼다 / 244
— 석혜달전(釋慧達傳)

불가사의(不可思議)한 영상(靈像) / 249
— 석법열전(釋法悅傳)

제9장 경사전(經師傳) / 257
대중을 사로잡는 독경 소리…259

슬픈듯 아름다운 가락은 신의 경지에 이르렀다 / 261
— 백법교전(帛法橋傳)

전무후무한 독경의 제일인자 / 263
— 석담천전(釋曇遷傳)

범음(梵音)이 한번 울리면 길 가던 사람이 걸음을 멈춘다 / 265
— 석담빙전(釋曇憑傳)

제10장 창도전(唱導傳) / 267
신앙심을 불러 일으키는 설법(說法)…269

효무제를 불도(佛道)로 인도한 응변무궁(應變無窮)한 변설 / 272
— 석담종전(釋曇宗傳)

모든 중생의 앞날을 정확히 맞추었다 / 275
— 석법원전(釋法願傳)

제1장 역경전(譯經傳)

천둥소리가 산을 부술 정도로 요란하다 하더라도
귀머거리에게는 들리지 않습니다.
그렇다고 그 천둥소리가
작은 것은 결코 아닙니다.
만약 그 도리(道理)가 어디에서나
통할 수 있는 것이라면 저 멀리
만리 밖에서도 응할 것이요,
만약 도리가 막혀 있다면
간과 쓸개처럼 바로 붙어 있어도
초나라와 월나라처럼 멀어질 것입니다.

제1장 역경전(譯經傳)

역경의 다섯 가지 모순

'역경전(譯經傳)'에서는 역경 사업에 전력을 기울인 여섯 고승의 전기를 초역(抄譯)하였다.

혜교(慧皎)의 '고승전(高僧傳)'에는 역경승(譯經僧)으로서 이름을 남긴 사람으로 정전(正傳)에 35인과 부전(附傳)에 28인, 도합 63인의 전기가 수록되어 있다.

그 방대한 기록을 다 감당할 수 없어 여기서는 우선 안청(安淸) 강승회(康僧會) 구마라습(鳩摩羅什) 불타발타라(佛馱跋陀羅) 담무참(曇無讖) 등 다섯 사람의 서역승(西域僧)과 한 사람의 중국승 석법현(釋法顯)의 행적을 발췌하여 번역하였다.

천축(天竺)에서 설법한 석가의 가르침인 불교가 중국 땅으로 전파된 것은 5백 년이 지난 후한(後漢)의 명제(明帝) 때였다. 그로부터 육조시대(六朝時代)의 양(梁)나라 천감(天監) 연간까지 대략 450여 년에 걸쳐 역경 사업은 계속되었다.

서역(西域) 말로 독송(讀誦)되고 중국의 사상과는 극히 이질적인 석가의 가르침을, 단순히 신기하다거나 영적(靈的) 신앙의 영역을 초월해 그 가르침의 핵심에 접근하여, 가르침으로서의 전체상(全體像)이 되기까지는 적어도 그 정도의 세월이 필요했는지도 모른다.

명제 때 서역에서 중국으로 들어와 '사십이장경(四十二章經)' 등을 번역하여 처음으로 불교 경전을 중국 땅에 소개했다고 전해지는 섭마등(攝摩騰)이나 축법란(竺法蘭)의 자취는 짙은 안개 속에 가려지고 말았다.

그렇지만 그의 번역은 여러 번역의 으뜸이라고 절찬(絶讚)되었다.

그 후 안청(安淸)이 30여 부에 달하는 소승경전(小乘經典)을 번역하였는데 상세하면서도 수식을 가하지 않았다고 안청 자신이 평하였다.

홍도(弘道)의 사(士)라고 칭찬해 마지않은 지루가참(支樓迦讖)은 '반야도행품(般若道行品)'을 비롯한 그 밖의 대승경전(大乘經典)들을 번역하였는데 그 후로 소승과 대승의 가르침은 함께 부처의 가르침으로서 중국 사람들에게 소개되었다.

언어와 풍속이 다르고 사상과 종교가 달라, 그 번역 사업은 상상 이상으로 어려운 사업이었을 것이다.

안청전(安淸傳)에 "천축국의 서체(書體)를 천서(天書)라 이르고 그 말을 천어(天語)라고 하는데, 발음이나 의미가 대단히 뛰어나 중국어와는 전혀 다르다. 그래서 지금까지 번역된 것은 거의 엉터리다."라고 기록되어 있는 것은 범어(梵語)와 한어(漢語)와의 차이가 번역하는 사람들로 하여금 얼마나 애를 태우게 하였는지를 말해준다.

또 구마라습(鳩摩羅什)이 "지참(支讖)·지겸(支謙)·축법호(竺法護) 등의 번역은 그 뜻을 충분히 소화시키지 못했거나 서로 비슷한 말로 바꾸어 놓은 것이 많다. 그리고 구역(舊譯)을 한 번 훑어보면 뜻이 핵심에서 벗어난 것이 많다. 그것은 모두 먼저의 번역이 기본 취지를 잃었고 범본(梵本)과 대응(對應)되지 않은 데서 온 것이다."라고 한 말이 기록되어 있는 것을 보면 더욱 한 걸음 나아간 번역사업의 어려움을 말했다 하겠다.

석도안(釋道安)은 '마하발라야바라밀경초서(摩訶鉢羅若波羅密經抄序)'라는 글에서 오실본(五失本), 곧 5가지 어긋나는 점을 들어 다음과 같이 지적하였다.

첫째, 범어(梵語)와 한어(漢語)의 어순(語順)이 전혀 다르다.

둘째, 범어는 직설적이며 소박한데 반해 한어는 문식(文飾)과 전아(典雅)함을 좋아한다.

셋째, 범어는 반복하여 되풀이하는 것이 많은데 대하여 한어는 간결하고 유창한 것을 좋아한다.

넷째, 범어로는 본문의 해석이 섞이는데 한어에서는 그것을 생략한다.

다섯째, 한 가지를 설하고 나서 다시 그 뜻을 설하고야 세목(細目)으로 들어가는 범어의 형식을 한어에서는 즉각 세목으로 들어가 다시 설하지 않는다는 것 등이다.

그는 또 삼불이(三不易), 곧 세 가지 어려운 점을 들었다.

첫째로 시속(時俗)에 따른 것이 성인이 이룬 언어의 본령(本領)이건만, 이것을 모두 현대어로 바꾸어야 하는 일.

둘째로 옛날 상지(上智)의 미어(微語)를 말대 속세(末代俗世)의 하우(下愚)에게도 알도록 말을 바꾸는 일.

셋째로 부처님 가신 지 천년이 지난 말대(末代)의 마음으로 부처의 뜻을 헤아리는 일 등이다.

아무튼 경(經)·율(律)·논(論) 삼장(三藏)을 범어에서 한어로 번역하여 소개하는 일 없이는 중국에 불교가 있을 수 없었고 번역 사업에 종사한 수많은 승려 없이는 단 한 부의 경전도 중국 사람들의 것이 될 수 없었던 것이다.

아래 여섯 고승의 행적을 더듬어 보겠다.

불가사의한 역경성승(譯經聖僧)의 숙명
― 안청전(安淸傳)

안청(安淸)은 자(字)를 세고(世高)라 하며 안식국(安息國) 왕비가 낳은 태자(太子)였다. 어려서부터 효행이 지극하고 학업에 뛰어났으며 배우려는 욕망이 대단히 왕성하였다.

외국 서적들과 칠요(七曜 : 일·월·화·수·목·금·토의 학문)와 오행(五行)의 학문, 의술(醫術), 그 밖의 진기한 술법(術法)은 물론이고, 나아가 새나 짐승의 울음소리에 이르기까지 연구하지 않은 것이 없었다.

어느날 길을 걷다가 제비들이 떼지어 앉아 지저귀는 소리를 듣고 동행하던 사람에게 말했다.

"조금 있으면 먹을 것을 가져오는 사람이 있을 것이다. 그 때문에 제비들이 저렇게 지저귀고 있는 것이다."

과연 얼마 안 되어 먹을 것을 가져다 주는 사람이 있었다.

사람들에게는 그런 안청이 신기하게 보였다. 그러므로 그가 보통 사람이 아니라는 소문은 일찍이 서역(西域) 전 지역의 여러 나라에 퍼져 있었다.

세고(世高 : 安淸)는 집에 있을 때에도 극히 엄격하게 계율(戒律)을 지켰다.

부왕(父王)이 세상을 떠나자 왕위를 계승하였다. 그러나 인생이란 괴롭고 공(空)하다는 진리를 깨닫고 자신의 육체를 혐오(嫌惡)하게 되었다.

부왕의 상(喪)을 마친 후에 숙부(叔父)에게 왕위를 선양(禪

讓)하고 출가(出家)하여, 불도(佛道)를 닦음과 동시에 많은 경전(經典)도 두루 통달하였다.

특히 아비담(阿毘曇)에 정통하였으며 선관(禪觀)을 설(說)하는 경전을 완전히 외워 그 경전의 진수(眞髓)를 속속들이 깊이 연구하였다.

그는 각 지방을 돌면서 부처의 가르침을 널리 펴고, 또 여러 나라를 두루 돌아다니면서 많은 공부를 하였다.

한(漢)나라 환제(桓帝 : 後漢 147~167) 초기에 마침내 중국에 이르렀다.

그는 재주와 깨달음이 남달리 기민(機敏)해서 한번 들으면 그 내용을 완전히 이해하였다. 그래서 중국에 온 지 얼마 되지 않아 중국말을 유창하게 구사하고 완전히 알게 되었다.

그리하여 수많은 경전을 중국어로 번역하였는데, 범어(梵語)를 한문으로 옮긴 것이 '안반수의경(安般守意經)' '음지입경(陰持入經)', 대소(大小) 이종(二種)의 '십이문론(十二門論)' 및 '백육십품(百六十品)' 등이다.

처음에 외국의 삼장법사(三藏法師) 중호(衆護)가 여러 경전의 긴요한 뜻을 모두어 만든 27장(章) 중에서 7장을 뽑아 한문으로 역출(譯出)하였는데 그것이 '도지경(道地經)'이다.

안청이 전후하여 역출한 경전이나 논서(論書)는 모두 39부(部)인데, 그 논리가 정연하고 표현이 빈틈없으며, 유창하면서도 화려한 데로 흐르지 않고 질박(質朴)하면서도 조잡하지 않아, 읽는 사람들로 하여금 싫증을 느끼지 않게 하였다.

세고는 삼라만상(森羅萬象)을 꿰뚫는 도리(道理)를 깊이 연구하고 '나' 라는 존재가 지금 여기까지 이르게 된 인연과 마침내 돌아가야 할 곳을 알았다.

그의 행동거지에는 사람의 지혜로는 이해하기 어려운 부분이 많아서 그가 어느 정도의 인물인지 아는 사람이 없었다.

어느 때인가 그는 스스로에 대해 말했다.

"전세(前世)에 출가해서 함께 공부하던 벗 가운데 화를 잘 내는 사람이 있었다. 그는 걸식(乞食)하러 다니면서, 베푸는 자가 자신의 기분을 상하게 하면 언제나 원한을 품었다. 내가 몇 번이나 타일렀지만 그는 기어이 그 버릇을 고치지 못하였다.

20여 년이 흐른 뒤에 나는 그에게 이별을 고하며 말하기를 '나는 광주(廣州)로 가서 전세에서 이어진 인연에 종말을 지어야 한다. 자네는 경전 연구에 있어서는 온 정성을 기울였기 때문에 나에게 조금도 뒤지지 않는다. 다만 성품이 격하여 화를 잘 내는 것이 흠이라서, 이제 살아 생전의 생명을 다한 뒤에는 반드시 축생(畜生)의 몸을 받아 태어날 것이다. 만약 내가 도(道)를 얻게 된다면 반드시 자네를 구원해 주겠노라.' 라고 했다.

그런 뒤 내가 광주에 이르렀을 때 마침 도둑떼가 크게 일어나 휩쓸고 있었다. 나는 도중에서 한 젊은 사람을 만났는데 그는 나를 만나자 손바닥에 침을 뱉고는 다짜고짜 칼을 뽑아들고 말하기를 '드디어 너를 만났구나.' 라고 했다. 나는 웃으며 '나의 숙명은 그대 손에 달려 있다. 그래서 먼 길을 와 그 갚음을 받고자 하는 것이다. 그대의 분노는 이미 전세에서 이루어져 있는 것이다.' 라고 하고는 목을 길게 늘여 칼날을 받으려 하였다. 그 때 두려워하는 기색을 조금도 얼굴에 나타내지 않았는데, 드디어 도둑은 나를 죽이고 말았다.

이 광경을 길에 가득 차게 서서 목격하던 사람들 중에 사건의 기이함에 놀라지 않은 사람이 없었다.

이렇게 해서 죽은 육신에서 벗어난 나의 영혼은 돌아와 안식국(安息國) 왕의 태자가 되었는데 이것이 곧 현재의 나, 세고의 몸인 것이다."

세고(世高)가 중국에 와서 널리 포교(布教)를 행하며 경전을 소개하는 사업을 일단락 지은, 후한(後漢)의 영제(靈帝 : 168~

189) 치세(治世) 말엽에는 관중(關中)과 낙양(雒陽) 지역이 몹시 어지러웠다.

그 때 그는 전법(傳法) 활동을 하기 위해 강남(江南) 땅으로 길을 떠나면서 말했다.

"나는 여산(廬山) 지방을 지나면서 옛날에 함께 공부하던 동문(同門)을 구원하지 않으면 안 된다."

여행을 계속하여 공정호(䢼亭湖)의 사당(祠堂 : 廟)에 당도하였다. 이 사당은 옛날부터 영검(靈驗)이 있었다. 먼 길을 떠나는 장사꾼들이 이 사당에서 기도하면, 배를 타고 내릴 때 알맞게 바람을 불게 하는데, 그들이 내리는 곳에 따라 그 곳 형편에 맞게 잘 조절해 주어 오래 머물러 있게 하지 않았다.

어느 때 신령의 대[竹]를 갖기를 원하는 사람이 있었는데 신령의 허락을 받지 않고 마음대로 대를 가져갔다가 배는 그 자리에서 뒤집히고 대는 다시 먼저 있었던 자리로 되돌아갔다고 한다.

이런 일이 있고 나서부터 뱃사람들은 진심으로 신령을 삼가 두려워하고 그 그림자만 보아도 무서워 떨게 되었다.

세고와 함께 가던 30여 척의 배가 이 사당에 희생(犧牲)을 바치면서 기도하더니 신령이 말하기를

"배 안에는 스님이 계시다. 빨리 모셔 오너라."
라고 하여, 나그네들은 모두 깜짝 놀라 세고에게 사당 안으로 들어가 달라고 청했다.

신령이 세고에게 말했다.

"나는 그 옛날 외국에서 스님과 함께 출가하여 불도를 닦고 열심히 보시(布施)했습니다만 화를 잘 내는 성품을 타고났었기에 지금은 이 공정묘(䢼亭廟)의 신령이 되었습니다.

이 일대 천 리에 걸쳐 모두 내가 다스리는 영역입니다. 보시에 힘썼던 공덕(功德)으로 진기한 보배는 참으로 많습니다만 화를 잘 내는 성품으로 인하여 이 신령의 경계에 떨어졌습니다.

오늘 지난날의 동문을 만나니 슬프기도 하고 기쁘기도 하여 그 마음을 어디에 비길 데가 없습니다.

내 목숨은 머지않아 다할 것 같은데 이 추악한 몸뚱이가 너무도 커 만약 여기에서 그대로 죽어버린다면 강호(江湖)를 더럽힐 것입니다. 산너머 서쪽에 습지(濕地)가 있으니 그 곳으로 옮겨 가도록 하겠습니다.

이 몸이 죽으면 필경 지옥으로 떨어지리라 생각됩니다. 나에게 천 필(疋)의 비단과 가지각색의 많은 보물이 있으니 나를 위해 법요(法要)를 열고 절과 탑을 세워 좋은 곳으로 환생토록 해주십시오."

이에 세고가 대답했다.

"일부러 신령을 찾아와 구원하고자 하는데 무슨 까닭으로 형체를 보이지 않는 것이오?"

"형체가 이보다 더 추악한 것은 없을 테니 모두 반드시 깜짝 놀랄 것이오."

"아무튼 형체를 보여 주시오 우리는 놀라지 않을 것이오."

신령이 제단(祭壇) 뒤에서 머리를 내미는데 참으로 큰 구렁이였다. 길이가 얼마나 되는지 알 길이 없는 그 꼬리가 세고의 무릎을 향해 밀려나왔다. 세고가 거기에 대고 몇 마디 법어(法語)를 말해 주고 다시 몇 가락의 범패(梵唄)를 불러 주니, 구렁이는 슬픔에 겨워 눈물을 비오듯 흘리다가 이내 형체를 감추었다.

세고는 거기서 비단과 보물들을 거두어 가지고는 구렁이에게 이별을 고하고 헤어졌다. 여러 배들이 돛을 올리고 떠나려 하니 구렁이가 다시 그 형체를 나타내 산으로 올라가 배들이 가는 방향을 바라보다가, 배에서 모두 손을 흔들며 이별을 고하는 것을 보고 급히 형체를 감추어 보이지 않았다.

세고 일행은 어느덧 예장(豫章)에 당도하였다. 세고는 닿는 길로 공정묘(䢼亭廟)에서 가지고 온 보물을 팔아 동사(東寺)라는 절을 세웠다.
　세고가 떠난 뒤 신령은 바로 목숨을 다하였다. 그 날 저녁나절에 한 소년이 배 위에 나타나 얼마 동안 세고 앞에 머리를 숙이고 서서 세고에게 주원(呪願)을 받고는 홀연히 사라졌다.
　세고가 뱃사람들에게 말했다.
　"조금 전 여기에 서 있었던 소년이 바로 공정묘에 있던 신령으로 그 추악하던 모습을 벗은 것이다."
　이렇게 해서 공정묘의 신령은 없어졌으며 따라서 신령의 영검도 끊어져 없어지고 말았다.
　그 뒤에 산너머 서쪽 습지에서 죽은 구렁이를 본 사람이 있었다. 구렁이의 머리에서 꼬리까지의 길이가 몇 리에 이르렀다고 하는데, 지금의 심양군(潯陽郡) 사촌(蛇村)이 그 고장이다.
　세고는 그 후 재차 광주로 가 전세에 자기를 죽인 소년을 찾았다. 그 소년은 아직 살아 있었다. 세고는 그의 집으로 가 지난날의 인과응보(因果應報)에 대해 그 전말(顚末)을 이야기하고, 전세에서 이뤄진 인과(因果)를 들려 주었다.
　그들은 다시 만난 것을 기뻐하였는데 또다시 세고가 말했다.
　"나에게는 아직도 다하지 못한 일이 있습니다. 지금 회계(會稽) 땅으로 가 응보(應報)의 종말을 짓지 않으면 안 됩니다."
　광주에서 만난 사람은 세고가 보통 사람이 아니라는 것을 깨닫고 문득 의심쩍게 여기던 마음이 풀려 지난날의 잘못을 뉘우치고 정중하게 모든 일을 돌보아 주면서 세고를 따라 동쪽으로 길을 떠나, 얼마 후에 회계 땅에 닿았다.
　회계에 당도하여 곧바로 저잣거리로 들어서니 마침 거기서 난폭하게 맞붙어 싸우는 자가 있었다. 그들이 잘못 휘두른 주먹에 세고는 머리를 맞고 그 자리에서 숨지고 말았다.
　광주에서 따라온 사람은 두 가지 응보의 사실을 경험하고 수긍(首肯)되는 바가 있어 그로부터 불법에 정근(精懃)하여 상세하게 인연과 응보를 이야기할 수 있게 되었다.

원근(遠近)에서 세고의 소문을 들어 알게 된 모든 사람들은 모두 비탄에 잠겨 통곡하였다.

삼세(三世)에 걸친 인과응보가 확실하다는 징표(徵表)를 밝힌 것이다.

安淸 字世高 安息國[1]王正后之太子也 幼以孝行見稱 加又志業聰敏 剋意好學 外國典籍 及七曜[2]五行[3] 醫方異術 乃至鳥獸之聲 無不綜達 嘗行見群燕 忽謂伴曰 燕云 應有送食者 頃之果有致焉 衆咸奇之 故俊異之聲 早被西域 高雖在居家 而奉戒精峻 王薨 便嗣大位 乃深惟苦空 厭離形器 行服旣畢 遂讓國與叔 出家修道 博曉經藏 尤精阿毘曇學[4] 諷持禪經[5] 略盡其妙 旣而遊方弘化 遍歷諸國 以漢桓之初 始到中夏 才悟機敏 一聞能達 至止未久 卽通習華言 於是宣譯衆經 改胡爲漢 出安般守意 陰持入 大小十二門及百六十品 初外國三藏衆護 撰述經要 爲二十七章 高乃剖析護所集七章 譯爲漢文 卽道地經是也 其先後所出經論 凡三十九部 義理明析 文字允正 辯而不華 質而不野 凡在讀者 皆亹亹而不勌焉

高窮理盡性 自識緣業[6] 多有神迹 世莫能量 初高自稱 先身已經出家 有一同學多瞋 分衛値施主不稱 每輒懟恨 高屢加訶諫 終不悛改 如此二十餘年 乃與同學辭訣云 我當往廣州 畢宿世之對[7] 卿明經精勤 不在吾後 而性多瞋怒 命過當受惡形 我若得道 必當相度 旣而遂適廣州 値寇賊大亂 行路逢一少年 唾手拔刃曰 眞得汝矣 高笑曰 我宿命[8]負卿 故遠來相償 卿之忿怒 故是前世時意也 遂申頸受刃 容無懼色 賊遂殺之 觀者塡陌 莫不駭其奇異 旣而神識[9]還爲安息王太子 卽今時世高身是也

高遊化中國 宣經事畢 値靈帝之末 關雒擾亂 乃振錫江南 云 我當過廬山[10] 度昔同學 行達䢼亭湖[11]廟 此廟舊有靈威 商旅祈禱 乃分風上下 各無留滯 嘗有乞神竹者 未許 輒取 舫卽覆沒 竹還本處

自是舟人敬憚 莫不懾影 高同旅三十餘船 奉牲請福 神乃降祝曰
船有沙門 可便呼上 客咸驚愕 請高入廟 神告高曰 吾昔外國 與子
俱出家學道 好行布施 而性多瞋怒 今爲䢴亭廟神 周廻千里 並吾
所治 以布施故 珍玩甚豊 以瞋恚故 墮此神報 今見同學 悲欣可言
壽盡旦夕 而醜形長大 若於此捨命 穢汚江湖 當度山西澤中 此身
滅後 恐墮地獄 吾有絹千疋 幷雜寶物 可爲立法營塔 使生善處也
高曰 故來相度 何不出形 神曰 形甚醜異 衆人必懼 高曰 但出衆人
不怪也 神從床後出頭 乃是大蟒 不知尾之長短 至高膝邊 高向之
梵語數番 讚唄數契[12] 蟒悲淚如雨 須臾還隱 高卽取絹物 辭別而去
舟侶颺帆 蟒復出身 登山而望 衆人擧手 然後乃滅 倏忽之頃 便達
豫章[13] 卽以廟物造東寺 高去後 神卽命過 暮有一少年 上船長跪高
前 受其呪願 忽然不見 高謂船人曰 向之少年 卽䢴亭廟神 得離惡
形矣 於是廟神歇末 無復靈驗 後人於山西澤中 見一死蟒 頭尾數
里 今潯陽郡[14] 蛇村是也

　高後復到廣州[15] 尋其前世害己少年 時少年尙在 高經至其家 說
昔日償對之事 幷敍宿緣 歡喜相向云 吾猶有餘報 今當往會稽[16] 畢
對 廣州客悟高非凡 豁然意解 追悔前愆 厚相資供 隨高東遊 遂達
會稽 至便入市 正値市中有亂相打者 誤著高頭 應時隕命 廣州客
頻驗二報 遂精懃佛法 具說事緣 遠近聞知 莫不悲慟 明三世之有
徵[17]也

1) 安息國(안식국) : 파르티아 왕국(王國 : 기원전248~서기226)을 이르는 말.
이란과 메소포타미아를 지배하였다.
2) 七曜(칠요) : 일월성신(日月星辰)의 운행에 관한 학문.
3) 五行(오행) : 금(金) 목(木) 수(水) 화(火) 토(土)의 오행의 성쇠(盛衰)에
관한 학문.
4) 阿毘曇學(아비담학) : 경(經)·율(律)·논(論)의 삼장(三藏) 가운데 하나인
논장(論藏)을 연구하는 학문을 가리킨다. 존재의 진실상(眞實相)을 연구하
는 학문으로 비담(毘曇), 아비달마(阿鼻達磨), 아비달마(阿毘達磨)라고도

한다.

5) 禪經(선경) : 심신을 안정시키고 생각을 정지시켜 진실한 지혜의 움직임을 얻는 것을 설(說)하는 경전을 말한다. 선(禪)은 선나(禪那)의 음역(音譯)으로 정(定), 정려(靜慮), 사유수(思惟修)라고도 번역된다.

6) 窮理盡性自識緣業(궁리진성자식연업) : '역경(易經)' 설괘전(說卦傳)의 말을 차용(借用)했다. 사물의 도리를 궁구하여 인과응보(因果應報)의 결과로 인해 자기의 존재가 있게 됨을 인식하는 것을 말한다.

7) 宿世之對(숙세지대) : 전세에 정해진 금세(今世)의 운명을 성취하는 것을 말한다.

8) 宿命(숙명) : 전세의 인연으로 인하여 정해진 운명.

9) 神識(신식) : 숙세(宿世)의 업인(業因)에 의해 윤회전생(輪廻轉生)하는 것. 식신(識神), 혼신(魂神)이라고도 한다.

10) 廬山(여산) : 지금의 강서성(江西省) 구강시(九江市) 남쪽에 위치했다.

11) 郱亭湖(공정호) : 여산(廬山) 동방에 위치한 파양호(鄱陽湖)나 동북방에 위치한 원호(源湖) 또는 용호(龍湖)라고 생각된다.

12) 讚唄數契(찬패수계) : '고승전(高僧傳)' 권12 경사(經師)편의 논(論)에 의하면, 천축(天竺)에서는 법어(法語)를 노래로 읊는 것을 패(唄)라 하고 중국에서는 경(經)을 읊는 것을 전독(轉讀)이라 하고 있으며, 노래로 찬(讚)하는 것을 범패(梵唄)라 한다고 되어 있다.

13) 豫章(예장) : 강서성(江西省) 파양호 서쪽에 위치한다.

14) 潯陽郡(심양군) : 현재의 호북성(湖北省) 공롱(孔壟) 부근이거나 여산(廬山) 서북 방향에 위치한다.

15) 廣州(광주) : 현재의 광주(廣州).

16) 會稽(회계) : 현재의 절강성(浙江省) 소흥(紹興).

17) 三世之有徵(삼세지유징) : 과거 현재 미래에 걸치는 인과응보의 도리를 확실하게 하는 증거가 있다는 것.

사람들을 감동시킨 불멸의 사리(舍利)
— 강승회전(康僧會傳)

당시 중국의 오(吳 : 229년 건립)나라에는 위대한 불법이 전파되기 시작하고 있을 뿐, 그 가르침의 영향은 아직도 먼 장래에 있었다.

승회(僧會)는 진리를 강좌(江左) 지방에 널리 펴 불사(佛舍)를 건립하고자, 석장(錫杖)을 짚고 행각(行脚)하여 동쪽으로 향하였다.

적오(赤烏 : 오나라 손권의 연호) 10년(247)에 처음으로 건업(建鄴) 땅에 이르러 모옥(茅屋)을 짓고 불상(佛像)을 안치(安置)하고 불도(佛道)를 몸소 실천하였다.

이 때 오나라에서는 승려(僧侶)를 눈으로 직접 보는 것도 처음 있는 일이요, 또 외형으로 보아 불도라는 것이 무엇인지 이해하는 사람도 없었다. 다만 그것을 기괴(奇怪)한 일이라고 의심하는 눈초리로 보는 상황이었다.

어느 때 한 관원이 손권(孫權)에게 상주(上奏)하였다.

"서역(西域) 사람이 국경을 넘어와 사문(沙門)이라 칭하는데, 그 차린 모양새가 보통 사람과는 다릅니다. 마땅히 조사해 볼 일이라고 생각됩니다."

이 말을 들은 손권은

"옛날에 한(漢)나라 명제(明帝)는 어느 신령이 부처라고 칭하는 것을 꿈에 보았다고 하던데 그 사람이 행하는 것이 그 유풍(遺風)이 아닐까."

하고는 승회(僧會)를 불러들여 물었다.
"대체 어떤 영검(靈驗)이 있다는 것인가."
이 물음에 승회가 대답했다.
"부처님이 이 세상을 떠난 지 벌써 천 년이 지났습니다만 유골(遺骨)인 사리(舍利)는 불가사의한 광채를 발하여 모든 것을 비추고 있습니다.
옛날에 아쇼카 왕〔阿育王〕이 8만4천 개의 불탑(佛塔)을 세웠는데 탑사(塔寺)를 건립하는 일은 그 유업(遺業)을 표창하고자 하는 것입니다."
이 말을 들은 손권은 터무니없는 거짓말이라 생각하고 승회에게 말했다.
"만약 사리를 구할 수 있다면 그 사리를 위해 탑을 건립하겠다. 그러나 만약 그것이 허황된 말이라면 나라에 정해진 형벌이 있음을 알아야 할 것이다."
이에 승회는 이레 동안만 기다려 달라고 하고는, 돌아와 동료들에게 말했다.
"불법을 전파할 수 있느냐 없느냐 하는 일은 이 일이 제대로 들어맞느냐 그렇지 않느냐에 달려 있다. 지금 온 정성을 다 기울이지 않고 나중에 다시 어떻게 할 것인가."
함께 조용한 방에 들어앉아 정진결재(精進潔齋)하면서, 구리로 만든 병을 상 위에 모시고 향을 피워 간절하게 소원하였다.
그러나 이레가 되어 약속시간이 지났건만 아무 반응이 없었다.
이에 승회는 손권에게 다시 이레만 더 기다려 달라고 청하여 허락을 받았으나 역시 아무런 반응이 없었다.
손권은 사람을 우롱하는 짓이라고 화를 내며 약속대로 처벌하겠다고 하였으나 승회는 다시 간절하게 이레만 더 기다려 달라고 청하였다. 손권은 한번 더 그 청을 들어주었다.
승회는 비장한 각오로 동료들에게

"공자(孔子)는 '문왕(文王)은 이미 세상에 없지만 그의 유업(遺業)은 여기 있지 않은가.'라고 말했다. 부처의 영검이 반드시 나타나겠지만 우리에게 느껴지는 것이 아무것도 없으면 굳이 임금의 형벌을 기다릴 것까지 없다. 목숨을 걸고 정성을 다해 기원해야 한다."
라고 말하고는 일심정력을 다해 기도하였다.

삼칠일인 스무 하루가 다 저물어 가도 아직 아무런 조짐이 나타나지 않았다. 모두가 두려움에 몸을 떨면서 밤을 새우는데, 먼동이 트는 새벽 오경(五更)이 가까워오자 갑자기 병 속에서 댕그랑댕그랑 하는 소리가 들렸다. 승회가 달려가 병 속을 들여다 보니 과연 생각했던 대로 병 속에 사리(舍利)가 들어 있었다.

사리는 다음날 아침에 손권에게 바쳐졌다.

조정에 모인 모든 사람이 병을 들여다 보았는데 병 속에서 오색영롱한 광채가 비쳤다.

손권이 병을 들어 구리쟁반에 올려놓았더니 사리가 닿은 자리는 모두 부스러졌다.

손권은 황공한 생각이 들어 벌떡 일어나서 감탄하였다.

"이 얼마나 보기 드문 상서로운 일이냐."

승회가 한 걸음 나아가 아뢰었다.

"사리의 영묘(靈妙)한 징험은 다만 불가사의한 광채를 발하는 데 그치지 않습니다. 진실로 우주의 종말을 고하는 맹렬한 불 속에서도 타는 일이 없습니다. 또한 모든 것을 때려부술 수 있는 금강석으로 만든 몽둥이로도 이것을 부술 수 없습니다."

손권이 그것을 시험해 보라고 명하였다.

승회는 다시 사리함을 앞에 놓고 기원했다.

"법운(法雲)이 바야흐로 덮이기 시작하면 모든 생명이 그 은택을 입습니다. 바라옵건대 다시 한번 불가사의한 법령(法靈)을 드리워 널리 그 위령(威靈)을 보여 주소서."

사리를 쇠로 만든 대(臺) 위에 얹어놓고 완력이 강한 장사를 시켜 내리치게 하였는데, 쇠로 만든 대가 우묵하게 패이고 쇠망치가 부숴졌건만 사리는 까딱없이 그대로 있었다.

손권이 몹시 감복(感服)하여 그 사리를 봉안(奉安)하기 위하여 탑을 세우고 절을 건립하였는데, 처음으로 세운 절이라 하여 절 이름을 건초사(建初寺)라 하였다. 그리고 그 고장을 불타리(佛陀里)라 불렀다. 이리하여 강좌(江左) 지방에 위대한 불법이 일어나게 된 것이다.

264년, 손권의 손자 손호(孫皓)가 왕위에 올랐다. 그의 법령은 엄하고도 혹독하였다.

예전(禮典)에서 인정하지 않는 부정한 귀신을 모시는 일〔淫祀〕과 사교(邪敎)를 모두 없애고 불교의 사찰까지도 헐어 없애려 하며 말했다.

"이 가르침이라는 것이 어찌하여 이처럼 융성하게 되었느냐. 만약 그 가르침이 참되고 바라서, 성인이 정해 놓은 가르침과 기맥이 통한다면 마땅히 그 가르침은 유지될 것이다 그러나 진실하지 못하다면 모두 불질러 태워버려라."

이 엄명에 대하여 조정의 모든 신하들이 상주(上奏)하였다.

"부처의 위력은 다른 신령들과 전연 다르옵니다. 강승회(康僧會)가 영검을 나타냈고 대황제(大皇帝)께서 절을 창건하신 것이옵니다. 만일 이제 이것을 가벼이 여겨 부순다면 아마도 후회할 일이 생길까 두렵습니다."

신하들의 만류에도 불구하고 손호는 장욱(張昱)을 시켜 승회의 죄를 물어 심문하도록 하였다.

장욱은 말주변이 좋아 종횡무진(縱橫無盡)으로 끝없이 어려운 문제를 제기하여 힐문(詰問)을 계속하였다. 그러나 승회의 답변도 표현에 있어서나 도리에 있어서나 한 마디도 막히는 데가 없었다. 장욱은 아침 일찍부터 밤 늦게까지 힐문을 계속했으나 승회를 굴복시킬 수 없었다.

　장욱이 승회를 굴복시키지 못하고 돌아오는데, 승회는 절 문까지 따라 나와 배웅하였다. 마침 그때 절 근처에서 음사(淫祀)를 받드는 자가 있었다.

　장욱은 보라는 듯이 말했다.

　"불교의 깊은 가르침이 진실되다면 어찌하여 이런 부정한 일이 절 가까운 곳에서 일어나도 그들의 마음을 고치지 못하는가."

　이에 승회가 대답했다.

　"천둥소리가 산을 부술 정도로 요란하다 하더라도 귀머거리에게는 들리지 않습니다. 그렇다고 그 천둥소리가 작은 것은 결코 아닙니다.

　만약 그 도리(道理)가 어디에서나 통할 수 있는 것이라면 저 멀리 만 리 밖에서도 응할 것이요, 만약 도리가 막혀 있다면 간과 쓸개처럼 바로 붙어 있어도 초(楚)나라와 월(越)나라처럼 멀어질 것입니다."

　장욱은 돌아와 승회를 대단히 칭찬하면서 복명하였다.

　"승회의 뛰어난 재능을 소신으로서는 미루어 헤아릴 수 없사옵니다. 원하옵건대 주상(主上)께서 직접 만나보시기 바라옵니다."

　손호는 조정의 인재들을 모두 모아 놓고 거마(車馬)를 갖추어 승회를 맞이하였다.

　승회가 자리에 앉자 손호가 물었다.

　"불교에서 설(說)하여 밝히는 것 가운데 선(善)과 악(惡)의 행위에는 반드시 응보(應報)가 있다고 하는데 대체 그것이 어떻다는 것인가."

　승회가 대답했다.

　"무릇 밝은 임금이 효행(孝行)과 자애(慈愛)로써 세상 사람들을 가르치면 붉은 까마귀가 날고 노인성(老人星)이 나타나며, 인의(仁義)와 도덕(道德)으로써 만물을 육성하면 예천(醴泉)이 솟아오르고 가묘(嘉苗)가 나는 것입니다.

이와 같이 좋은 행위를 해서 상서로운 일이 생긴다면, 그와 반대로 악한 행위를 하면 마찬가지로 악한 일이 생길 것입니다. 그러므로 악한 일은 남모르게 하더라도 귀신이 그것을 벌주고, 악한 일을 사람들이 알게 행하면 사람이 벌주는 것입니다.

'주역(周易)'에 이르기를 '덕〔선〕을 쌓아올린 집〔積善之家〕에 반드시 좋은 일이 있을 것〔必有餘慶〕'이라고 하였습니다.

'시경(詩經)'에서도 '행복하기를 원하면서 사악한 마음을 품지 않는다.'라고 읊었습니다.

이런 말은 유가(儒家)의 성전(聖典)에 있는 격언(格言)입니다 다만 그것이 바로 불교의 밝은 가르침이기도 합니다."

"그런 이야기라면 주공(周公)이나 공자(孔子)가 이미 밝히지 않았는가. 무엇 때문에 다시 불교라는 것이 필요한가."

"주공이나 공자가 이야기한 내용은 대개 신변의 일을 제시한 것입니다. 석가의 가르침은 유현(幽玄)하고 세미(細微)한 데까지 남김없이 다 설파(說破)하고 있습니다.

악한 짓을 하면 지옥에 떨어져 오랜 세월 동안 고통을 겪어야 하고, 착한 행(行)을 닦으면 극락세계에서 오래오래 즐거움을 누리게 됩니다. 이런 진리를 사람들에게 보여 주어 선행을 권장하고 악행을 막기 위해 설하여 밝힌 것이 얼마나 위대한 일입니까."

손호는 그 말에 논박(論駁)할 수 없었다.

손호는 비록 바른 법(法)을 들었다고는 하지만 타고나기를 암우(暗愚)하고도 조포(粗暴)하여 그의 잔학(殘虐)한 성품을 버리지 못하고 있었다.

그뒤 숙위(宿衛)의 병사들을 후궁(後宮)으로 보내 비원(秘苑)을 살피도록 하였는데 땅속에서 높이 몇 자나 되는 금으로 만든 불상을 발견하여 손호에게 바쳤다.

손호는 그 금불상을 더러운 곳에 옮겨 두고 더러운 물을 머리

위에서부터 퍼부으며 여러 신하들과 함께 웃으며 즐거워했다.

그렇게 하고 난 뒤 얼마 있지 않아 온몸이 퉁퉁 부어 올랐는데 특히 음부(陰部)가 몹시 아파 견딜 수가 없었다. 그의 울부짖는 소리는 하늘을 찌르는 듯했다.

태사(太史)가 점을 쳐 보고는 말했다.

"대단한 신령을 범하신 탓입니다."

그래서 이곳 저곳의 묘(廟)를 찾아다니며 치성을 받들고 기도를 드렸으나 아무런 효험이 없었다.

그런데 전부터 불법을 받들고 있던 한 궁녀가 손호에게 물었다.

"폐하, 폐하께서는 한 번이라도 절에 납시어 복을 빌어본 일이 있으십니까."

손호가 머리를 치켜들며 물었다.

"부처라는 신령이 그렇게도 위대하단 말이냐?"

"부처님은 위대한 신령이시옵니다."

손호는 무엇인가 마음속으로 집히는 것이 있었다.

궁녀는 곧바로 불상을 부정(不淨)한 곳에서 옮겨와 전상(殿上)에 안치(安置)하고 좋은 향(香)을 끓여 그 향수로 닦아내기를 수십번 거듭한 뒤에 향을 피우고 참회하였다.

손호는 베개에 머리를 조아리고 스스로의 죄상을 고백하였다. 얼마를 그렇게 하는 동안 음부의 아픔이 차차 가시면서 차도가 있기 시작하였다.

손호는 사자(使者)를 절로 보내 도인을 찾았다. 승회에게 궁중에서 법을 설해 주기를 청하였다.

승회가 곧 사자를 따라 궁중으로 들어왔다. 그 때 손호는 그에게 죄와 복에 대하여 자세하게 물었다. 승회는 손호를 위하여 그것을 상세하게 풀어 밝혀 주었는데, 말은 지극히 부드러우면서도 불법의 핵심(核心)을 요약하여 설명해 주었다.

손호는 본래 이해력이 뛰어났으므로 뜻을 얻었다고 크게 기뻐하면서 사문(沙門)의 계율(戒律)에 대해 알고자 원하였다.
 승회는 계율은 사문 이외의 사람에게는 비밀로 하는 것으로서 가볍게 많은 사람에게 알릴 성질이 아니라고 생각하여, 본업경(本業經)의 백삼십오원(百三十五願)을 취하여 그것을 이백오십사(二百五十事)로 분류하여 들려 주었다. 그것들은 모두 일상 생활에서 언제나 변하지 않고 중생의 구제를 소원으로 하는 것들이었다.
 손호는 자비원력(慈悲願力)의 크고도 넓음을 깨닫고 더욱 착한 마음을 굳혀 거기서 승회에게 오계(五戒)를 받았다. 그로부터 열흘이 지난 뒤에 병이 완전히 나았다. 그래서 승회가 주석(住錫)하는 절에 다시 수식(修飾)을 더하고 온 종실(宗室)에 꼭 부처를 받들라고 일렀다.
 승회는 오(吳)나라 조정에서 여러 차례 정법(正法)을 설하였다. 그러나 손호의 성품이 흉포(凶暴)하고 조잡(粗雜)하다는 것을 알고 있었으므로 현묘(玄妙)한 교리(敎理)보다는 다만 인과응보(因果應報)만을 설하여 그의 마음이 열리도록 노력하였다.
 승회는 건초사(建初寺)에서 많은 경전을 역출(譯出)하였다. 이른바 '아난염미경(阿難念彌經)' '경면왕경(鏡面王經)' '찰미왕경(察微王經)' '범황경(梵皇經)' 등이 그것이다. 그리고 '소품경(小品經)' 및 '육도집경(六度集經)' '잡비유경(雜譬喩經)' 등도 역출하였다. 그 어느 것이나 경의 진수(眞髓)를 교묘하게 파악하여 그 표현과 논지(論旨)가 곳에 따라 적절하였다.
 또 '이원경(泥洹經)'의 범패(梵唄)를 전하였는데 청아하고 아름다운 위에 애달프면서도 밝아 당시의 모범이 되었다.
 '안반수의경(安般守意經)' '법경경(法鏡經)' '도수경(道樹經)' 등 세 가지 경전의 주석(注釋)을 새로 달고, 아울러 세 가지 경의 서문(序文)을 새로 지었는데 표현이 정확하고 교묘(巧妙)하며 논지(論旨)는 아주 세밀한 데까지 미쳐 그 어느 것이나

제1장 역경전(譯經傳) 35

세상에 알려지지 않은 것이 없다.
　오(吳)나라 천기(天紀) 4년(280) 4월에 손호는 진(晉)나라에 항복하였다.
　그리고 그 해 9월에 승회는 병을 얻어 입적(入寂)하였다. 이 해는 진(晉)나라 무제(武帝 : 司馬炎)의 태강(太康) 원년이었다.

　　時吳地[1] 初染大法 風化未全 僧會欲使道振江左[2] 興立圖寺 乃杖錫東遊 以吳赤烏十年 初達建鄴[3] 營立茅茨 設像行道 時吳國以初見沙門[4] 覩形未及其道 疑爲矯異 有司奏曰 有胡人入境 自稱沙門 容服非恒 事應檢察 權[5]曰 昔漢明帝夢神[6] 號稱爲佛 彼之所事 豈非其遺風耶 卽召會詰問 有何靈驗 會曰 如來遷迹 忽逾千載 遺骨舍利[7] 神曜無方 昔阿育王[8]起塔 乃八萬四千 夫塔寺之興 以表遺化也 權以爲誇誕 乃謂會曰 若能得舍利 當爲造塔 如其虛妄 國有常刑 會請期七日 乃謂其屬曰 法之興廢 在此一擧 今不至誠 後將何及 乃共潔齋靜室 以銅瓶加几 燒香禮請 七日期畢 寂然無應 求申二七 亦復如之 權曰 此寔欺誑 將欲加罪 會更請三七 權又特聽 會謂法屬曰 宣尼[9]有言曰 文王旣沒[10] 文不在玆乎 法靈應降而吾等無感 何假王憲 當以誓死爲期耳 三七日暮 猶無所見 莫不震懼 旣入五更[11] 忽聞瓶中鎗然有聲 會自往視 果獲舍利 明旦呈權 擧朝集觀 五色光炎 照耀瓶上 權自手執瓶 瀉于銅盤 舍利所衝盤卽破碎 權大肅然 驚起而曰 希有之瑞也 會進而言曰 舍利威神豈直光相而已 乃劫燒之火[12] 不能焚 金剛之杵 不能碎 權命令試之 會更誓曰 法雲方被 蒼生仰澤 願更垂神迹 以廣示威靈 乃置舍利於鐵砧磓上 使力者擊之 於是砧磓俱陷 舍利無損 權大歎服 卽爲建塔 以始有佛寺故 號建初寺 因名其地 爲佛陀里 由是江左 大法遂興
　　至孫皓[13]卽政 法令苛虐 廢棄淫祀 乃及佛寺 竝欲毀壞 皓曰 此由何而興 若其敎眞正 與聖典相應者 當存奉其道 如其無實 皆悉焚之 諸臣僉曰 佛之威力 不同餘神 康會感瑞 大皇創寺 今若輕毀恐

貽後悔 皓遣張昱 詣寺詰會 昱雅有才辯 難問縱橫 會應機騁詞文理鋒出 自旦之夕 昱不能屈 旣退 會送于門 時寺側有淫祀者 昱曰玄化旣孚 此輩何故 近而不革 會曰 雷霆破山 聾者不聞 非音之細苟在理通 則萬里懸應 如其阻塞 則肝膽楚越[14] 昱還歎 會才明非臣所測 願天鑒察之 皓大集朝賢 以馬車迎會 會旣坐 皓問曰 佛教所明 善惡報應 何者是耶 會對曰 夫明主以孝慈訓世[15] 則赤烏翔而老人見 仁德育物 則醴泉涌而嘉苗出 善旣有瑞 惡亦如之故爲惡於隱鬼得而誅之 爲惡於顯 人得而誅之 易稱[16] 積善餘慶 詩詠[17] 求福不回 雖儒典之格言 卽佛教之明訓 皓曰 若然 則周孔已明 何用佛教會曰 周孔所言 略示近迹 至於釋教 則備極幽微 故行惡則有地獄長苦 修善則有天宮永樂 擧玆以明勸沮 不亦大哉 皓當時無以折其言 皓雖聞正法 而昏暴之性 不勝其虐 後使宿衛兵入後宮治園 於地得一金像高數尺 呈皓 皓使著不淨處 以穢汁灌之 共諸群臣 笑以爲樂 俄爾之間 擧身大腫 陰處尤痛 叫呼徹天 太史占言 犯大神所爲 卽祈祀諸廟 永不差愈 婇女先有奉法者 因問訊云 陛下就佛寺中求福不 皓擧頭問曰 佛神大耶 婇女云 佛爲大神 皓心遂悟其語意 故婇女卽迎像置殿上 香湯洗數十過 燒香懺悔 皓叩頭于枕自陳罪狀 有頃痛間 遣使至寺 問訊道人 請會說法 會卽隨入 皓具問罪福之由 會爲敷析 辭甚精要 皓先有才解 欣然大悅 因求看沙門戒 會以戒文禁秘 不可輕宣 乃取本業百三十五願[18] 分作二百五十事 行住坐臥 皆願衆生 皓見慈願廣普 益增善意卽就會受五戒[19] 旬日疾瘳 乃於會所住 更加修飾 宣示宗室 莫不必奉 會在吳朝 亟說正法 以皓性凶麤 不及妙義 唯敍報應近事以開其心

　會於建初寺 譯出衆經 所謂阿難念彌[20] 鏡面王 察微王 梵皇經等 又出小品及六度集 雜譬喩等 竝妙得經體 文義允正 又傳泥洹唄聲[21] 淸靡哀亮 一代模式 又注安般守意 法鏡 道樹等三經 幷製經序 辭趣雅便 義旨微密 竝見於世 至吳天紀四年四月 皓降晉 九月會遘疾而終 是歲晉武太康元年也

1) 吳地(오지) : 오(吳)나라 땅. 오(吳)는 중국 삼국시대(三國時代) 때 있었던 나라 한 나라. 손권(孫權)이 강남(江南)에 세웠으며 도읍은 건업(建鄴). 손권의 손자 손호(孫皓)대에 사마염(司馬炎)의 진(晉)나라에게 멸망하였다 (222~280).
2) 江左(강좌) : 양자강 하류의 강소성(江蘇省) 절강성(浙江省) 지역으로 양자강의 북쪽에서 본 좌측을 말한다.
3) 建鄴(건업) : 오(吳)나라의 수도로 지금의 남경(南京).
4) 沙門(사문) : 출가(出家)하여 불도(佛道)를 닦는 사람. 곧 승려(僧侶) 또는 스님.
5) 權(권) : 오(吳)나라의 왕 손권(孫權)을 말한다.
6) 漢明帝夢神(한명제몽신) : 진(晉)나라 원굉(袁宏)이 쓴 '후한서(後漢書)'에 있는 말.
7) 舍利(사리) : 부처의 유골(遺骨)을 가리킨다.
8) 阿育王(아육왕) : 아쇼카 왕의 한자명(漢字名). 기원전 3세기경 인도 마가다국의 마우리아왕조(王朝) 제3대 왕. 불교를 보호하고 선전하여 세계적인 종교로 만들었다.
9) 宣尼(선니) : 공자(孔子)를 이르는 말. 한(漢)나라 평제(平帝) 때 공자에게 시호(諡號)를 추증(追贈)하여 포성선니공(襃成宣尼公)이라고 한 것에 의한 호칭이다.
10) 文王旣沒…(문왕기몰…) : '논어(論語)' 자한편(子罕篇)에 있는 말.
11) 五更(오경) : 하룻밤을 다섯으로 나눈 마지막 시간으로 곧 날이 밝을 녘.
12) 劫燒之火(겁소지화) : 우주의 종말이 올 때에 일어나 모든 것을 다 태워버린다고 하는 큰불.
13) 孫皓(손호) : 손권(孫權)의 손자로 오(吳)나라 최후의 임금. 포학한 임금으로 알려졌다.
14) 肝膽楚越(간담초월) : '장자(壯子)' 덕충부편(德充符篇)에 있는 말.
15) 明主以孝慈訓世(명주이효자훈세) : 천(天)과 인(人)이 감응(感應)하는 사상으로, 이것을 인과응보설(因果應報說)과 같은 유(類)로 본다.

16) 易稱(역칭) : '주역(周易)'의 곤괘(坤卦) 문언(文言)에 보이는 말.

17) 詩詠(시영) : '모시(毛詩)' 대아(大雅) 문왕지십(文王之什) 한록(旱麓)에 보이는 말.

18) 本業百三十五願(본업백삼십오원) : 본업경(本業經)의 백삼십원(百三十五願)을 말하는 듯하다. '보살본업경(菩薩本業經)' 원행품(願行品)에 135의 원(願)이 보인다.

19) 五戒(오계) : 재가 신도(在家信徒)로서 지켜야 할 다섯 가지 계율(戒律). 곧 불살생(不殺生) 불투도(不偸盜) 불사음(不邪淫) 불망어(不妄語) 불음주(不飮酒).

20) 阿難念彌(아난염미) : 이하의 네 경(經)은 '육도집경(六度集經)' 권8(卷八)에 아난염미경(阿難念彌經) 경면왕경(經面王經) 찰미왕경(察微王經) 범황경(梵皇經)이라고 수록된 것을 말한다.

21) 泥洹唄聲(이원패성) : 열반성(涅槃聲)과 같은 것으로서, 범음(梵音)으로 만구성(滿口聲)의 대열반(大涅槃)의 뜻을 나타낸다.

이 몸을 불태우더라도 내 혀는 타지 않는다
― 구마라습전(鳩摩羅什傳)

구마라습(鳩摩羅什)을 여기서는 동수(童壽)라고 한다. 천축국(天竺國 : 현재의 인도) 사람으로, 그의 조상들은 대대로 국가의 재상(宰相)을 지냈다.

구마라습의 조부 달다(達多)는 그 중에서도 재능이 유별나게 뛰어나 그의 명성이 온 나라에 퍼져 나라에서 소중히 여겼다.

부친 구마염(鳩摩炎)은 총명하고 마음이 아름다웠는데 장차 재상 자리를 이을 단계에서 그것을 사양하고 출가하여, 동쪽으로 떠나 총령(蔥嶺 : 파미르 고원)을 넘었다.

구자국(龜玆國) 왕은 구마염이 재상이라는 영광스러운 자리를 버리고 나라를 떠났다는 소문을 듣고 그를 매우 경모(敬慕)하여, 몸소 교외(郊外)까지 나가 맞이해서 국사(國師)가 돼 달라고 간청하였다.

구자국 왕에게는 누이동생이 있었다. 그의 나이는 겨우 스무 살을 갓 넘겼을 뿐이건만 특별히 두뇌가 명석해 일단 눈으로 본 것은 못하는 것이 없고, 한번 귀를 거친 것은 외지 못하는 것이 없었다. 거기다가 몸에 붉은 점이 있어 지혜가 뛰어난 아이를 낳을 것이라고 했다.

여러 나라에서 많은 청혼(請婚)이 들어왔건만 결코 시집가려 하지 않았다. 그런데 구마염을 한 번 보고 나서는 '무슨 일이 있어도 꼭 이 사람과 결혼해야겠다.' 라는 생각이 불길처럼 솟아올라 수단과 방법을 가리지 않고 적극적으로 나서서, 기어이 그의 아내가 되었다.

이렇게 해서 구마라습을 잉태하였다. 구마라습이 뱃속에 들어 있을 때 그의 어머니는 이상하게도 지혜가 더욱 맑아져 보통 때의 갑절이나 되는 두뇌활동을 느꼈다.

아라한(阿羅漢)인 달마구사(達摩瞿沙)라는 사람이 있어

"이것은 지혜가 뛰어난 아이를 임신했다는 징조다."

라고 하면서 사리불(舍利佛)이 태중(胎中)에 있을 때의 증험(證驗)을 들려 주었다. 그러나 구마라습을 낳은 뒤에는 예전의 이야기들을 완전히 잊어버리고 말았다.

얼마 있다가 구마라습의 어머니는 출가(出家)를 마음먹게 되었는데 남편 구마염이 허락하지 않았다. 그리하여 다시 아들 하나를 낳았는데 이름을 불사제바(弗沙提婆)라고 지었다.

그런 뒤 도성(都城) 밖에 갈 일이 있어 나갔다가 근처를 구경하며 돌았는데 어느 무덤과 무덤 사이에서 해골이 흩어져 이리저리 뒹구는 것을 보았다.

이에 인생이란 괴로운 것이라는 근본적인 생각에 미쳐

"나는 출가할 것이다. 만약 삭발(削髮)할 수 없다면 식사도 하지 않을 것이다."

라고 맹세하기에 이르렀다.

이렇게 맹세하고 음식을 먹지 않으면서 엿새가 되는 날 밤이 되었다. 그의 기력은 완전히 기진맥진해져 날이 밝을 때까지도 목숨을 지탱하기 어려운 형편이었다. 이러한 지경에 이르자 남편은 두려운 생각이 들어 삭발을 해도 좋다고 허락하였다. 그러나 그는 완전히 삭발하기 전까지는 음식을 먹지 않겠다고 고집했다. 하는 수 없이 사람을 시켜 머리를 깎아 주었더니 그제서야 비로소 음식을 먹기 시작했다.

다음 날 새벽에 수계(受戒)하고 난 후, 선정(禪定)에 흥미를 가지고 일심전력(一心專力) 수도를 게을리 하지 않아 초과(初

果)를 습득하였다.

　이 때 구마라습은 일곱 살이었다. 어머니와 함께 출가하여 스승에게서 경(經)을 배우고 매일 천 게(千偈)를 외웠다. 한 게(偈)가 32자이므로 전부 3만2천 자이다. 비담(毘曇)을 완전히 독송하자 스승은 그 뜻을 전수(傳授)하였다. 구마라습은 곧 그것을 깨닫고는 어떤 뜻깊은 대문이라도 설(說)하여 밝히지 못하는 부분이 없었다.

　구마라습은 법(法)을 설하여 밝히는 틈틈이, 불교와 다른 도(道)를 설하는 경서(經書)들을 연구하여 위타함다(圍陀含多 = 베단다 : 인도 6파 철학의 하나)의 논(論)을 습득하여 수사(修辭) 작문(作文) 문답(問答) 등을 널리 살피고, 다시 네 종류의 베다(圍陀) 전적(典籍)이나 다섯 가지 학술의 여러 논(論)을 두루 읽었다.

　음양(陰陽) · 성산(星算) 따위도 완전히 연구하여 밝히고 길하고 흉한 것〔吉凶〕을 판단하는 술(術)도 깨달아, 그의 말은 마치 부신(符信)을 가져다 맞추듯이 딱 들어맞았다.

　성격은 솔직하고 자질구레한 일에 구애되지 않았다.

　그의 모든 행동이 수행자(修行者)들에게는 이상하게 보였다. 그러나 구마라습은 스스로 이해되는 바가 있어 남의 의심에 전혀 마음쓰지 않았다.

　때마침 사거왕자(莎車王子)와 삼군왕자(參軍王子)라고 하는 두 형제가 나라를 버리고 승려를 따라 사문(沙門)이 되고자 하였다. 형은 자(字)를 수리야발타(須利耶跋陀)라 하고 아우는 자를 수야리소마(須耶利蘇摩)라고 하였다.

　소마(蘇摩)는 보통 이상의 재주와 능력을 가져 주로 대승(大乘)의 처지에서 가르침을 넓히고 있었다. 그래서 그의 형과 다른 여러 학자들이 모두 그를 스승으로 우러렀다. 구마라습 또한 그를 종사(宗師)로서 받들어 진심으로 섬겼다.

소마는 뒤에 구마라습에게 '아뇩달경(阿耨達經)'을 설해 주었다. 구마라습은 스승에게서
"오음(五陰)과 십팔계(十八界)와 십이입(十二入) 따위는 모두 실체(實體)가 없고 고유(固有)한 상(相)을 가지지 않는다."
라는 말을 듣고 이해가 되지 않아 질문했다.
"이 경(經)은 무슨 뜻을 설하려는 것입니까. 이와 같이 제법(諸法)을 부정하면서 말입니다."
이 질문에 대하여 소마가 대답했다.
"눈(眼) 같은 제법은 진실로 존재하는 것이 아니다."
그러나 구마라습은 눈으로서의 근거가 있다고 고집하여 양보하지 않았고, 소마는 그것은 인연에 의하여 있는 것일 뿐 실체는 없는 것이라고 주장하여 물러서지 않았다.
이와 같이 근거가 있다고 하는 소승(小乘)과 인연에 의한 것일 뿐이라고 하는 대승(大乘)의 같은 점과 다른 점을 검토하여 주고받는 논쟁이 꽤 오랜 시일을 두고 계속되었다.
구마라습은 오랜 연구 끝에 겨우 이해하기에 이르렀다.
그 뒤로는 마음을 오로지 대승의 가르침에 따랐으며 몸소 연구에 진력하였다.
그는 뒷날 탄식하여 말했다.
"나는 지난날 소승에게 배웠으나 무엇이 금인지 알지 못하고, 놋쇠를 대단한 것으로 알고 있었을 정도였다."
이와 같이 해서 대승 강령(綱領)의 요점을 추구하여 스승으로부터 가르침을 받아 '중론(中論)'과 '백론(百論)'의 두 논(論)과 '십이문론(十二門論)' 등을 읽어 외웠다.
구자국의 왕은 구마라습을 위하여 금으로 사자(獅子) 모양을 본떠 법좌(法座)를 만들고 그 위에 대진국(大秦國 : 로마 제국)에서 생산되는 비단으로 방석을 만들어 깔고, 거기에 구마라습을 앉게 하여 설법(說法)을 청하고자 하였다.

구마라습은 사양하면서 말했다.

"나는 아직 대승(大乘)을 깨닫지 못했습니다. 나 자신이 스승을 찾아가 가르침을 받고자 합니다. 그러니 여기 머물러 있을 형편이 못 됩니다."

그 때 뜻하지 않게 반두달다(盤頭達多) 대사(大師)가 먼 길을 어렵다 하지 않고 찾아왔다. 이에 왕은 기뻐하며 반겼다.

"대사님이시여, 그 먼 길을 이렇게 찾아와 주셨군요."

달다(達多)가 대답했다.

"한 가지는 제자가 이해했다고 하는 것이 심상치 않다는 말을 들었고, 또 한 가지는 대왕께서 불도를 특별히 소중하게 여기신다는 말을 들었습니다. 그래서 갖은 어려움을 무릅쓰고 저 먼 곳에서 달려왔습니다."

구마라습은 가르침을 받을 스승이 찾아왔으므로 진심으로 기뻐하며 스승을 위해 '덕녀문경(德女問經)'을 설하여, 모든 것은 인연에 의해 서로 모여 이뤄지지만 그 실체는 없는 공(空)이라는 진리를 밝혔다. 지난날에는 스승과 함께 믿을 수 없었던 일이었으므로 우선 그것을 설한 것이다.

스승은 그것을 인정하려 하지 않고 물었다.

"너는 대승의 가르침에 어떤 특색이 있다고 생각해서 그것을 들고 나오는 것이냐."

이 물음에 대하여 구마라습이 대답했다.

"대승의 가르침은 그 내용이 지극히 깊어, 존재하는 모든 것은 실체를 가지고 있지 않다고 설하여 밝히고 있습니다. 그런데 소승(小乘)의 가르침은 그 견해가 편파적이어서 가지가지의 결함이 많습니다."

제자의 말에

"네가 말하는 '모든 것은 실체를 가지지 않는다.' 는 말은 실로 문제가 많구나. 대체 어찌해서 존재하는 것을 부정하고 실체가 없는 것이라는 생각이 옳다는 말이냐.
　이런 이야기가 있다.
　옛날에 한 미친 사람이 있어, 길쌈하는 데로 가 실낳이하는 사람에게 실을 낳아 주되 되도록 가늘면서 보기좋게 해달라고 부탁했다. 실낳이 하는 이가 온 정성을 기울여 먼지처럼 가늘게 실을 낳았다. 그러나 미친 사람은 그것도 마음에 들지 않으며 굵다고 군소리를 했다.
　실낳이 하는 사람은 몹시 화가 났다. 그래서 허공을 가리키며 '이것이 가는 실입니다.' 라고 하니, 미친 사람은 말하기를 '그렇다면 왜 보이지 않는가.' 하였고, 실낳이 하는 사람은 '이 실은 너무도 가늘어 우리 실낳이 하는 사람들의 눈에도 보이지 않는데 하물며 다른 사람의 눈으로 어찌 볼 수 있겠습니까.' 하였다.
　미친 사람은 매우 기뻐하면서 그 실로 천을 짜달라고 천 짜는 이에게 부탁했다. 천 짜는 이도 또한 실낳는 이의 흉내를 내 실이 너무 가늘어 천이 눈에 보이지 않는다고 말했다.
　그래서 실을 낳는 이나 천을 짜는 이는 모두 잘 했다고 칭찬을 받았지만 실상은 아무것도 없는 것이었다. 모든 것이 실체가 없다고 하는 너의 공(空)의 가르침도 이런 것이로구나."
라고 스승은 구마라습을 나무랐다.
　구마라습은 이에 굴복하지 않고 말을 이어 설명하며 열심히 문답을 되풀이하여, 한 달 이상이나 걸려 겨우 스승이 믿고 따르게 하였다.
　마침내 스승은 감탄하여 말하기를
　"스승이 미처 진리를 이해하지 못하고 있을 때 도리어 제자가 스승의 뜻을 열어준다는 말이 있는데, 이런 경우를 말하는 것이로구나."
라고 하고, 구마라습에게 예를 다하여 스승으로 우러르며 말했다.
　"화상(和尙)은 나의 대승(大乘)의 스승이요, 나는 화상의 소승(小乘)의 스승이오."

전진(前秦) 부견(符堅)의 건원(建元) 13년(377), 정축(丁丑)년 정월이 되어 태사(太史)가 아뢰었다.

"외국쪽에 새로운 별이 나타났사옵니다. 위대한 덕(德)과 지혜를 갖춘 인물이 와서 우리 중국을 도와줄 징조이옵니다."

이 말을 들은 부견이

"짐(朕)이 들은 바로는 서역(西域)에 구마라습이 있고 양양(襄陽)에는 사문(沙門) 석도안(釋道安)이 있다고 했다. 혹 그들을 말하는 것이 아닐까."

하고는 사자(使者)를 파견하여 그들을 찾게 하였다.

건원 18년(382) 9월에 부견은 효기장군(驍騎將軍) 여광(呂光)과 능강장군(陵江將軍) 강비(姜飛)에게 전부왕(前部王)과 거사왕(車師王) 등을 통솔하게 하여 병사 7만을 이끌고 서역의 구자국과 언기국(焉耆國) 등 여러 나라를 토벌하게 하였다.

출발할 때 부견은 여광을 건장궁(建章宮)에서 송별(送別)하며 말했다.

"제왕(帝王)이 된 자는 천명(天命)을 받들어 통치하는데 백성을 자식처럼 사랑하는 것을 근본으로 삼는다. 어찌 국토를 넓히기 위하여 토벌하는 것이겠는가. 온전히 도(道)를 지니고 있는 사람을 맞이하고자 하는 것일 뿐이다.

짐이 듣기로는 서역에 구마라습이라는 사람이 있어 사물의 진실한 모습을 분별하고 음양(陰陽)이나 자연의 판단에도 숙달했다고 들었다. 그를 후학(後學)의 모범으로 맞이하고자 한다. 짐은 그에게 매우 마음이 끌린다.

현철(賢哲)한 인물은 국가의 지극히 보배로운 존재다. 만약 구자국을 정벌하거든 즉각 그를 말에 태워 중간에 머무르는 일 없이 보내도록 하라."

여광의 군세가 아직 이르기 전에 구마라습은 구자국 왕인 백순

(白純)에게 말했다.

"나라의 운세가 쇠퇴했습니다. 적이 쳐들어올 것입니다. 황성(皇城) 사람들이 동쪽에서 오고 있습니다. 공손하게 그들의 명(命)에 따르는 것이 좋을 것입니다. 절대로 공격에 항거하는 일이 없도록 하십시오"

백순은 구마라습의 의견에 따르지 않고 대결하여 싸웠다.

여광은 드디어 구자국을 깨뜨리고 백순을 죽였으며 순(純)의 아우 진(震)을 대신 군주(君主)로 세웠다.

여광은 구마라습을 사로잡았으나 아직 그의 지량(智量)을 헤아리지 못하고 다만 그의 나이가 어리다는 것만 생각하여 보통 사람으로 업신여겨, 무리하게 구자왕의 왕녀를 그의 아내로 삼으라고 강박하였다. 구마라습은 죽기를 각오하고 거절하였다.

여광은

"도사(道士)의 지조는 아버지보다 나을 것도 없지 않은가. 왜 그렇게 망설이는가."

라고 하며, 마시지 않는 술을 억지로 마시게 하고는 왕의 딸과 함께 밀실(密室)에 가두어 버렸다.

구마라습은 이렇게 강요당한 뒤에 결국 파계하고 말았다.

여광은 또 구마라습을 소에 태우기도 하고 발광하는 말에 태워 떨어지게 하기도 하였다. 구마라습은 언제나 인욕심(忍辱心)으로 그것을 참고 조금도 안색을 바꾸지 않았으므로, 여광은 스스로 부끄러워 그를 업신여기는 짓을 하지 않았다.

큰법이 동방으로 전해진 것은 한(漢)나라 명제(明帝) 때의 일로 그로부터 위(魏)나라, 진(晉)나라 시대를 지나면서 경전이나 논서(論書)가 점차로 많아졌다. 그러나 지참(支讖)·지겸(支謙)·축법호(竺法護) 등이 번역하여 출간〔譯出〕한 것들을 보면 충분히 소화시키지 못하고 서로 비슷한 어휘(語彙)로 바꿔 놓은 데 불과한 것이 많았다.

군주(君主) 요흥(姚興)은 일찍부터 불법승(佛法僧)의 삼보(三寶)를 깊이 연구하여 강의 등의 집회에 한층 열의를 보였다.
 구마라습이 온 뒤에 자리가 잡히고 앞으로 무엇을 어떻게 할지 정해지자 곧바로 서명각(西明閣)이나 소요원(逍遙園)에서 여러 경전을 번역해 달라고 의뢰했다.
 구마라습은 많은 경문(經文)을 거의 암송(暗誦)하고 있었을 뿐 아니라 경문의 뜻도 연구하지 않은 것이 없었다. 점차 중국서〔글〕에도 통달하게 되어 음의 번역〔音譯〕이나 뜻의 번역〔意譯〕 등 어느 면에서도 막히는 데가 없게 되었다.
 그래서 옛날에 번역한 구역(舊譯)의 경전들을 한번 훑어보니 경문의 뜻이 핵심에서 벗어난 것이 많았다.
 예전의 모든 번역이 근본 취지를 놓치고 있는 이유는 범본(梵本)과 대응(對應)하지 않은 데에서 생긴 것이었다. 그래서 사문(沙門) 승략(僧䂮)·승천(僧遷)·법흠(法欽)·도류(道流)·도항(道恒)·도표(道標)·승예(僧叡)·승조(僧肇) 등 8백여 명에게 구마라습의 뜻을 따르게 하였다.
 다시 '대품반야경(大品般若經)'을 번역하게 하였는데, 구마라습은 범본(梵本)을 가지고 요흥(姚興)은 옛날에 번역한 구역(舊譯)의 경(經)을 가져다 서로 대조해 보았다. 새로 번역한 본의 표현으로 옛날에 번역한 본과 바뀌어진 곳의 뜻이 완전히 소통되었다. 모두 감복하여 칭찬해 마지 않았다.
 요흥은 불도는 막연한 듯하면서도 깊은 뜻을 지녔으며 그 실천하는 행(行)은 오직 믿는 것이, 괴로움에서 벗어나는 가장 좋은 방법이며 세상을 구제하는 대강령(大綱領)이라고 생각하였다. 여기서 구경(九經)에 뜻을 쏟고 십이부(十二部)에 마음을 붙여 '통삼세론(通三世論)'을 지어 사람들에게 인과(因果)의 도리를 실천하도록 권장하였다.
 왕공(王公) 이하 모두가 그 가르침을 기뻐하였다. 대장군 상산

공(大將軍常山公) 요현(姚顯)과 좌군장군안성후(左軍將軍安城侯) 요숭(姚嵩) 등은 함께 마음으로부터 인연업보(因緣業報)를 믿어, 때때로 구마라습을 장안대사(長安大寺)로 초빙하여 새로 번역한 경전을 강설(講說)하게 하였다.

계속해서 '소품반야경(小品般若經)' '금강반야경(金剛般若經)' '십주경(十住經)' '법화경(法華經)' '유마힐경(維摩詰經)' '사익경(思益經)' '수릉엄경(首楞嚴經)' '지세경(持世經)' '불장경(佛藏經)' '보살장경(菩薩藏經)' '유교경(遺敎經)' '보리경(菩提經)' '제법무행경(諸法無行經)' '보살가색욕(菩薩呵色欲)' '자재왕경(自在王經)' '십이인연관경(十二因緣觀經)' '무량수경(無量壽經)' '신현겁경(新賢劫經)' '선경(禪經)' '선법요(禪法要)' '선법요해(禪法要解)' '미륵성불경(彌勒成佛經)' '미륵하생경(彌勒下生經)' '십송률(十誦律)' '십송비구계본(十誦比丘戒本)' '보살계본(菩薩戒本)' '대지도론(大智度論)' '성실론(成實論)' '십주론(十住論)' '중론(中論)' '백론(百論)' '십이문론(十二門論)' 등 3백여 권 정도를 번역하였다.

어느 것이나 미오(迷悟 : 아득한 것을 깨달음)의 근원을 남김없이 설하여 밝혔고 궁극적인 깊은 데까지 들추어 보이고 있다. 당시 각지의 학승(學僧)은 모두 만 리 먼 데서도 멀다 않고 모여들었다. 이처럼 오래고 이처럼 큰 성업(盛業)은 지금 사람들도 칭송하고 우러르는 바다.

용광사(龍光寺)의 석도생(釋道生)은 경전의 현묘(玄妙)한 곳을 딱 들어맞게 이해하도록 표현하는 것을 넘어 묘의(妙意)를 나타내는 정도였으나, 언제나 말과 진실이 어긋나지 않을까 두려워하여 관중(關中)으로 와 구마라습의 판단을 구하였다.

여산(廬山)의 석혜원(釋慧遠)은 많은 경을 다 배워서 부처 없는 세상에서 가르치는 지도자였으나 다만 부처님 가신 지 오랜 세월이 지났으므로 가르침에 대한 의문을 풀 길이 없어 편지를 보내 구마라습에게 물었다.

처음에 사문 승예(僧叡)는 재능과 견식이 뛰어났으므로 언제나 구마라습을 따르면서 전사(傳寫)를 담당하였다. 구마라습은 여러 가지로 승예를 위하여 서역말의 각종 문제를 논하여 들려 주며 그 공통점과 서로 어긋나는 점을 고찰하여 말하였다.

"천축국(天竺國 : 인도)의 습관으로는 특히 문장 작법을 중히 여긴다. 그 운율(韻律)은 현악기(弦樂器)를 연주하는 듯하다.

국왕을 뵈올 때는 반드시 그의 덕을 칭송하는 글이 있고 부처님을 뵈올 때에는 반드시 찬탄(讚嘆)하는 노래를 소중하게 한다. 경전 속의 게송(偈頌)은 다 그런 형식이다. 단순히 범어(梵語)를 중국말로 바꾸는 정도로는 그 아름다움을 잃는다.

큰뜻을 파악했다고 해도 문장 체제가 많이 동떨어지면 마치 밥을 씹어 남에게 주는 것과 같아서, 맛을 잃을 뿐만 아니라 남에게 구역질을 하게 하는 것과 마찬가지가 된다."

구마라습의 사람됨은, 마음가짐이 지극히 고상하고 홀로 초연하게 자신을 지키며, 헤아리는 것을 틀림없이 깨달아 아는 데에는 견줄 사람이 거의 없었다. 마음씀이 어질고 도타우며 널리 사랑하여 사람들을 부처님의 가르침으로 유도(誘導)하는 일에 게으르지 않았다.

주군(主君) 요흥(姚興)은 언제나 구마라습에게 말했다.

"대사(大師)의 총명함과 뛰어난 현명함은 천하에 둘도 없습니다. 만약 일단 세상을 뜬 뒤에는 되돌릴 길이 없습니다. 어찌 법(法)의 씨앗을 잇게 하지 않을 수 있겠습니까."

이렇게 해서 기녀(妓女) 열 사람을 억지로 받아들이게 하였다. 그런 뒤로 그는 승방(僧坊)에서 나와 따로 집을 짓고 살며 넘칠 만큼의 물자를 공급받았다.

강설(講說)하러 나올 때마다 언제나 스스로 말했다.

"마치 구린내가 나는 진흙 속에 연꽃이 피어 있는 것과 같다. 중요한 것은 연꽃만 취하면 되고, 더러운 진흙은 취하지 말라."
 구마라습이 아직 생을 마치기 전의 어느날, 몸속의 지(地)·수(水)·화(火)·풍(風)의 조화가 깨지는 기운을 깨닫고 신주(神呪)를 세 번 내어 외국 제자들에게 외우도록 하여 자신의 위기를 모면하려 하였다.
 또 아직 힘이 다한 상태에는 이르지 않았지만 점차로 악화되어 가는 것을 느끼고 힘을 내어 여러 승려(僧侶)들에게 이별을 고하였다.
 "법상(法相)이 만나는 상태에 따라 변하여 생각한 바를 실현하지도 못하고 이제 세상을 물러나 후세를 기다리게 되었다. 이 슬픔을 비길 데가 없구나. 나는 어리석음에도 불구하고 잘못되게도 전역(傳譯)을 맡아 왔다.
 내가 역출(譯出)한 경(經)과 논(論)이 3백여 권이나 되지만 '십송률(十誦律)' 한 부만은 아직도 번잡한 곳을 다듬을 틈이 없었다. 그 근본 요령을 얻으면 반드시 어긋나는 곳은 없을 것이다. 아무쪼록 내가 번역한 모든 경이 후세에 전하여 널리 행해지기를 바란다.
 이제 그대들 앞에서 진심으로 약속하고자 한다.
 부처님이시어, 만약 내가 전한 것에 잘못이 없다면 불 속에 시신을 던진 뒤에 나의 혀만은 타지 않게 해 주소서."
 위진(僞秦 : 五代時代 前秦을 말한다)의 홍치(弘治) 11년(409) 8월 20일 장안(長安)에서 입적(入寂)하였다. 그 해는 진(晉)의 의희(義熙) 5년이다.
 소요원(逍遙園)에서 외국의 장례 의식에 따라 시신을 불살랐다. 장작이 다 타고 시신이 다 타 없어졌건만 그의 혀만은 재가 되지 않았다.
 구마라습이 죽은 해에 대해서는 여러 기록이 서로 다르다. 어느 기록에는 홍치(弘治) 7년이라 하고 또는 8년이라고도 하며 혹은

11년이라고도 한다. 생각하면 7(七)과 11(十一)은 혹 글자를 잘 못 썼을 수 있다. 그러나 역경록(譯經錄)의 전(傳) 속에 11년으로 돼 있는 것은 아마도 세 가지 보는 방법이 서로 달라 바로잡을 수 없었던 것이리라.

　鳩摩羅什[1] 此云童壽 天竺[2] 人也 家世國相 什祖父達多 倜儻不群 名重於國 父鳩摩炎 聰明有懿節 將嗣相位 乃辭避出家 東度蔥嶺[3] 龜玆[4] 王聞其棄榮 甚敬慕之 自出郊迎 請爲國師 王有妹 年始二十 識悟明敏 過目必能 一聞則誦 且體有赤黶 法生智子 諸國娉之 並不肯行 及見摩炎心欲當之 乃逼以妻焉 旣而懷什 什在胎時 其母自覺 神悟超解有倍常日 有羅漢[5] 達摩瞿沙[6]曰 此必懷智子 爲說舍利弗[7]在胎之證 及什生之後 還忘前言 頃之什母 樂欲出家 夫未之許 遂更産一男 名弗沙提婆[8] 後因出城遊觀 見塚間枯骨異處縱橫 於是深惟苦本 定誓出家 若不落髮 不咽飮食 至六日夜 氣力綿乏 疑不達旦 夫乃懼而許焉 以未剃髮故 猶不嘗進 卽勅人除髮 乃下飮食 次旦受戒 仍樂禪法 專精匪懈 學得初果[9] 什年七歲 亦俱出家 從師受經 日誦千偈 偈有三十二字 凡三萬二千言 誦毘曇[10] 旣過 師授其義 卽自通達 無幽不暢

　什以說法之暇 乃尋訪外道經書 善學圍陀含多[11]論 多明文辭製作問答等事 又博覽四圍陀典[12]及 五明[13]諸論 陰陽星算 莫不必盡 妙達吉凶 言若符契 爲性率達 不厲小檢 修行者 頗共疑之 然什自得於心 未嘗介意 時有莎車王子參軍王子兄弟二人 委國請從而爲沙門 兄字須利耶跋陀[14] 弟字須耶利蘇摩[15] 蘇摩才伎絶倫 專以大乘爲化 其兄及諸學者 皆共師焉 什亦宗而奉之 親好彌至 蘇摩後爲什說阿耨達經[16] 什聞陰界諸入[17] 皆空無相 怪而問曰 此經更有何義 而皆破壞諸法 答曰 眼等諸法 非眞實有 什旣執有眼根 彼據因成無實 於是硏覈大小 往復移時 什方知理有所歸 遂專務方等 乃歎曰 吾昔學小乘 如人不識金 以鍮石爲妙 因廣求義要 受誦中百

二論及十二門[18]等

　龜玆王爲造金師子座 以大秦[19]錦褥鋪之 令什升而說法 什曰 家師猶未悟大乘 欲躬往仰化 不得停此 俄而大師盤頭達多[20]不遠而至 王曰 大師何能遠顧 達多曰 一聞弟子所悟非常 二聞大王弘贊佛道 故冒涉艱危 遠奔神國 什得師至 欣遂本懷 爲說德女問經 多明因緣空假[21] 昔與師俱所不信 故先說也 師謂什曰 汝於大乘 見何異相 而欲尙之 什曰 大乘深淨 明有法[22]皆空 小乘偏局 多諸漏失 師曰 汝說一切皆空 甚可畏也 安捨有法 而愛空乎 如昔狂人[23] 令績師績線 極令細好 績師加意 細若微塵 狂人猶恨其麁 績師大怒 乃指空示曰 此是細縷 狂人曰 何以不見 師曰 此縷極細 我工之良匠 猶且不見 況他人耶 狂人大喜 以付織師 師亦效焉 皆蒙上賞 而實無物 汝之空法 亦由此也 什乃連類而陳之 往復苦至 經一月餘日 方乃信服 師歎曰 師不能達 反啓其志 驗於今矣 於是禮什爲師 言 和上是我大乘師 我是和上小乘師矣

　至符堅[24]建元十三年 歲次丁丑正月 太史奏云 有星見於外國分野[25] 當有大德智人 入輔中國 堅曰 朕聞 西域有鳩摩羅什 襄陽[26]有沙門釋道安 將非此耶 卽遣使求之 十八年九月 堅遣驍騎將軍呂光 陵江將軍姜飛 將前部王及車師王[27]等 率兵七萬 西伐龜玆及焉耆[28]諸國 臨發 堅餞光於建章宮 謂光曰 夫帝王應天而治 以子愛蒼生爲本 豈貪其地而伐之乎 正以懷道之人故也 朕聞 西國有鳩摩羅什 深解法相 善閑陰陽 爲後學之宗 朕甚思之 賢哲者國之大寶 若剋龜玆 卽馳驛送什 光軍未至 什謂龜玆王白純曰 國運衰矣 當有勍敵 日下人從東方來 宜恭承之 勿抗其鋒 純不從而戰 光遂破龜玆 殺純 立純弟震爲主 光旣獲什 未測其智量 見年齒尙少 乃凡人戲之 强妻以龜玆王女 什距而不受 辭甚苦到 光曰 道士之操 不踰先父[29] 何可固辭 乃飮以醇酒 同閉密室 什被逼旣至 遂戲其節 或令騎牛及乘惡馬 欲使墮落 什常懷忍辱[30] 曾無異色 光慚愧而止

　自大法東被 始于漢明[31] 涉歷魏晉[32] 經論漸多 而支竺[33]所出 多

滯文格義[34] 興少達崇三寶 銳志講集 什旣至止 仍請入西明閣及逍
遙園 譯出衆經 什旣率多諳誦 無不究盡 轉能漢言 音譯流便 旣覽
舊經 義多紕僻 皆由先譯失旨 不與梵本相應 於是興使沙門僧䂮[35]
僧遷 法欽 道流 道恒 道標 僧叡 僧肇等八百餘人 諮受什旨 更令出
大品 什持梵本 興執舊經 以相讎校 其新文異舊者 義皆圓通 衆
心愜伏 莫不欣讚 興以佛道沖邃 其行唯善信 爲出苦之良津 御世
之洪則 故託意九經[36] 遊心十二[37] 乃著通三世論[38] 以勖示因果 王
公已下 竝欽贊厥風 大將軍常山公顯 左軍將軍安城侯嵩 竝篤信緣
業 屢請什於長安大寺 講說新經 續出小品 金剛波若 十住 法華 維
摩 思益 首楞嚴 持世 佛藏 菩薩藏 遺教 菩提 無行 呵欲 自在王 因
緣觀 小無量壽 新賢劫 禪經 禪法要 禪要解 彌勒成佛 彌勒下生 十
誦律 十誦戒本 菩薩戒本 釋論 成實 十住 中 百 十二門論 凡三百
餘卷 竝暢顯神源 揮發幽致 于時四方義士 萬里必集 盛業久大 于
今咸仰 龍光釋道生 慧解入微 玄構文外 每恐言舛 入關請決 廬山
釋慧遠 學貫群經 棟梁遺化 而時去聖久遠 疑義莫決 乃封以諮什
初沙門僧叡 才識高明 常隨什傳寫 什每爲叡論 西方辭體[39] 商略同
異 云 天竺國俗 甚重文製 其宮商體韻 以入絃爲善 凡覲國王 必有
贊德 見佛之儀 以歌歎爲貴 經中偈頌 皆其式也 但改梵爲秦 失其
藻蔚 雖得大意 殊隔文體 有似嚼飯與人 非徒失味乃令嘔噦也

什爲人 神情朗徹 傲岸出群 應機領會 鮮有倫匹 且篤性仁厚 汎
愛爲心 虛己善誘 終日無勌 姚主常謂什曰 大師聰明超悟 天下莫
二 若一旦後世 何可使法種無嗣 遂以妓女十人 逼令受之 自爾以
來 不住僧坊 別立廨舍 供給豐盈 每至講說 常先自說 譬喩如臭泥
中生蓮花[40] 但採蓮花 勿取臭泥也 什未終日 少覺四大[41]不愈 乃口
出三番神呪 令外國弟子誦之以自救 未及致力 轉覺危殆 於是力疾
與衆僧告別曰 因法相遇殊 未盡伊心 方復後世 惻愴何言 自以闇
昧 謬充傳譯 凡所出經論 三百餘卷 唯十誦一部 未及刪煩 存其本
旨 必無差失 願凡所宣譯 傳流後世 咸共弘通 今於衆前 發誠實誓

若所傳無謬者 當使焚身之後 舌不燋爛⁽⁴²⁾ 以僞秦⁽⁴³⁾弘始⁽⁴⁴⁾十一年八月二十日 卒于長安 是歲晉義熙五年也 即於逍遙園 依外國法 以火焚屍 薪滅形碎 唯舌不灰 然什死年月 諸記不同 或云弘始七年 或云八年 或云十一年 尋七與十一 字或訛誤 而譯經錄傳中 猶有一年者 恐雷同三家 無以正焉

1) 鳩摩羅什(구마라습) : Kumārajiva의 음역(音譯).
2) 天竺(천축) : 중국에서 부르던 인도의 옛 이름.
3) 蔥嶺(총령) : 중국에서 파미르 고원(高原)을 이르는 말.
4) 龜玆(구자) : Kucha의 음역. 중국 신강성(新疆省) 천산산맥(天山山脈) 남쪽 다림 분지(盆地)에 있던 왕국. 지금의 동 터키 지방.
5) 羅漢(나한) : 아라한(阿羅漢)의 준말. 성문사과(聲聞四果)의 제4. 욕계(欲界)·색계(色界)·무색계(無色界)에 대하는, 보고 생각하는 번뇌(煩惱)를 끊고 완전히 지혜를 얻어 남에게 배울 것이 없는 경지에 이른 사람. 응진(應眞)·응공(應供)이라고도 한다.
6) 達摩瞿沙(달마구사) : dharmakośa의 음역.
7) 舍利弗(사리불) : śariputra의 음역. 목련(目連)과 함께 불제자(佛弟子)들 중에서 가장 으뜸가는 한 사람.
8) 弗沙提婆(불사제바) : Puṣyadeva의 음역.
9) 初果(초과) : 성문사과(聲聞四果)의 제1. 삼계(三界)에 대하는, 보는 번뇌를 끊고 성인들과 같은 열에 선 예류과(預流果).
10) 毘曇(비담) : 경(經)·율(律)·논(論) 삼장(三藏) 중의 하나. 논장(論藏)을 연구하는 학문을 가리킨다. 아비담(阿毘曇)이라고도 한다.
11) 圍陀含多(위타함다) : Vedānta의 음역인 듯. 인도 6파(六派) 철학의 하나로서, 정신적 실체인 범(梵)이 세계의 생(生)·주(住)·멸(滅)의 원인이며, 범 자체의 창조 의욕을 원인으로 공(空)·풍(風)·화(火)·수(水)·지(地)를 유출하여 세계와 개인을 만든다고 하였다.
12) 四圍陀典(사위타전) : 리구 베다·사만 베다·야주르 베다·아다르바 베다의 네 베다로 바라문교의 기본 문헌.

13) 五明(오명) : 다섯 종류의 학문. 곧 문법·훈고(訓詁)의 학인 성명(聲明), 기술·공예·역수(曆數) 등의 공교명(工巧明), 의학·약학(藥學)·주술(呪術) 등의 의방명(醫方明), 논리학(論理學)의 인명(因明), 자기 종교의 취지를 밝히는 학문으로 내명(內明) 등이다.

14) 須利耶跋陀(수리야발타) : Sūryabhada의 음역.

15) 須耶利蘇摩(수야리소마) : Suyarsoma의 음역.

16) 阿耨達經(아뇩달경) : 일명 '홍도광현삼매경(弘道廣顯三昧經)'이라고도 한다. 용왕(龍王) 아뇩달(阿耨達)에게 공(空)의 실천행(實踐行)을 설한다.

17) 陰界諸入(음계제입) : 오음(五陰) – 색(色)·수(受)·상(想)·행(行)·식(識)인 5종의 구성 요소, 십팔계(十八界) – 육근(六根)·육경(六境)·육식(六識)인 18종의 구성요소, 십이입(十二入) – 육근(六根)·육경(六境)의 12 요소.

18) 中百二論及十二門(중백이론급십이문) : 용수(龍樹)의 '중론(中論)', 제바(提婆)의 '백론(百論)', 용수의 '십이문론(十二門論)'이며, 중국에서는 여기에 의하여 학파를 삼론학파(三論學派)라 함.

19) 大秦(대진) : 로마 제국(帝國)을 이르는 말. '후한서(後漢書)' 서역전(西域傳)에 로마를 대진(大秦)으로 기록하고 있다.

20) 盤頭達多(반두달다) : Vandhudatta의 음역.

21) 因緣空假(인연공가) : 사물은 인연에 의해 성립되었으며 그런 까닭으로 실체가 없는 공(空)이며 거짓 존재라는 말일 것이다.

22) 有法(유법) : 존재하는 사물을 말한다. 공법(空法)이란 사물의 비존재(非存在)를 말한다.

23) 狂人(광인) : 광인(狂人) 이하의 적사(績師)·직사(織師)의 이야기는 '벌거벗은 임금님'의 원형(原型)인 듯하다.

24) 符堅(부견) : 중국 전진(前秦)의 제3대 황제. 화북(華北) 지방을 통일하고 이에 동진(東晉)을 멸하여 천하를 통일하고자 장안(長安)을 출발하였으나 비수(淝水) 싸움에서 패하여 나라는 분열되고 자신은 잡혀서 자살하였다. 불교의 독실한 신자였으며 372년에는 순도(順道)를 시켜 고구려에 불교를 전

하였다.

25) 有星見於外國分野(유성견어외국분야) : 외국 방향에 새로운 별이 나타났다는 뜻. 천상계(天上界)의 천체 위치나 운행과 지상계의 인간 동향이 상호 대응한다는 전제 아래, 천체의 위치나 운행에서 이상한 현상에 의해 인간 세계의 이변을 점칠 수 있다고 한다.

26) 襄陽(양양) : 현재의 호북성(湖北省) 양번시(襄樊市)의 남쪽.

27) 前部王及車師王(전부왕급거사왕) : 거사전부왕(車師前部王) 거사후부왕(車師後部王)을 말하는 듯하다. 전부(前部)는 교하성(交河城) 일대를, 후부(後部)는 고창(高昌) 일대를 다스렸다.

28) 焉耆(언기) : 고창(高昌)의 서쪽이며, 구자(龜玆)의 동쪽으로 두 곳의 중간에 위치하였다. 현재의 언기회족 자치현(焉耆回族 自治縣). 박사등호(博斯騰湖)의 서안(西岸) 지역.

29) 道士之操不踰先父(도사지조불유선부) : 구마라습(鳩摩羅什)의 아버지 구마염(鳩摩炎)이 출가한 몸이면서 강박에 못이겨 구자왕(龜玆王)의 누이동생을 아내로 삼아 구마라습을 얻은 일을 근거로 한 말이다. 음주와 여색을 범하는 일은 모두 계율에 어긋나는 일이다.

30) 常懷忍辱(상회인욕) : 육바라밀행(六波羅密行)의 하나인 인욕바라밀(忍辱波羅密)을 말한다. 강제에 의하여 계율을 범하는 것은 인욕(忍辱)의 실천을 강조하는 처지에서 보면 당연히 어찌할 수 없었던 일로 용인(容認)되지 않으면 안 된다.

31) 漢明(한명) : 후한(後漢)의 명제(明帝). 명제가 꿈에 금인(金人)을 보고 부처를 느껴 채음(蔡愔) 등을 서역으로 보내 법(法)을 구하게 하였다는 사실을 말한다.

32) 魏晉(위진) : 삼국 시대에 화북 지방을 차지했던 위(魏)나라와 뒤에 삼국을 통일했던 진(晉)나라를 아울러 이르는 말.

33) 支竺(지축) : 지씨(支氏)와 축씨(竺氏). '출삼장기집(出三藏記集)'에 의하면 지씨 성을 가진 승려와 축씨 성을 가진 승려로 경전 번역을 한 사람의 이름이 각각 몇 명씩 기재되어 있으나 여기서는 '반야도행품(般若道行品)'

제1장 역경전(譯經傳) 57

을 역출(譯出)한 지참(支讖), '유마힐경(維摩詰經)'을 역출한 지겸(支謙), '광찬경(光讚經)'과 '정법화경(正法華經)'을 역출한 축법호(竺法護)를 가리키는 듯하다.

34) 滯文格義(체문격의): 중국 글인 한자의 표현을 글자만 보고 뜻을 유추(類推)하거나 범문(梵文)의 원뜻을 잃은 이해를 말한다.

35) 僧䂮(승략): 승략 이하 여덟 사람은 다 당시 의해(義解)에 뛰어난 사람이라고 일컬어진다.

36) 九經(구경): 구분경(九分經)이라고도 한다. 석가모니의 가르침이 최초로 성인의 말로 정리된 9종의 유형(類型). 곧 계경(契經), 중송(重頌), 수기(授記), 게송(偈頌), 감흥어(感興語), 여시어(如是語), 본생담(本生譚), 미증유법(未曾有法), 방광(方廣) 등이다.

37) 十二(십이): 불전(佛典) 서술의 형식을 12로 분류한 것. 곧 계경(契經), 중송(重頌), 풍송(諷頌), 인연(因緣), 본사(本事), 본생(本生), 미증유(未曾有), 비유(譬喩), 논의(論議), 자설(自說), 방광(方廣), 수기(授記). 앞의 9경(九經)과 이 12(十二)로써 부처의 가르침 전부를 가리키는 것 같다.

38) 通三世論(통삼세론): '광홍명집(廣弘明集)'에는 요흥(姚興)과 구마라습(鳩摩羅什)과 요숭(姚嵩)이 삼세(三世)를 돌아서 가고 돌아오고 한 기록이 실려 있다.

39) 西方辭體(서방사체): 이 말 이하에서 서술한 바와 같이 범어와 한문 두 말의 번역이 얼마나 어려웠던가를 엿볼 수 있게 한다.

40) 臭泥中生蓮花(취니중생연화): '유마힐소설경(維摩詰蘇說經)' 불도품(佛道品)에 연화는 고원 육지에 나지 않고 냄새나는 진흙탕물에서 나는 것을 비유하여, 공무(空無)의 깨달음을 얻은 자에게는 불법이 생(生)하지 않고 진흙탕물과 같은 번뇌 속의 중생에게 있어서만 불법이 생한다고 한 말을 들어 한 말이다.

41) 四大(사대): 물질을 구성하는 네 가지 요소인 지(地)·수(水)·화(火)·풍(風). 여기다가 공(空)을 더하여 오대(五大)라 하기도 한다. 사대(四大)의 조화(調和)를 잃으면 병이 생기고 사대의 결합(結合)이 깨지면 죽게 된다.

42) 焚身之後舌不燋爛(분신지후설불초란) : '대지도론(大智度論)'에, '아미타불경(阿彌陀佛經)'과 '마하반야바라밀경'을 왼 비구가 죽음에 이르러 제자들에게, 송경(誦經)의 공덕으로 죽어 몸이 불사름을 당해도 부처를 맞이하였기 때문에 혀가 타지 않을 것이라고 말했다. 그것이 사실로 실현되었다는 이야기를 들어 한 말일 것이다.
43) 僞秦(위진) : 진(秦)은 부견(符堅)의 전진(前秦)을 말한다. 중국 역사에서 진(晉)을 정통(正統)으로 보고 5호(五胡) 16국(十六國)의 여러 왕조를 비정통(非正統)으로 보는 혜교(慧皎 : '고승전'의 저자)의 처지에서 보아 거짓 진(秦)나라라고 했다.
44) 弘始(홍시) : 홍치(弘治)이다.

사방으로부터 정(靜)을 즐기는 자가 이르다
― 불타발타라전(佛馱跋陀羅傳)

불타발타라(佛馱跋陀羅)를 여기서는 각현(覺賢)이라 한다. 본래 성은 석씨(釋氏)로, 가유라위(迦維羅衛) 사람이다.

그는 세 살 때 아버지를 여의고 어머니와 살다가 다섯 살 때 어머니마저 여의어 외가에서 자랐다.

종조부(從祖父) 구바리(鳩婆利)가 각현이 총명하다는 말을 듣고, 또 양친을 다 잃은 고아라는 것을 가엾이 여겨 데려가 득도(得度)시켜 사미(沙彌)가 되게 하였다.

열일곱 살이 되어 함께 공부하는 몇몇 아이들과 함께 독송(讀誦)에 힘썼는데, 다른 아이들은 한 달이나 걸려 독송하는 것을 각현은 하루에 독송을 마쳤다.

스승이 감탄하여 말했다.

"각현은 하루에 서른 사람의 몫과 필적(匹敵)하는구나."

구족계(具足戒)를 받고나서는 더욱 수업에 열을 올렸다. 폭넓게 가지가지의 경전을 배워 많은 부분에서 깊은 이해를 얻었다. 그래서 어린 나이로 선율(禪律)에 통달한 사람이라는 평판을 얻었다.

어느 때 함께 공부하는 승려(僧侶)인 승가달다(僧迦達多)와 함께 계빈(罽賓)으로 행각(行脚)하여 잠자리를 함께 하면서 몇 해를 지낸 일이 있다.

승가달다는 각현의 재능이 총명하고 민첩한 데 감복하고는 있었지만, 아직 그가 어느 정도의 인물인가는 헤아릴 수 없었다.

함께 지내던 얼마 뒤에 사람의 기척이 전혀 없는 방에서 문을 걸어 잠그고 홀로 앉아 좌선(坐禪)하고 있으려니, 문득 각현이 들어오는 것이 보였다. 놀라서
"어디서 오는 것인가."
하고 물었더니, 각현이 대답하기를
"잠시 도솔천(兜率天)에 가서 미륵불(彌勒佛)에게 경의(敬意)를 표하고 오는 길일세."
하였는데, 말을 마치자 모습이 사라져 버렸다.

승가달다는 각현을 성인으로 생각하고는 있었지만 그 득도(得道)의 정도는 알지 못하고 있었다.

그 뒤로도 자주 각현의 불가사의(不可思議)한 점을 보고는 공경하고 두려워하며 살펴서 비로소 불환과(不還果)를 얻은 성인이라는 사실을 알았다.

불타발타라(佛馱跋陀羅 : 각현)는 항상 여러 나라를 행각하며 가르침을 넓히고 그 곳 풍속을 보면서 다니고 싶은 생각을 가지고 있었다.

마침 그 때 전진(前秦)의 사문(沙門) 지엄(智嚴)이라는 이가 서쪽을 향해 나그네 길을 떠나 계빈(罽賓)에 이르렀다.

그 곳 수행자(修行者)들의 청정(淸淨)한 모습을 보고 감복하여, 개연(慨然)히 동방의 진(秦)나라를 생각하여
"우리 나라의 동배(同輩)들은 도(道)를 구하고자 하는 뜻을 가지고 있다. 다만 진실한 큰 스승을 만나지 못해 깨달음을 얻을 계기가 없다."
라고 말하고는 여러 사람에게 물었다.
"누군가 동방 땅에 가르침을 널리 펴실 분이 안 계십니까."
이에 여러 사람이 말했다.
"불타발타라(각현)라는 사람이 있습니다. 천축국(天竺國) 나가리성(那呵利城) 사람입니다. 내력이 바른 집안에서 대대로 진

리를 구하는 학문을 닦았습니다. 아주 어린 나이에 출가하여 일찍이 경(經)과 논(論)을 두루 깨쳤습니다. 젊은 나이에 대선사(大禪師) 불대선(佛大先)에게서 업(業)을 받았는데, 몇 년 전부터 계빈에 있습니다."
 그리고 지엄에게 말했다.
 "승려들을 규칙적으로 다루고 선법(禪法)을 바르게 가르쳐 줄 수 있는 사람으로는 불타발타라(각현)가 가장 적임자입니다."
 이에 지엄이 특별히 청하였으므로 각현은 드디어 그 청에 이끌려 승낙하였다. 그리하여 가르치던 여러 승려들에게 작별을 고하고 식량을 준비하여 동쪽을 향해 길을 떠났다.
 각현은 진(秦)나라에 이르러 구마라습(鳩摩羅什)이 장안(長安)에 있다는 말을 듣고 곧바로 찾아가 그를 따랐다.
 구마라습은 대단히 기뻐하면서 함께 만유(萬有)의 존재에 대하여 논(論)하고 현미(玄微)한 도리를 구명(究明)하여 보다 깊은 이해를 얻는 바가 많았다.
 거기서 각현은 구마라습에게
 "법사의 해석은 별다르게 의외라고 할 정도도 아닌데 명성이 유달리 높은 까닭은 무엇입니까."
하니, 구마라습이 대답했다.
 "나의 나이가 많아 그럴 것이오. 훌륭하다고 일컬을 것이 못 되리다."
 구마라습은 뜻에 의심스러운 데가 있으면 반드시 각현에게 의견을 구하여 옳고 그름을 가렸다.
 때마침 태자(太子) 요흥(姚泓)이 각현의 설법(說法)을 듣고자 승려들을 모아 동궁(東宮)에서 논하여 달라고 요청하였다.
 구마라습과 각현은 거기서 몇 번인가 문답을 주고받았다.
 구마라습이 질문했다.
 "어찌하여 사물은 실체는 없고 공(空)한 것이라고 합니까?"

각현이 답변했다.

"여러 가지 미세(微細)한 것이 모여 현상이 이뤄지는 것이고, 현상 그 자체로서는 변치 않는 실체란 없는 것입니다. 곧 현상으로서 존재는 하지만 언제나 실체는 없고 공(空)한 것입니다."

"일체(一切)는 극미(極微)한 것으로 이루어진다는 생각에서인데, 현상은 공이라고 밝힌 이상 그 위에 어째서 또 극미한 것이 공이라고 밝히는 것입니까?"

"다른 여러 법사들은 하나의 미세한 것을 분석하고 있지만, 나는 그렇지 않다고 생각합니다."

"그렇다면 미세한 것은 상존(常存)하는 것입니까?"

"하나의 미세한 것이 공이므로 여러 가지 미세한 것의 모임은 공이요, 또 여러 가지 미세한 것이 모인 것이 공이므로 하나의 미세한 것이 공입니다."

이 때 보운(寶雲)이 이 말을 번역하였는데, 그 뜻을 이해하지 못했다.

승려들과 속인(俗人)들은 모두 각현이 말한 '미세한 것은 상존(常存)하는 것이다.' 라는 것과 같은 생각을 하였다.

얼마 있다가 장안(長安)의 학승(學僧)들이 다시 설(說)하여 바로잡아 주기를 청했다. 이에 각현은 말했다.

"무릇 사물이라는 것은 그 자체로서는 생기지 않고 원인이 서로 모여 생기는 것이다. 어느 세미한 것에 의해 여러 가지의 세미한 것이 존재한다. 이 세미한 것은 그 자체로서 고유한 불변성(不變性)을 가지지 않는 이상 공이다. 어찌해서 하나의 미세한 것이 생존하여 공이 아니라고 하는 생각을 부정하지 않는 따위로 말할 수 있는가."

이것이 문답의 대의(大意)였다.

그 때 진군(陳郡)의 원표(袁豹)는 송(宋)나라 무제(武帝)의 태위장사(太尉長史)였다.

송나라 무제가 남쪽으로 유의(劉毅)를 토벌할 때 막부(幕府)에 소속되어 무제를 따라 강릉(江陵)에 도착하였다.

각현은 제자 혜관(慧觀)을 거느리고 원표에게 가 먹을 것을 빌었다. 원표는 본래 각현을 공경한다거나 믿는다거나 하는 마음 따위가 없었으므로 소홀하게 대우했다.

각현이 밥을 먹는 둥 마는 둥 하고 물러가려 하는데, 원표가 그것을 보고

"충분히 잡숫지 못하신 것 같군요. 잠시 더 머물러 주시오."

하니, 각현이 말했다.

"시주(施主)님이시어, 베푸시는 마음에 한도가 있으십니다. 그래서 준비하신 음식이 다 바닥났습니다."

원표가 곧 좌우 사람들을 불러 밥을 더 가져오게 하였으나 밥은 역시 남은 것이 없었다.

원표는 그만 기가 죽어 혜관에게 물었다.

"이 사문(沙門)은 어떤 인물이시오."

"그분의 덕(德)은 기품(氣品)이 높고 속이 깊어 범인(凡人)으로서는 헤아릴 수 없는 분이십니다."

혜관의 말을 들은 원표는 완전히 심복(心服)하여 태위(太尉)에게 그 뜻을 상신(上申)하였다. 태위가 함께 만나보기를 원하면서 특별히 높이고 공경하였으므로 수행(修行)에 필요한 물건들을 보내 오지 않는 사람이 없을 정도였다.

돌연히 태위가 도성으로 돌아가게 되니 각현에게도 함께 돌아가자고 부탁해, 도량사(道場寺)에 머물러 있게 하였다.

각현은 행동거지(行動擧止)가 깔끔해서 지지한 세속(世俗) 사람들의 살아가는 모양과 달랐다. 뜻이 맑고 깨끗하며 높고 원대하여 언제나 고상한 기품을 지니고 있었다.

경사(京師)의 법사(法師) 승필(僧弼)이 사문 보림(寶林)에게 보내는 글에서 말하기를

"투장사(鬪場寺)의 선사(禪師)에게는 과연 큰 도량(度量)이 있습니다. 마치 천축(天竺)의 왕필(王弼)·하안(何晏)과 같은 사람으로 자유분방(自由奔放)한 인물입니다."
했을 정도로 평판이 좋은 사람이었다.

이보다 앞서 사문 지법령(支法領)은 우전국(于闐國)에서 '화엄경(華嚴經)'의 앞부분 3만6천 게(偈)를 구하였으나 아직 번역하지 못하고 있었다.

의희(義熙) 14년(418)에 오군(吳郡)의 내사(內史) 맹개(孟顗)와 우위장군(右衛將軍) 저숙도(褚叔度)가 각현에게 부탁하여 번역 책임자로 삼았다.

각현은 손에 범문(梵文)을 잡고, 사문 법업(法業)과 혜엄(慧嚴) 등 100여 명과 함께 도량사에서 번역 사업에 착수하여, 문장과 교의(教義)가 마땅한가 아닌가를 정하고 중국어와 서역말을 통하게 하여 경전의 취지를 보기 좋게 나타냈다.

도량사에는 아직도 화엄당(華嚴堂)이라는 건물이 남아 있다.

사문 법현(法顯)은 서역에서 구한 '승기율(僧祇律)'의 범본(梵本)도 각현에게 의뢰하여 진나라 글(晉文: 중국어)로 번역하게 하였다.

전후 번역하여 낸 것은 '관불삼매해경(觀佛三昧海經)' 6권과 '이원경(泥洹經)' 및 '수행방편론(修行方便論)' 등 대개 15부 117권인데 어느 것이나 그 깊은 취지를 밝혀 문장의 뜻을 보기 좋게 나타냈다.

각현은 원가(元嘉) 6년(429)에 세상을 떠났다. 그 때 나이는 71세였다.

佛駄跋陀羅[1] 此云覺賢 本姓釋氏 迦維羅衛[2] 人 賢三歲孤 與母居 五歲復喪母 爲外氏所養 從祖鳩婆利[3] 聞其聰敏 兼悼其孤露乃迎還 度爲沙彌[4] 至年十七 與同學數人 俱以習誦爲業 衆皆一月 賢一

日誦畢 其師歎曰 賢一日敵三十夫也 及受具戒 修業精勤 博學群
經 多所通達 少以禪律馳名 常與同學僧伽達多5) 共遊罽賓6) 同處
積載 達多雖伏其才明 而未測其人也 後於密室 閉戶 坐禪 忽見賢
來 驚問何來 答云 暫至兜率7) 致敬彌勒 言訖便隱 達多知是聖人 未
測深淺 後屢見賢神變 乃敬心祈問 方知得不還果8) 常欲遊方弘化
備觀風俗 會有秦沙門智嚴 西至罽賓 覩法衆淸勝 乃慨然東顧曰 我
諸同輩 斯有道志 而不遇眞匠 發悟莫由 卽諮訊國衆 孰能流化東土
僉云 有佛馱跋陀者 出生天竺那呵利城9) 族姓相承 世遵道學10) 其
童齓出家 已通解經論 少受業於大禪師佛大先11) 先時亦在罽賓 乃
謂嚴曰 可以振維僧徒 宣授禪法者 佛馱跋陀其人也 嚴旣要請苦至
賢遂愍而許焉 於是捨衆辭師 裹糧東逝

聞鳩摩羅什在長安 卽往從之 什大欣悅 共論法相 振發玄微 多所
悟益 因謂什曰 君所釋 不出人意 而致高名 何耶 什曰 吾年老故爾
何必能稱美談 什每有疑義 必共諮決 時秦太子泓欲聞賢說法 乃要
命群僧 集論東宮 羅什與賢 數番往復12) 什問曰 法13)云何空 答曰 衆
微成色 色無自性 故雖色常空 又問 旣以極微14)破色空 復云何破微
答曰 群師或破析一微 我意謂不爾 又問 微是常耶 答曰 以一微故
衆微空 以衆微故 一微空 時寶雲譯出此語 不解其意 道俗咸謂 賢
之所計 微塵是常 餘日長安學僧 復請更釋 賢曰 夫法不自生 緣會
故生 緣一微故有衆微 微無自性15) 則爲空矣 寧可言不破一微常而
不空乎 此是問答之大意也

時陳郡袁豹爲宋武帝太尉長史16) 宋武南討劉毅17) 隨府屆于江陵
賢將弟子慧觀 詣豹乞食 豹素不敬信 待之甚薄 未飽辭退 豹曰 似
未足 且復小留 賢曰 檀越施心有限 故令所設已罄 豹卽呼左右益
飯 飯果盡 豹大慚愧 旣而問慧觀曰 此沙門何如人 觀曰 德量高邈
非凡所測 豹深歎異 以啓太尉 太尉請與相見 甚崇敬之 資供備至
俄而太尉還都 便請俱歸 安止道場寺 賢儀範率素 不同華俗 而志
韻淸遠 雅有淵致 京師法師僧弼 與沙門寶林書曰 鬪場禪師 甚有

大心 便是天竺王何風流人[18]也 其見稱如此 先是沙門支法領 於于
闐 得華嚴前分三萬六千偈[19] 未有宣譯 至義熙十四年 吳郡內史孟
顗 右衛將軍褚叔度 卽請賢爲譯匠 乃手執梵文 共沙門法業 慧嚴
等百有餘人 於道場譯出了 詮定文旨 會通華戎 妙得經意 故道場
寺猶有華嚴堂焉 又沙門法顯[20] 於西域所得 僧祇律梵本 復請賢譯
爲晉文 其先後所出 觀佛三昧海六卷 泥洹及修行方便論等 凡一十
五部 一百十有七卷 並究其幽旨 妙盡文意 賢以元嘉六年卒 春秋
七十有一矣

1) 佛馱跋陀羅(불타발타라) : Buddhabhadra의 음역(音譯).

2) 迦維羅衛(가유라위) : Kapilavastu의 음역. 중인도(中印度) 석가족(釋迦族)의 영토.

3) 鳩婆利(구바리) : Kuvāli의 음역.

4) 沙彌(사미) : 악을 멀리하고 자애로운 일을 행하여 원적(圓寂)을 구하면서 비구(比丘)에게 지도를 받는 자이다. 십계(十戒)를 받아 250계(戒)를 가지는 비구가 되기까지의 소승(小僧)을 이르는 말이다.

5) 僧迦達多(승가달다) : Saṁghadatta의 음역.

6) 罽賓(계빈) : 인도의 카슈밀 지방을 지배하던 국가.

7) 兜率(도솔) : Tuṣita의 음사(音寫). 도솔천(兜率天)을 말한다. 도솔천은 장래 부처가 될 보살(菩薩)이 머물러 있는 곳으로, 현재는 여기서 말세(末世)에 이 세상에 출현하여 중생을 제도(濟度)할 미륵보살(彌勒菩薩)이 법을 설하고 있다고 한다.

8) 不還果(불환과) : 소승불교(小乘佛敎)에서 아라한(阿羅漢)의 경지에 이르는 네 단계를 나타내는 사과(四果) 중의 제3과(第三果). 이미 욕계(欲界)의 모든 번뇌(煩惱)를 끊고 천상(天上)에 태어나 다시는 욕계로 되돌아오는 일이 없는 경지.

9) 天竺那呵利城(천축나가리성) : 천축국의 나가리성을 가리키는 말 같다. 미상(未詳).

10) 道學(도학) : 깨달음의 도(道)를 연구하는 학문이라는 뜻으로 불교를 가리

키는 말. 중국에서는 도교(道敎)나 유학(儒學)도 도학(道學)이라고 하는 경우가 있으나, 여기서는 불교를 이르는 말이다.

11) 佛大先(불대선) : 다른 기록에는 불타선(佛馱先)으로 되어 있다.
12) 羅什與賢數番往復(나습여현수번왕복) : 구마라습과 각현 사이에 몇 차례 오고간 대화에서 다루어진 미진(微塵)의 논제(論題)는 '대지도론(大智度論)'과 '구마라습법사대의' 같은 곳에 분파공(分破空)을 둘러싼 의론(議論)이라고 하여 보인다.
13) 法(법) : 많은 뜻을 지니고 있어 의미를 확정하기는 어려우나 법(法)을 색(色)과 바꿔놓는 것으로 보면, 여기서는 사물 또는 존재의 뜻으로 보아도 좋을 것이다.
14) 極微(극미) : 가장 세미(細微)한 것. 물질의 가장 세미한 곳까지 다 분석한 극한의 것으로, 그 이상으로는 더 나눌 수가 없는 가장 작은 실체. 하나의 극미(極微)를 중심으로 상하와 사방인 육방(六方)으로 극미가 모인 한 덩어리를 미진(微塵)이라고 한다.
15) 自性(자성) : 자체적으로 지니고 있는 고유(固有)한 불변(不變)의 성질. 실체(實體)를 말한다.
16) 袁豹爲宋武帝太尉長史(원표위송무제태위장사) : 뒤에 송(宋)나라 무제(武帝)가 된 유유(劉裕)가 태위(太尉)로 있을 때 소속되어 있던 장사(長史). 원표(袁豹)는 의희(義熙) 7년에 태위장사(太尉長史)가 되어 유의(劉毅)를 토벌하는 데 종군하였다.
17) 劉毅(유의) : 처음에는 송나라의 무제(武帝)가 된 유유(劉裕)와 함께 환현(桓玄)을 토벌하는 데 참가하였다가 뒤에 헤어졌다.
18) 王何風流人(왕하풍류인) : 삼국시대(三國時代) 위(魏)나라의 왕필(王弼)과 하안(何晏)이 현학(玄學)을 좋아하여 청담(淸談)을 일삼은 풍류인(風流人)이었는데 그들의 이름을 들어 비유한 말이다.
19) 華嚴前分三萬六千偈(화엄전분삼만육천게) : '출삼장기집(出三藏記集)'에 범문(梵文)의 입수와 역출한 경위가 자세하게 보인다.
20) 法顯(법현) : 본서 1장 6의 법현전(法顯傳)을 볼 것.

'열반경(涅槃經)'을 중국어〔漢語〕로 번역한 스님 — 담무참전(曇無讖傳)

담무참(曇無讖), 그는 본래 중천축국(中天竺國) 사람이다.
여섯 살에 아버지를 여의고 어머니를 따라 양탄자를 만들어 그 품삯으로 생계를 유지하고 있었다. 사문인 달마야사(達摩耶舍), 여기서는 법명(法明)이라고 하며 출가한 사람이 세속 사람들에게 존경받는 것을 말한다.

어느날 담무참의 어머니는 출가한 사람이나 세속 사람들에게 존경받으며 유족하게 살아가는 달마야사들을 보고 퍽 부러웠다. 그리하여 담무참을 그의 제자가 되게 하였다.

담무참은 겨우 열 살이건만 뛰어나게 총명해서 함께 공부하는 여러 아이들과 주문(呪文)을 외면 경(經)을 하루에 만여 마디나 기억할 수 있었다. 처음에 소승(小乘)의 교리를 배우고, 아울러 오명(五明)의 서적을 닦아, 그가 강설(講說)하는 모습은 정교하고도 치밀하여 그의 웅변을 따를 사람이 없었다.

뒷날 백발(白髮)의 선사(禪師)를 만났을 때 선사는 담무참과 교의(敎義)를 논(論)하다가 담무참이 지금까지 닦아 온 것이 모두 틀렸음을 알았다.

계속 쉬지 않고 논(論)을 다투기 백여 일, 담무참이 날카롭게 어려운 점을 찔러도 선사는 전연 굴복하지 않았다.

드디어 담무참이 선사의 정교하고 치밀한 논리(論理)에 굴복하고 선사에게 물었다.

"도움이 될 만한 무슨 경전(經典)이 없겠습니까."

선사는 그에게 나무 껍질에 베낀 '열반경(涅槃經)' 원전(原典)을 주었다.

담무참은 그것을 열심히 읽어, 새로운 세계가 열리는 것을 깨닫고 부끄러워 몸을 움츠리며 우물 안 개구리가 대해(大海)를 모르고 있었던 사실을 알았다.

그래서 제자들을 모아 지금까지의 과오를 참회하고 새롭게 대승(大乘)의 가르침만 오로지 구하기로 했다.

스무 살에는 대승과 소승의 경전을 독송(讀誦)한 것이 2백여 만 어(二百餘萬語)에 이르렀다.

담무참은 주술(呪術)에도 뛰어나 그것을 행하면 반드시 효험이 있어 서역에서는 위대한 주술사(呪術師)로도 일컬어졌다.

어느 때 국왕을 수행하여 산 속에 들어간 일이 있었다. 국왕이 갈증(渴症)을 느껴 물을 찾았으나 물을 구할 수 없었다. 담무참은 남이 모르게 바위에다 국왕의 덕을 찬미하며 주문(呪文)을 외워 물이 솟게 해달라고 했더니 드디어 물이 솟아 올랐다. 그는

"대왕(大王)의 혜택이 신령들을 감동시키셨습니다. 기어이 물기 없는 바위에서 샘이 솟았습니다."

라고 하며, 왕에게 물을 바쳤다.

이웃 여러 나라의 사람들이 이 소문을 듣고 모두 왕의 덕에 감탄하였다.

그리고 때에 맞춰 비가 알맞게 내려 사람들은 생활의 기쁨을 노래하였다.

왕은 담무참의 도술(道術)에 만족하여 더욱 그를 후하게 대우하였다. 그러나 얼마 뒤에는 왕의 대우가 점차 엷어지면서 소홀해졌다.

담무참은 더 오래 머물러 있다가는 마침내 왕의 미움을 사게 될지도 모른다는 생각에, 왕에게 하직을 고하고 계빈으로 향했다.

그 때 그는 '대열반경(大涅槃經)'의 전분(前分) 10권과 '보

살계경(菩薩戒經)' '보살계본(菩薩戒本)' 등을 가지고 갔다.

  그 나라에서는 소승의 가르침을 배우는 자가 대부분이어서 '열반경'을 믿으려 하지 않았다. 그래서 동쪽 구자국(龜玆國)으로 갔다가, 얼마 뒤에 다시 나아가 고장(姑臧)이라는 곳으로 갔다.

  여관에서 묵는데, 경(經)의 원전을 잃어버릴까 두려워 그것을 베개로 삼아 베고 잤다. 잠을 자다 누가 그것을 당겨 땅으로 던지려는 기색이 있어 깜짝 놀라 눈을 뜨고 도둑이 아닌가 생각했다.

  이렇게 하기를 사흘밤을 계속한 뒤 방에서 사람이 꾸짖는 소리가 들렸다.

  "이것은 여래(如來)가 해탈(解脫)한 가르침이다. 어찌 베개로 삼을 수 있단 말이냐."

  담무참은 자신의 밝지 못함을 부끄럽게 여겨, 손이 닿지 않는 높은 곳에 안치(安置)하였다.

  밤중에 도둑이 들어와 몇 차례나 그것을 들어 올리려 하였으나 도저히 들어 올릴 수 없었다. 다음날 아침 담무참이 그것을 손쉽게 들어 올리는데 조금도 무겁게 여기는 기색이 없었다. 숨어 있던 도둑이 그것을 보고는 그가 성인임을 깨닫고 모두 모여 와 엎드려 죄의 용서를 빌었다.

  하서왕(河西王) 저거몽손(沮渠蒙遜)이 양(凉) 지역을 실력으로 지배하여 왕(王)이라 칭하고 있었는데, 담무참의 명성(名聲)을 소문으로 듣고 그를 불러 접견(接見)하고는 특별히 정중하게 대우하였다.

  저거몽손은 평소부터 불법을 공경하여 널리 사람들에게 전하고자 생각하였으므로 경전을 번역하고 싶다고 부탁하였다.

  담무참은 아직 이 나라 말에 어둡고 통역도 없으므로 표현이 교리(敎理)와 어긋날 수 있다는 생각에 곧바로 번역에 착수하기를 즐기지 않았다. 3년 동안 말을 배우고 나서 차차로 처음 부분 10권을 번역하여 필사(筆寫)하였다.

당시에 사문 혜숭(慧嵩)과 도랑(道朗)은 하서(河西) 지방에서 뛰어난 존재였다. 담무참이 경전을 설(說)하여 내자 깊이 경의를 표하고, 혜숭이 범문(梵文)을 이곳 말로 바꿔 필사하였다.

출가자와 세속에 있는 자 수백 명이 모여 종횡(縱橫)으로 교의의 의심나는 점을 제기하였다. 담무참은 자유자재로 대응하여 문제점을 해결하는데 물 흐르듯 하는 변설(辯舌)은 표현이 풍부하고 화려하며 주밀(周密)한 언어를 구사하였다.

혜호와 도랑은 더욱 여러 가지의 경전을 널리 번역해 주기를 청했다. 이어서 '방등대집경(方等大集經)' '방등대운경(方等大雲經)' '비화경(悲華經)' '보살지지경(菩薩地持經)' '우바새계(優婆塞戒)' '금광명경(金光明經)' '해룡왕경(海龍王經)' '보살계본(菩薩戒本)' 등 60여만 언(言)을 역출(譯出)하였다.

담무참은 '열반경(涅槃經)' 원전의 품수(品數)가 부족하여 외국으로 돌아가서 찾아 구해야겠다고 생각했으나 어머니가 돌아가셨으므로 1년 동안 머물러 있다가 우전(于闐)에 가 경의 원전 중간 부분을 손에 넣고 재차 고장(姑臧)으로 돌아와 번역하였다.

그 뒤에 다시 사자를 우전으로 보내 찾게 하여 뒷부분도 손에 넣었다. 이렇게 해서 뒷부분까지 이어서 번역하여 전부 33권을 만들었다. 위현시(僞玄始 : 北涼) 3년(414)에 번역을 시작하여 현시(玄始) 10년(421) 10월 23일에 세 질(帙) 모두가 겨우 완성되었다. 곧 송(宋) 무제(武帝)의 영초(永初) 2년이었다.

담무참은 '열반경'에 대하여 말했다.

"이 경의 범문(梵文)은 본래 3만5천 게(偈)인데 여기서 1만언(一萬言) 정도를 생략하고, 이제 번역하여 출간[譯出]한 것은 겨우 1만여 게일 뿐이다."

저거몽손의 의화(義和) 3년(433) 3월이 되어 담무참은 서역으로 여행하여 다시 '열반경'의 뒷부분을 찾고 싶다고 고집스럽게 간청하였다.

저거몽손은 담무참이 자기 곁을 떠나려 하는 것을 불쾌하게 여겨 남모르게 그를 없애려 했다.

표면상으로는 그가 여행하는 데 필요한 식량을 준비해 주고 노자를 마련해 주는 등 마음을 썼다.

마침내 출발하는 날, 담무참은 눈물을 흘리며 제자들에게 이별을 고하면서

"나에게 전세의 업인(業因)에 대한 과보(果報)를 받을 시기가 온 것 같다. 아무리 뛰어난 성인이라 해도 구제할 수 없는 일이다. 본래 마음에 맹세한 일이고, 아무래도 여기에 머물러 있을 수 없는 일이다."

라고 말하고는 출발하였다.

과연 저거몽손은 자객(刺客)을 보내 도중에서 담무참의 목숨을 빼앗게 하였다. 그의 나이 49세였는데, 그 해는 송(宋)의 원가(元嘉) 10년(433)이었다.

출가한 스님이나 재가(在家) 신도나, 멀리 있는 자나 가까이 있는 자나 모두 애석해 하였다.

그 뒤로 저거몽손을 좌우에서 섬기는 사람들은 늘 대낮부터 귀신들이 칼을 뽑아 들고 저거몽손을 공격하는 모습을 목격하였다. 그러다가 4월이 되어 저거몽손은 병으로 자리에 눕게 되었고 결국 죽었다.

전에 담무참이 고장(姑臧)에 있을 때, 장액(張掖)의 사문인 도진(道進)이 담무참에게 보살계(菩薩戒)를 받겠다고 원했다.

담무참이 말했다.

"여하간 잘못을 참회할 일이다."

그래서 도진은 온 정성을 기울이기 이레 낮과 이레 밤을 계속하여 여드레 되는 날에 담무참에게 가서 계를 받겠다고 원했다. 그랬더니 담무참이 벌컥 화를 내는 것이었다.

도진은 자기의 업장(業障)이 아직도 소멸(消滅)되지 않은 것

이라 생각하고 다시 반성하였다. 도진은 이렇게 해서 전력을 기울여 3년 동안 선정(禪定)에 정진하고 참회에 힘썼다.

도진은 선정 중에 석가모니불(釋迦牟尼佛)과 보살(菩薩)들이 자기에게 계법(戒法)을 주는 꿈을 꾸었다. 그날 저녁 함께 거처하는 사람 10여 명도 모두 꿈을 꾸었는데, 도진이 꾼 꿈과 똑같았다. 도진은 담무참에게 꿈 이야기를 하려고 마음 먹고 가는데 아직도 수십 보의 거리가 남았건만 담무참은 깜짝 놀라 벌떡 일어서면서 큰 소리로 외치기를

"되었도다, 되었도다. 벌써 계를 감득(感得)한 것이다. 나는 너를 위해 마땅히 증명(證明)할 것이다."
하고는, 불전(佛前)에 차례를 정돈하여 그를 위해 계율 본연의 자세를 설명하였다.

당시 사문 도랑(道朗)은 관서(關西) 지방에서 명예를 드날렸다. 도진이 계(戒)를 느낀 날 밤에 도랑도 역시 꿈을 꾸었다. 그는 스스로 계를 받은 횟수를 낮추어 도진의 법제(法弟)가 되겠다고 원했다. 이렇게 해 도진에게 계를 받은 사람들이 천여 명이나 되었고 그의 법(法)을 전수(傳受)하여 현재에 이르고 있다. 그것은 모두 담무참이 가르친 여운(餘韻)이다.

별기(別記)에 말했다.

"'보살지지경(菩薩地持經)'은 반드시 이파륵보살(伊波勒菩薩)이 이 나라에 전하여 온 것이다."

뒷날 과연 담무참에 의해 전역(傳譯)되었다. 아마도 담무참은 평범한 사람이 아니었던 것 같다.

曇無讖[1] 其本中天竺人 六歲遭父喪 隨母傭織毾㲪爲業 見沙門達摩耶舍[2] 此云法明 道俗所崇 豊於利養 其母美之 故以讖爲其弟子 十歲同學數人讀呪 聰敏出群 誦經日得萬餘言 初學小乘 兼覽五明諸論 講說精辯 莫能詶抗 後遇白頭禪師 共識論議 習業旣異

交諍十旬 讖雖攻難鋒起 而禪師終不肯屈 讖伏其精理 乃謂禪師曰 頗有經典 可得見不 禪師卽授以樹皮涅槃經本 讖尋讀驚悟 方自慚恨 以爲坎井之識 久迷大方 於是集衆悔過 遂專大乘 至年二十 誦大小乘經二百餘萬言

讖明解呪術 所向皆驗 西域號爲大呪師 後隨王入山 王渴須水不能得 讖乃密呪石出水 因贊曰 大王惠澤所感 遂使枯石生泉 隣國聞者 皆歎王德 于時雨澤甚調 百姓歌詠 王悅其道術 深加優寵 頃之王意稍歇 待之漸薄 讖以久處致厭 乃辭往罽賓 齎大涅槃前分十卷[3]幷菩薩戒經 菩薩戒本等 彼國多學小乘 不信涅槃 乃東適龜玆 頃之復進到姑臧[4] 止於傳舍 慮失經本 枕之而寢 有人牽之在地 讖驚覺謂是盜者 如此三夕 聞空中語曰 此如來解脫之藏 何以枕之 讖乃慚悟 別置高處 夜有盜之者 數過提擧 竟不能勝 明旦讖將經去 不以爲重 盜者見之 謂是聖人 悉來拜謝

河西[5]王沮渠蒙遜[6]僭據涼土 自稱爲王 聞讖名 呼與相見 接待甚厚 蒙遜素奉大法 志在弘通 欲請出經本 讖以未參土言 又無傳譯 恐言舛於理 不許卽翻 於是學語三年 方譯寫初分十卷 時沙門慧嵩道朗 獨步河西 値其宣出經藏 深相推重 轉易梵文 嵩公筆受 道俗數百人 疑難縱橫 讖臨機釋滯 淸辯若流 兼富於文藻 辭製華密 嵩朗等更請廣出諸經 次譯大集 大雲 悲華 地持 優婆塞戒 金光明 海龍王 菩薩戒本等六十餘萬言 讖以涅槃經本品數未足 還外國 究尋値其母亡 遂留歲餘 後於于闐 更得經本中分 復還姑臧譯之 後又遣使于闐 尋得後分 於是續譯爲三十三卷 以僞玄始[7]三年 初就翻譯 至玄始十年十月二十三日 三帙方竟 卽宋武永初二年也 讖云 此經梵本 本三萬五千偈 於此方減百萬言 今所出者 止一萬餘偈

至遜義和三年三月 讖固請西行 更尋涅槃後分 遜忿其欲去 乃密圖害讖 僞以資粮發遣 厚贈寶貨 臨發之日 讖乃流涕 告衆曰 讖業對將至 衆聖不能救矣 以本有心誓 義不容停 比發 遜果遣刺客 於路害之 春秋四十九 是歲宋元嘉十年也 黑白遠近 咸共惜焉 旣而

遜左右 常白日見鬼神以劍擊遜 至四月 遜寢疾而亡
　初讖在姑臧 有張掖沙門道進 欲從讖受菩薩戒 讖云 且悔過 乃竭誠 七日七夜 至第八日 詣讖求受 讖忽大怒 進更思惟 但是我業障未消耳 乃勵力三年 且禪且懺 進卽於定中見釋迦文佛與諸大士 授己戒法 其夕同止十餘人皆感夢 如進所見 進欲詣讖說之 未及至數十步 讖驚起唱言 善哉善哉 已感戒矣 吾當更爲汝作證 次第於佛像前 爲說戒相 時沙門道朗 振譽關西 當進感戒之夕 朗亦通夢 乃自卑戒臘 求爲法弟 於是從進受者千有餘人 傳受此法 迄至于今皆讖之餘則 有別記云 菩薩地持經應是伊波勒菩薩[8]傳來此土 後果是讖所傳譯 疑讖或非凡也

1) 曇無讖(담무참) : Dharmarakṣa의 음역(音譯).
2) 達摩耶舍(달마야사) : Dharmayasàs의 음역.
3) 大涅槃前分十卷(대열반전분십권) : '출삼장기집'권8의 작자 미상. '대열반경기(大涅槃經記)'제17에도 13품(品) 40권(卷)이라고 했다. 그 가운데 초분(初分) 오품 10권을 담무참이 역출하였고 6품 이후도 다시 손에 넣어 역출한 것으로 보이는데, 본장(本章) 후단(後段)에 우전(于闐)에서 중분(中分)과 후분(後分)을 구해 합쳐서 33권을 역출한 것으로 보인다. 전체의 권수에는 어긋남이 있다.
4) 姑臧(고장) : 감숙성(甘肅省) 무위현(武威縣)의 땅.
5) 河西(하서) : 황하(黃河) 이서(以西) 지방. 지금의 섬서(陝西), 감숙(甘肅), 내몽고(內蒙古), 영하(寧夏), 오르도스 일대.
6) 沮渠蒙遜(저거몽손) : 흉노(匈奴)의 한 갈래로 감숙성의 장액(張掖) 지역에 지배력을 가지고 고장(姑臧)에 응거하여 장액공(張掖公)이라 칭하다가 마침내 양왕(涼王)이라 칭하였다.
7) 僞玄始(위현시) : 현시(玄始)는 양왕(涼王)의 연호(年號)인데, 이 책의 저자인 혜교가 양왕을 정통(正統)으로 보지 않은데서 위(僞)자를 붙인 것이다.
8) 伊波勒菩薩(이파륵보살) : ipala보살의 음역. 미상(未詳).

위에는 나는 새 없고, 아래는 달리는 짐승 없다
— 법현전(法顯傳)

석법현(釋法顯)의 속성(俗姓)은 공(龔)씨요, 평양군(平陽郡) 무양현(武陽縣) 사람이다.

형이 셋이나 있었으나 모두 다박머리에 이를 갈 나이도 되기 전에 죽어버렸다. 그의 아버지는 그런 재화(災禍)가 법현(法顯)에게도 미칠까 두려워, 법현이 세 살이 되자 머리를 깎아 사미(沙彌)를 만들었다.

집에서 몇 해 동안 산 적이 있었는데 중병에 걸려 죽을 지경에 이르렀으므로 다시 절로 돌려보냈다. 절에서 이틀 밤을 자고 나자 병이 나았는데 집으로 돌아가려 하지 않고 어머니가 만나려 해도 만날 수가 없었다.

그 뒤 집에서는 아들을 위해 문 밖에 작은 집을 지어놓고 오고 가는 것처럼 만들었다.

열 살 때 아버지가 세상을 떠나자 숙부(叔父)는 형수가 과부로서 혼자 지내기 어려울 것이라 생각해 무리하게 조카 법현을 환속(還俗)시키려 했다. 법현은

"본래 아버님께서 살아 계시다고 하여 출가한 것이 아닙니다. 세속의 티끌에서 멀리 떠나고자 해서 도(道)를 구하는 생활로 들어선 것입니다."

하면서 숙부의 뜻에 따르지 않았다.

숙부는 그 말에 수긍하여 무리하게 강요하지 않았다.

얼마 있다가 어머니마저 세상을 떠났다. 자식으로서 어버이를

생각하는 마음은 결코 남에게 뒤지지 않는 법현이었지만 장례를 마치고 나서는 곧바로 절로 돌아갔다.

어느 때 함께 공부하는 수십 명과 함께 논에서 벼를 베고 있는데 때마침 굶주린 도둑이 달려와 곡식을 빼앗아 가려고 하였다.

다른 사미들은 다 달아났는데 법현 혼자 머물러 서서 도둑에게 말하기를

"만일 이 곡식을 가져가고 싶으면 마음대로 하시오 다만 그대들은 그 옛날에 남에게 보시(布施)하지 않았으므로 지금 먹을 것이 없어 굶주리게 된 것입니다. 지금 또 남에게서 곡식을 빼앗아 간다면 아마도 내세에는 한층 더 지독한 일을 당할 것입니다. 빈도(貧道 : 나)는 지금부터 그대들을 위해 근심하는 것입니다."

하고는 곧 발걸음을 돌렸다. 도둑은 곡식을 버리고 가버렸다.

이 광경을 본 승려들 수백 명은 그의 태도에 완전히 감동(感動)하였다.

언제나 경문(經文)이나 율문(律文)에 뜻이 어긋나거나 빠져 없어진 곳을 발견하면 퍽 유감스럽게 생각하고는 그것을 꼭 찾아내어 바로잡아야겠다고 마음속에 다졌다.

진(晉)의 융안(隆安) 3년(399)에 같이 공부하던 혜경(慧景)과 도정(道整)과 혜응(慧應)과 혜외(慧嵬) 등과 함께 장안(長安)을 출발하여 서쪽을 향해 유사(流沙 : 큰 사막지대)를 건넜다.

우러러 하늘을 보아도 나는 새 한 마리 볼 수 없고, 굽어 땅을 바라보아도 달리는 짐승의 그림자도 보이지 않았다. 사방은 끝없이 넓을 뿐이니 어느 쪽으로 발길을 옮겨야 할지 갈피를 잡을 수 없었다. 겨우 태양의 움직임을 살펴 동쪽과 서쪽을 정하고 여기저기 흩어져 구르는 해골들을 멀리 바라보면서 도표(道標)로 삼을 뿐이었다.

쉬지 않고 불어닥치는 열풍(熱風) 속에 악귀(惡鬼)들이 나타나는데, 이런 것과 맞닥뜨리면 누구나 죽어버린다.

법현(法顯)은 인연에 따라 목숨이 닿는 데까지 그 어떤 위난(危難)도 무릅쓰고 곧바르게 전진을 계속해 겨우 총령(蔥嶺 : 파미르 고원)에 닿았다.

총령은 겨울이나 여름이나 눈이 쌓여 있으며, 거기에 사는 간사하고 악독한 용이 뿜어대는 독기(毒氣) 있는 바람이 불어 제끼고, 모래와 자갈이 비처럼 내려 퍼부었다. 산길은 더할 수 없이 위험하여 천길이나 되는 절벽이 솟아 있어 옛날 사람들이 바위를 뚫어 길을 내고 길 곁으로 사다리를 걸쳐서 딛고 건너게 만들어 논 곳 따위를 거의 7백 곳 정도나 지났다. 현기증이 나는 적교(吊橋)를 밟고 큰 물을 건너기 수십 곳, 모두 한(漢)나라 때의 장건(張騫)과 감보(甘父)도 온 일이 없는 곳이었다.

다음으로 소설산(小雪山)을 넘었다. 찬바람이 돌연히 불어닥쳐 동행하던 혜경은 입을 벌릴 수 없을 만큼 몸이 떨려 한 발자국도 옮길 수 없게 되었다. 그래서 법현에게

"나는 이제 끝장이다. 자네는 무릅쓰고 전진하라. 함께 목숨을 잃어서는 안 된다."

라고 말하고는 말을 잇지 못하고 숨을 거두었다.

법현은 죽은 자를 위무(慰撫)하여 눈물을 흘리면서

"기약한 바의 목적을 이룰 수 없다면 그것은 운명이다. 어쩔 수 없는 일이다."

하고는, 다시 힘을 내어 단신 여행을 계속하였다.

그리하여 넘기 어려운 산들을 넘고 또 넘었다. 이렇게 넘은 곳은 모두 30여 나라. 어떻게 어떻게 해서 마침내 천축국(天竺國) 땅을 밟기에 이르렀다.

왕사성(王舍城)에서 30여 리 정도 떨어진 곳에 한 절이 있는데 그 곳을 저녁 어두워질 무렵에 닿았다. 법현은 밝는 날 아침에는 기암굴산(耆闍崛山)에 이르고자 한다고 하였다.

이 말에 그 절 스님은 만류하였다.

"길은 더욱 더 험난(險難)합니다. 그리고 검은 사자들이 많아 가끔씩 사람을 해칩니다. 어떻게 그런 곳에 닿으실 수가 있겠습니까."

이에 법현은 자신의 결의를 말하였다.

"먼 길을 밟아 넘어오기 수만 리. 꼭 영취산(靈鷲山)에 가고야 말겠다고 맹세했습니다. 신명(身命)을 아끼지 않습니다. 목숨이라는 것은 아무 때고 끊어지는 것, 어떻게 여러 해의 정성을 여기까지 와서 버릴 수 있겠습니까. 그 어떤 위험과 어려움이 닥친다 하더라도 나는 조금도 두렵지 않습니다."

스님들은 어떻게 해도 그의 뜻을 굽히게 할 수 없음을 깨닫고 그 절 스님 두 사람을 딸려 보내기로 했다.

법현이 산에 이르렀을 때는 해가 마침 저물어 넘어가려 할 때였으므로 그는 거기서 하룻밤을 묵으려고 했다.

따라온 두 스님은 공포에 떨면서 법현을 버리고 도망쳐 돌아가고 말았다.

법현은 산중에 홀로 머물면서 향을 피우고 예배했다. 석가모니불이 설법(說法)한 옛 자취에 감격하여 마치 당시 많은 성중(聖衆)의 모임을 눈앞에 보는 것 같은 생각이었다.

밤이 되니 세 마리의 검은 사자가 나타나 다가와서는 법현 앞에 웅크리고 앉아 혀로 제 입술을 핥으면서 꼬리를 젓는 것이었다. 법현은 독송(讀誦)하던 경문을 멈추지 않고 오직 부처를 염(念)하고 있었다.

이윽고 사자는 머리를 숙이고 꼬리를 내리더니 법현의 발 앞에 눕는 것이었다. 법현은 손으로 사자들을 쓰다듬으면서 주문(呪文)을 외웠다.

"만약 나에게 위해(危害)를 가하고자 하거든 내가 외는 것을 끝낼 때까지 기다려다오 만약 나를 시험해 보기 위해서라면 그만 물러가는 게 좋다."

사자들은 잠시 후 가버렸다. 그래서 법현은 밝은 날 아침에 절로 돌아갔다.

그로부터 남쪽으로 향하여 경사(京師)로 돌아가, 외국 선사(禪師)인 불타발타(佛馱跋陀)를 따라 도량사(道場寺)에서 '마하승기율(摩訶僧祇律)' '방등이원경(方等泥洹經)' '잡아비담심(雜阿毘曇心)'을 번역하였다. 그것이 백여 만 언(百餘萬言)이나 될 것이라고 하는 사람도 있다.

그는 또 '대반이원경(大槃泥洹經)'을 번역하여, 널리 유포(流布)시켜 가르침을 설(說)하여 밝히고 모두에게 그것이 어떠한 것인가를 보고 듣게 하였다.

성명이 무엇인지 분명하지 않지만 주작문(朱雀門) 근처에 살면서 대대로 바른 가르침을 받드는 어느 한 집안의 사람이 있었다. 그는 스스로 '이원경' 한 부를 필사(筆寫)하여 독송(讀誦)하면서 가르침을 실천하고 있었다.

경전을 보관하는 방을 따로 두지 않고 여러 가지 서적과 함께 방에 두었었다. 어느날 갑자기 바람이 불면서 어디선가 불길이 솟아올랐다. 불길은 근처로 번져 그 집을 다 태웠다.

집안의 모든 것이 다 타버렸건만 법현이 번역한 '이원경'만은 까딱없이 그대로 있는데, 타지 않았을 뿐 아니라 그을린 데 한 곳 없고 책의 빛깔마저 전연 변하지 않았다.

그 사실이 경사에 있는 모든 사람의 입에서 입으로 전해져 모두들 신묘(神妙)한 일이라고 감탄하였다. 그 밖의 경문과 율문들은 아직 번역되지 않았다.

뒤에 형주(荊州)로 가 그곳 신사(辛寺)에서 입적하였는데, 향년 86세였다. 스님들은 모두 통곡하면서 그의 죽음을 슬퍼했다.

釋法顯 姓龔 平陽武陽[1]人 有三兄 並髫齔而亡 父恐禍及顯 三歲便度爲沙彌 居家數年 病篤欲死 因以送還寺 信宿便差 不肯復歸

其母欲見之 不能得 後爲立小屋於門外 以擬去來 十歲遭父憂 叔
父以其母寡獨不立 逼使還俗 顯曰 本不以有父而出家也 正欲遠塵
離俗 故入道耳 叔父善其言乃止 頃之母喪 至性過人 葬事畢 仍卽
還寺 嘗與同學數十人 於田中刈稻 時有飢賊 欲奪其穀 諸沙彌悉
奔走 唯顯獨留 語賊曰 若欲須穀 隨意所取 但君等昔不布施 故致
飢食[2] 今復奪人 恐來世彌甚 貧道預爲君憂耳 言訖卽還 賊棄穀而
去 衆僧數百人 莫不歎服

 常慨經律舛闕 誓志尋求 以晉隆安三年 與同學慧景 道整 慧應
慧嵬等 發自長安 西渡流沙[3] 上無飛鳥 下無走獸 四顧茫茫 莫測所
之 唯視日以准東西 望人骨以標行路耳 屢有熱風惡鬼 遇之必死 顯
任緣委命 直過險難 有頃至蔥嶺 嶺冬夏積雪 有惡龍 吐毒風 雨沙
礫 山路艱危 壁立千仞 昔有人 鑿石通路 傍施梯道 凡度七百餘所
又躡懸絙過河 數十餘處 皆漢之張騫[4] 甘父[5]所不至也 次度小雪山
遇寒風暴起 慧景噤戰不能前 語顯曰 吾其死矣 卿可前去 勿得俱
殞 言絶而卒 顯撫之泣曰 本圖不果 命也奈何 復自力孤行 遂過山
險 凡所經三十餘國 將至天竺 去王舍城[6]三十餘里 有一寺逼冥過
之 顯明旦欲詣耆闍崛山 寺僧諫曰 路甚艱阻 且多黑師子 亟經噉
人 何由可至 顯曰 遠涉數萬 誓到靈鷲[7] 身命不期 出息非保[8] 豈可
使積年之誠旣至而廢耶 雖有險難 吾不懼也 衆莫能止 乃遣兩僧送
之 顯旣至山 日將曛夕 欲遂停宿 兩僧危懼 捨之而還 顯獨留山中
燒香禮拜 翹感舊跡 如覿聖儀 至夜有三黑師子 來蹲顯前 舐脣搖
尾 顯誦經不輟 一心念佛 師子乃低頭下尾 伏顯足前 顯以手摩之
呪曰 若欲相害 待我誦竟 若見試者 可便退矣 師子良久乃去 明晨
還返

 遂南造京師[9] 就外國禪師佛馱跋陀 於道場寺 譯出摩訶僧祇律
方等泥洹經 雜阿毘曇心 垂百餘萬言 顯旣出大泥洹經 流布敎化 咸
使見聞 有一家 失其姓名 居近朱雀門 世奉正化 自寫一部 讀誦供
養 無別經室 與雜書共屋 後風火忽起 延及其家 資物皆盡 唯泥洹

經 儼然具存 煨爐不侵 卷色無改 京師共傳 咸歎神妙 其餘經律未
譯 後至荊州[10] 卒於辛寺 春秋八十有六 衆咸慟惜

1) 平陽武陽(평양무양) : 평양군(平陽郡) 무양현(武陽縣). 지금의 산서성(山西省) 임분(臨汾) 서쪽 일대.

2) 昔不布施故致飢食(석불보시고치기식) : '아귀보응경(餓鬼報應經)'과 '죄복보응경(罪福報應經)'에 관련되는 말이다.

3) 流沙(유사) : 중국과 총령(蔥嶺)의 중간에 가로놓인 큰 사막 지대.

4) 張騫(장건) : 한(漢)나라 무제(武帝) 때 흉노를 거쳐 월씨국(月氏國)까지 사신으로 가 서역의 교통로를 처음 연 사람.

5) 甘父(감보) : 앞의 장건(張騫)과 동행한 사람.

6) 王舍城(왕사성) : 중인도의 마가다(Magadha)국(國) 수도

7) 靈鷲(영취) : 중인도 마갈타국(摩竭陀國 : Magadha) 왕사성(王舍城) 동북쪽에 있는 산. 석가가 여기서 '법화경(法華經)'과 '무량수경(無量壽經)'을 설하였다고 한다. 영산(靈山)이라고도 한다. 기암(耆闇) 굴산(崛山)도 같은 산이다.

8) 身命不期出息非保(신명불기출식비보) : 신명은 영원하다는 것을 기대할 수 없고 호흡이 언제까지라도 멈추지 않게 할 수 없다는 말.

9) 京師(경사) : 천자(天子)의 도읍. 여기서는 건강(建康)을 말한다. 남조(南朝)의 여러 왕조(王朝)가 다 여기에 도읍하였다.

10) 荊州(형주) : 지금의 호북성(湖北省) 강릉(江陵).

제2장 의해전(義解傳)

"부지런히 노력하여라.
도(道)는 멀리 떨어져 있는 것이 아니다.
왜 결단력 없이 우물거리면서
신기(神奇)를 잃으려 하느냐.
끝없이 멀리 아득한 삼계(三界)에 의지할 바 없이
길게 매달린 이 몸의 번뇌(煩惱)는
밖으로부터 퍼붓고 어리석은 마음은 안에서 달린다.
밖으로 향하는 마음에 맡겨 오직 목마름을 구하고,
끝없이 저쪽을 향해 지칠 줄 모르고 달린다."

제2장 의해전(義解傳)

진실한 가르침을 직접 받을 수 있는가

　제2장에서는 난해(難解)한 석가(釋迦)의 교리(敎理)를 알기 쉽게 풀이하여 세속 일반에게 일깨워 준 데에 크게 공헌한 고승(高僧)의 전기(傳記)를 초록(抄錄)하여 번역하였다.
　'고승전(高僧傳)'에 수록(收錄)된 의해(義解)의 고승은 정전(正傳)에 131명, 부전(附傳)에 168명으로 도합 299명이나 되지만 여기서는 여섯 분만 추렸다.
　모든 것의 궁극(窮極)의 진리를 설하여 밝히는 그것이 석가의 가르침이라고 한다면, 그 가르침은 여러 가지 제약을 받고 있는 세속(世俗)의 말〔言〕 같은 것으로는 설(說)해질 수가 없다. 세속의 말을 아무리 거듭 쌓는다 해도 그 거듭된 말의 분량만큼 길은 갈려 나가고 목적지에서는 더욱 멀어질 수밖에 없다.
　세속의 말에서 벗어나 곧바로 진리를 체득(體得)할 수밖에, 대체 어떠한 다른 방법이 있겠는가. 그 어떤 방법으로도 백 가지 해(害)가 있을 뿐 한 가지의 이로움도 없을 것이다.
　그러나 세속에서 생(生)을 누리고 쾌락(快樂)에 한번 기뻐하고 곤고(困苦)에 한번 근심하면서 하루하루를 보내는 사람들에게 진리의 길을 가리켜 보이려면 세속의 말에 의지할 수밖에 다른 도리가 없다. 우선 그들의 차원(次元)으로 내려 서서 그 미망

(迷妄)을 보이고 진리를 바라보게 할 필요가 있다.
　사람들의 미망의 정도에 따라 보인 각종 교설(敎說), 그것은 경(經)이요 율(律)이요 논(論)이지만 이런 것들은 어디까지나 물고기를 잡기 위한 통발이고 달을 가리키는 손가락에 불과한 것으로 고기도 달도 아니다. 그러나 통발이나 손가락이 없으면 고기는 잡을 수 없고 달도 가리킬 수가 없는 이상, 통발이나 손가락을 단순하게 수단이라고만 보아 가볍게 여기거나 무시할 수만은 없다. 그것들에 대하여 확실한 인식을 가지는 것이 필요하게 된다.
　석가가 설하여 밝히고자 한 것은 경(經)도 율(律)도 논(論)도 아니고, 그것들을 망각해 버린 데에서 체득(體得)되어야 할 것이라고 하더라도, 경(經)·율(律)·논(論) 삼장(三藏)이 없으면 석가의 가르침이 무엇인가를 파악할 수는 없다. 그래서 경·율·논에 대한 연구는 꼭 필요한 것이다.
　경·율·논에 의해 석가의 가르침이 무엇인가를 구하면서, 더욱이 경·율·논에 속박되지 않고 석가의 가르침을 직접 받을 수 있는가 하는 것이다.
　말하기는 쉽고 행하기는 어려운 그러한 태도를 대체 어느 만큼의 사람들이 그것을 실현하였는가.
　'고승전'에 많은 고승들이 있지만 여기서는 그 일부인 지둔(支遁), 축승도(竺僧度), 석도안(釋道安), 석혜원(釋慧遠), 석승조(釋僧肇), 축도생(竺道生) 여섯 고승(高僧)의 전기를 초록(抄錄)하여 번역하였다.
　첫째, 지둔(支遁). 그는 당시 귀족 사회에 유행하던 현학(玄學)과 청담(淸談)에 통달하였고, '장자(莊子)' 소요의(逍遙義)의 새로운 해석으로 명성을 떨쳤으며, 반야공관(般若空觀)에 있어 즉색의(卽色義)라고 하는 독자적인 입장을 주장하였다.
　둘째, 축승도(竺僧度). 그가 경전의 의리(義理)를 이해하는 정도가 어떠하건, 결혼을 약속한 여인과 슬프고도 아름다운 신앙생활을 전하고 있다.

　셋째, 석도안(釋道安). 그는 구마라습(鳩摩羅什)이 중국으로 오기 이전에 반야(般若)를 가장 깊게 이해하고 있었다.

　넷째, 석혜원(釋慧遠). 그는 석도안의 문하(門下)에서 가장 준수(俊秀)한 인물로서 실상의(實相義)에 정통(精通)하였으며, '노자' '장자' 등의 속서(俗書)를 인용하여 경전의 뜻을 설(說)해도 좋다는 특별한 허락을 받았다.

　다섯째, 석승조(釋僧肇). 그는 구마라습의 '대품반야경(大品般若經)'의 역출(譯出)을 근거로 하여 저술한 '반야무지론(般若無知論)'이 "아직 일찍이 없었다."라고 석혜원(釋慧遠)에게 격찬(激讚)을 받았다.

　여섯째, 축도생(竺道生). 그는 불완전한 '열반경(涅槃經)' 연구에서 불법을 믿지 않는 사람이라도 성불(成佛)할 수 있다는 논리를 도출(導出)하여 이단사설(異端邪說)로 몰려 산사(山寺)에서 쫓겨났으나 뒷날 완본(完本)이 서역에서 들어와 그의 설(說)이 바르다는 것이 증명되었다.

　이들은 거의 논리(論理)에 근거를 두고 표현에는 속박되지 않았거나, 유현(幽玄)한 도리를 깊이 연구하여 표현을 초월한 곳에서 묘한 뜻을 깨달았다고 말할 수 있다.

　오로지 토끼의 발자국만 좇는다거나 달을 가리키는 손가락에만 주의를 기울이다가 이내 토끼를 놓치고 달도 보지 못하는 사람들이 많은 가운데서 확실한 방법을 깨달은 사람도 전연 없는 것은 아니었다.

　중국 불교에서 독자적으로 교리(敎理)를 전개하는 것은 정히 이런 사람들의 활약에 의한 것이다.

진리를 이을 이는 이 사람뿐이다
— 지둔전(支遁傳)

　지둔(支遁)은 자(字)를 도림(道林)이라 했다. 속성(俗性)은 관(關)씨이며 진류군(陳留郡) 사람이다. 혹은 하동(河東)의 임려(林慮) 사람이라고도 한다. 어려서부터 신리(神理)가 인정되어 총명함이 빼어나게 투철하였다.
　집에서는 대대로 부처의 가르침을 받들었으므로 일체(一切)는 무상(無常)하다는 이치를 일찍부터 깨달아 여항산(餘杭山)에 은거(隱居)하면서 '도행경(道行經)'을 깊이 연구하고 '혜인경(慧印經)'을 세밀하게 생각하여 높이 홀로 뛰어난 이해에 도달하였는데, 그것은 그의 타고난 재주였다.
　25세에 출가(出家)하여 강설(講說)하는 자리에 나갈 때마다 교묘하게 중요한 줄거리의 요점(要點)을 제시하여, 자질구레한 해석에 있어서는 불충분한 데가 있었다. 그리하여 언제나 문장 속의 어구에만 집착하는 사람들은 그를 피하였다.
　사안(謝安)이라는 사람은 이런 소문을 듣고 마음에 느끼는 바가 있어 말하였다.
　"이것이야말로 구방인(九方堙)의 상마술(相馬術)이다. 털의 빛깔이 검거나 누르거나 무슨 상관이냐. 준마(駿馬)만 고르면 되는 것이다."
　왕흡(王洽) 유회(劉恢) 은호(殷浩) 허순(許詢) 치초(郗超) 손작(孫綽) 환언표(桓彦表) 왕경인(王敬仁) 하차도(何次道) 왕문도(王文度) 사장하(謝長遐) 원언백(袁彦伯) 등 당대의 명류(名流) 인사들은 모두 서로 뗄 수 없는 교유(交遊)를 맺고 있었다.

지둔이 어느 때 백마사(白馬寺)에 있으면서 유계지(劉系之) 등 여러 명과 '장자'의 소요편(逍遙篇)에 대하여 담론(談論)한 일이 있었다.

유계지가 말했다.

"각각 그 성분(性分)에 따라 딱 들어맞는 것을 소요(逍遙)라고 하는군요."

지둔이 반론을 제기했다.

"그렇지 않습니다. 대저 걸왕(桀王)이나 도척(盜跖)은 잔인함을 성분으로 하고 있습니다. 만약 성분에 따라 딱 들어맞는 것으로 도리를 얻는 것이라고 한다면, 그것도 소요라고 말하게 될 것입니다."

그런 뒤에 지둔은 소요편에 주석(註釋)을 달았다. 그 주석에 대하여 당시의 신구(新舊) 모든 학자로서 감탄하여 심복(心服)하지 않은 사람이 없었다.

지둔은 옥주(沃州)의 구릉(丘陵)에 절을 짓고 수행(修行)하였다. 제자 승려 백여 명이 항상 지둔을 따라 가르침을 받고 있었다. 그중에 게으름을 피우는 한 제자가 있었으므로 지둔은 그를 위해 좌우명(座右銘)을 지어 훈계하였다.

"부지런히 노력하여라. 도(道)는 멀리 떨어져 있는 것이 아니다. 왜 결단력 없이 우물거리면서 신기(神奇)를 잃으려 하느냐. 끝없이 멀리 아득한 삼계(三界)에 의지할 바 없이 길게 매달린 이 몸의 번뇌(煩惱)는 밖으로부터 퍼붓고 어리석은 마음은 안에서 달린다. 밖으로 향하는 마음에 맡겨 오직 목마름을 구하고, 끝없는 저쪽을 향해 지칠 줄 모르고 달린다.

사람이 이 세상에서 삶을 누리는 것은 마치 한 방울의 이슬이 굴러 떨어지는 것과 같으니, 나의 이 몸은 결코 내가 아니다. 이런 저런 일들은 대체 누구에게 베풀 것인가.
 도리에 통한 사람은 덕행(德行)을 으뜸으로 하여 편안한 가운데 위태로움이 있을 것을 분별하고 조용하면서도 맑게 행동해서, 번거로운 일을 선정(禪定)이라는 연못에 빨아 맑게 한다.
 밝은 금계(禁戒)를 마음으로 지키고, 깊은 규범(規範)을 바르게 분별하여 마음을 신도(神道)에 편안하게 하고 뜻을 무위(無爲)에 맞서게 한다.
 세 가지 가리움인 삼독(三毒)을 걷어치우고, 여섯 가지 허물인 육근(六根)을 녹여 없애고, 다섯 가지 그늘진 것인 오음(五陰)을 제거하며, 네 가지 지탱하는 것인 사대(四大)를 없애버린다.
 방편에 의해 이치를 밝혀 널리 병든 것을 끊어 버리면서 그러나 아직 떠나지는 않는다. 바른 깨달음을 얻었으니 유현(幽玄)한 데에서 더욱 유현한 곳을 볼 수 있다.
 움직이는 대로 맡겨 그 이상의 궁극(窮極)은 생각하지도 말며 의론하지도 말라. 오직 각부(覺父)에게 마음을 기울이고 뜻을 젖먹이와 같이 하여라."
 만년(晚年)에 석성산(石城山)으로 옮겨 다시 서광사(棲光寺)를 짓고는, 거기서 좌선(坐禪)을 행하면서 선정(禪定)의 세계에 마음을 내맡겼다. 나무 열매를 먹고 골짜기 물을 마시면서 무생(無生)의 경지에 마음을 띄웠다. 그리하여 호흡이나 사종(四種)의 선정에 대하여 설(說)한 여러 경전에 주석(注釋)을 베풀었다.
 또 '즉색유현론(卽色遊玄論)' '성불변지론(聖不辯知論)' '도행지귀(道行旨歸)' '학도계(學道溪)' 등을 지었다.
 마명보살(馬鳴菩薩)을 모범으로 삼고 용수보살(龍樹菩薩)의 뒤를 잇고자 한 것이다.
 그의 이론은 존재(存在)의 근본에 합치하여 사물의 있는 그대로의 실상과 어긋남이 없다.
 얼마 뒤에 산음(山陰) 지방으로 나가 '유마경(維摩經)'을 강설(講說)하였다. 지둔이 법사(法師)가 되고 허순(許詢)이 도강(都講)이 되었다.
 지둔이 한 가지 의미를 소통(疏通)하면 사람들은 모두 말했다.
"허순은 어려운 의문을 제기하지 못할 것이다."
 허순이 한 가지 어려운 의문을 제기하면 사람들은 또 말했다.
"지둔이 이번에는 소통하지 못할 것이다."
 이와 같이 문답이 계속되어 마칠 때까지 두 사람이 다 그칠 줄을 몰랐다.
 그 자리에서 귀를 기울이던 사람들은 모두 말하기를
"지둔의 취지는 이해할 수 있다."
라고 했으나, 처지를 바꾸어 스스로 설해보면, 몇 번 오고가면서 되풀이하는 동안 혼란에 빠졌다.
 지둔이 경사에 머무르기 3년이 지난 뒤에 동산(東山)으로 돌아가려는 생각에서 글을 올려 이별을 고하였다.
 황제는 조서(詔書)를 내려 허락하면서 그를 위해 재화를 보내는 등 여러 가지로 친절하게 돌보아 주었다.
 당시의 명류 인사들도 모두 전별(餞別)하면서 마치 미개인을 정벌하러 떠나는 사람을 보내듯이 하였다.
 떠나는 날, 채자숙(蔡子叔)이 먼저 와 지둔 곁에 가서 앉았다. 사만석(謝萬石)이 뒤에 와 채자숙이 잠깐 일어난 사이에 바로 자리를 옮겨 그 자리에 앉았다. 채자숙이 돌아와서는 사만석을 깔고 앉은 방석과 함께 번쩍 들어 땅바닥으로 던져 버렸지만, 사만석은 아무렇지도 않은 듯이 일어나 앉았다. 당시의 여러 명사들이 지둔을 공경하여 사모하는 것이 이런 정도였다.
 염산(剡山)에 은거(隱居)하면서부터는 자연속에 묻혀 생애를 마쳤다.
 어떤 사람이 그 전에 지둔에게 말을 선사한 일이 있는데 그는 그 말을 소중하게 길렀다. 당시 사람들 중에 그 일을 비방하는 자가 있었는데 그에게 말했다.

"말이 하도 잘 생겨 마음에 들었으므로 기르게 된 것입니다."

나중에 누가 학(鶴)을 보내 왔을 때 지둔은 학에게 말하기를

"너는 하늘 높이 나는 새다. 어찌 사람들 이목(耳目)을 즐겁게 해 주는 노리갯감이 될 수 있겠느냐."

하고는 놓아 주었다.

지둔은 어렸을 때 스승과 생물(生物)에 대한 견해를 주고받은 일이 있었다. 그 때 지둔은 닭이란 알에서 깨는 것이므로 살생(殺生)이라고 할 수 없다면서 버텼다. 스승은 끝내 그를 굴복시킬 수 없었다.

그런 뒤에 스승이 세상을 떠났다. 홀연히 망령(亡靈)이 모습을 나타내 달걀을 땅바닥으로 내던지는 것이었다. 곧 알의 껍질이 깨지면서 그 속에서 병아리가 나와 걸어다니다가 얼마 뒤에 스승도 병아리도 모두 모습이 없어졌다.

지둔은 여기서 문득 깨달은 것이 있었다. 이렇게 해서 그는 일생동안 채식(菜食)만으로 지냈다.

진(晉)의 태화(太和) 원년(366) 윤 4월 4일에 주지로 있던 절에서 입적하였는데, 향년 53세였다.

支遁 字道林 本姓關氏 陳留[1]人 或云 河東林慮[2]人 幼有神理 聰明秀徹 家世事佛 早悟非常之理[3] 隱居餘杭山[4] 深思道行之品 委曲慧印之經 卓焉獨拔 得自天心 年二十五出家 每至講肆 善標宗會而章句或有所遺 時爲守文者所陋 謝安[5]聞而善之曰 此乃九方堙之相馬[6]也 略其玄黃 而取其駿逸 王洽 劉恢 殷浩 許詢 郗超 孫綽 桓彦表 王敬仁 何次道 王文度 謝長遐 袁彦伯[7]等 竝一代名流 皆著塵外之狎 遁嘗在白馬寺 與劉系之[8]等 談莊子逍遙篇 云 各適性以爲逍遙 遁曰 不然 夫桀跖以殘害爲性 若適性爲得者 從亦逍遙矣 於是退而注逍遙篇 群儒舊學 莫不歎服

於沃洲[9]小嶺 立寺行道 僧衆百餘 常隨稟學 時或有墮者 遁乃著座右銘 以勖之曰 勤之勤之 至道非彌 奚爲淹滯 弱喪神奇 茫茫三界[10] 眇眇長羈 煩勞外湊 冥心內馳 殉赴欽渴 緬邈忘疲 人生一世 涓若露垂 我身非我 云云誰施 達人懷德 知安必危 寂廖清擧 濯累禪池 謹守明禁 雅翫玄規 綏心神道[11] 抗志無爲 寮朗三蔽[12] 融冶六疵[13] 空同五陰[14] 豁虛四支[15] 非指喩指 絶而莫離[16] 妙覺旣陳 又玄其知 婉轉平任 與物推移 過此以往 勿思勿議 敦之覺父 志在嬰兒[17]

晚移石城山[18] 又立棲光寺 宴坐山門 遊心禪苑 木喰㵎飮 浪志無生 乃注安般 四禪諸經 及卽色遊玄論 聖不辯知論 道行旨歸 學道誡等 追蹤馬鳴[19] 躡影龍樹[20] 義應法本 不違實相 晚出山陰[21] 講維摩經 遁爲法師 許詢爲都講[22] 遁通一義 衆人咸謂 詢無以厝難 詢設一難 亦謂 遁不復能通 如此至竟 兩家不竭 凡在聽者咸謂 審得遁旨 廻令自說 得兩三反 便亂

遁淹留京師 涉將三載 乃還東山[23] 上書告辭 詔卽許焉 資給發遣 事事豊厚 一時名流 竝餞離於征虜 蔡子叔[24]前至 近遁而坐 謝萬石[25]後至 値蔡暫起 謝便移就其處 蔡還合褥 擧謝擲地 謝不以介意 其爲時賢所慕如此 旣而收迹剡山[26] 畢命林澤 人嘗有遺遁馬者 遁愛而養之 時或有譏之者 遁曰 愛其神駿 聊復畜耳 後有餉鶴者 遁謂鶴曰 爾沖天之物 寧爲耳目之翫乎 遂放之 遁幼時 嘗與師共論物類 謂鷄卵生 用未足爲殺 師不能屈 師尋亡 忽見形 投卵於地 穀破鷇行 頃之俱滅 遁乃感悟 由是蔬食終身 以晉太和元年閏四月四日 終于所住 春秋五十有三

1) 陳留(진류): 하남성(河南省) 개봉(開封)의 동쪽 지방.
2) 河東林慮(하동임려): 분명하지 않으나 임려(林慮)는 하내(河內)에 속한다. 곧 하남성(河南省) 임현(林縣)의 동남방.
3) 非常之理(비상지리): 사비상(四非常)으로 일체의 것은 항상 있는 것이 아니고(非常), 괴로운 것이며(苦), 공이고(空), 불변 고유의 성질을 가지지 않는(無我)다고 하는 것.

4) 餘杭山(여항산) : 절강성(浙江省) 여항(餘杭) 일대.
5) 謝安(사안) : 동진(東晉) 귀족 사회의 명류(名流) 사인(士人)으로서 지둔과 같은 시대의 사람.
6) 九方堙之相馬(구방인지상마) : '회남자(淮南子)' 도응훈(道應訓)에 보이는, 상마술(相馬術)에 걸출(傑出)한 구방인(九方堙)이라는 인물이 암컷이나 수컷이나 누렁말이나 검은 말 따위는 전연 상관없이 천하의 좋은 말을 가려 내는 힘을 갖추었었다는 일화(逸話)에서 나온 말. 곧 겉에 드러나는 것에 미혹(迷惑)되지 않고 핵심(核心)을 파악한다는 뜻.
7) 王洽…袁彦伯(왕흡…원언백) : 모두 당시의 명류 인사로서 지둔과 같은 시대의 사람들.
8) 劉系之(유계지) : 미상(未詳).
9) 沃洲(옥주) : 절강성(浙江省) 신창현(新昌縣)의 동쪽.
10) 三界(삼계) : 미혹(迷惑)되는 세계인 욕계(欲界)와 색계(色界)와 무색계(無色界).
11) 神道(신도) : 불교를 말한다. 정신의 미혹에 의해 육도(六道)를 전생윤회(轉生輪廻)하며, 깨달음에 의해 윤회전생(輪廻轉生)에서 해탈(解脫)하여 성불(成佛)하는 것을 보인 가르침.
12) 三蔽(삼폐) : 탐폐(貪蔽) 진폐(瞋蔽) 치폐(痴蔽)의 3가지 가림을 이른다. 삼독(三毒), 삼병(三病)이라고도 한다.
13) 六疵(육자) : 안(眼) 이(耳) 비(鼻) 설(舌) 신(身) 의(意)의 육근(六根).
14) 五陰(오음) : 색음(色陰) 수음(受陰) 상음(相陰) 행음(行陰) 식음(識陰)의 5가지 요소(要素)로서, 불교에서는 이런 것들에 의해 정신계·물질계 전체가 구성된다고 한다.
15) 四支(사지) : 물질을 구성하는 지(地) 수(水) 화(火) 풍(風)의 사대(四大)를 말한다. 인간의 신체는 이 사대에 의해 구성된다.
16) 絶而莫離(절이막리) : 미혹의 세계에 몸을 두면서도 일체의 것에 대하여 집착(執着)하지 않음을 말한다.
17) 志在嬰兒(지재영아) : '열반경(涅槃經)'에 의하면 분별(分別)을 떠난 보

살(菩薩)의 행위인 자리행(自利行)과 영아(嬰兒)와 같은 소승(小乘)을 이끌기 위한 소선(小善)인 이타행(利他行)을 가리키는 것이다. 여기서는 '열반경'에 언급하지 않은 지둔의 말이라는 것을 감안하여 앞의 돈지각부(敦之覺父)를 고려해, 영아(嬰兒)로 표현함으로써 부처에 대하여 자식과 같이 따른다는 뜻을 붙인 것이라 생각된다.

18) 石城山(석성산) : 절강성(浙江省) 소흥현(紹興縣) 동북에 있는 산.
19) 馬鳴(마명) : 마명보살(馬鳴菩薩). 1~2세기경의 인도 바라문(婆羅門) 계급 출신으로 카니시카(kaniska)왕의 보호를 받아 외도(外道)와 소승(小乘)을 깨뜨리고 대월지국(大月之國)에 가 대승불교(大乘佛敎)를 설법(說法)하였다. 대승불교의 시조라 일컬어진다. '건추범찬(犍椎梵讚)' '대승기신론(大乘起信論)'을 저술하였다.
20) 龍樹(용수) : 용수보살(龍樹菩薩). 불멸(佛滅) 후 6, 7백년 뒤에 인도 바라문(婆羅門) 가문에서 태어났다. 대승경전(大乘經典)을 연구하여 남천축국(南天竺國) 왕의 두터운 귀의(歸依)를 얻어 그 땅에 대승불교를 폈다. 일체의 현상은 인연과의 화합으로 생기는 것이므로 그 성(性)이 모두 공(空)하여, 일체를 부정하는 곳에 제법실상(諸法實相)이 있으며, 이것이 곧 열반(涅槃)이라고 주장하였다. 저서로 '중론(中論)' '대장엄론(大莊嚴論)' '대지도론(大智度論)' '십이문론(十二門論)' 등이 있다.
21) 山陰(산음) : 절강성(浙江省) 소흥현(紹興縣) 회계산(會稽山) 북측에 해당한다.
22) 遁爲法師許詢爲都講(둔위법사허순위도강) : 법사는 강설자(講說者)를 말하고, 도강은 논란자(論難者)를 말한다.
23) 東山(동산) : 절강성(浙江省) 상우현(上虞縣)에 있는 산의 이름인 듯하다.
24) 蔡子叔(채자숙) : 이름은 계(系)이며 자숙(子叔)은 그의 자이다.
25) 謝萬石(사만석) : 사만(謝萬). 이름은 만(萬), 만석(萬石)은 그의 자이다. 사안(謝安)의 아우.
26) 剡山(염산) : 절강성 소흥부(紹興府) 잉현(嵊縣)에 있는 산.

금세(今世)는 즐겁다.
그러나 내세(來世)는 어찌할 것인가
— 축승도전(竺僧度傳)

　축승도(竺僧度)의 속성(俗姓)은 왕(王)이요, 본명은 희(晞)이며, 자(字)는 현종(玄宗)으로, 동완(東莞) 사람이다. 어렸을 때에는 지극히 미천하고 가난한 가문의 출신이었지만 그 용모가 수려하고 자태가 출중하였다.
　16세가 되던 해에 그 마음의 움직임이 자유자재(自由自在)로워 단연 다른 사람들과 구별되는 점이 있었다. 성질이 온화하고 도량이 넓어 인근 사람들이 부러워할 정도였다.
　어머니와 단 둘이 살면서 어머니에게 효도를 다하며 예의에 어긋나는 일이 없었다.
　같은 고을에 사는 양덕신(楊德愼)의 딸을 배필(配匹)로 삼고 싶어했는데 그녀는 신분 있는 집안의 딸로 자를 초화(苕華)라 하였고 용모와 자태가 단정하고 아름다웠으며 독서도 많이 하였다.
　현종(玄宗)과는 동갑이었는데 청혼(請婚)하던 날로 곧 서로 허혼(許婚)하였다.
　아직 혼인이 이뤄지기 전에 초화의 어머니가 세상을 떠났고 얼마 뒤 아버지도 세상을 떠났으며 서모(庶母)마저 죽고 말았다.
　현종은 거기서 세상의 모든 것이 덧없음을 깨닫고 곧 느낀 바 있어 세속(世俗)을 버리고 출가하였다. 축승도(竺僧度)라고 이름을 바꾸어 속진(俗塵) 밖에 높이 초연(超然)하게 지내다가 공부하기 위해 태어난 땅을 버리고 타향(他鄉)으로 떠났다.

초화는 부모의 상(喪)을 마치고, 여자는 삼종(三從)의 의가 있어 홀로 살아갈 수 없다고 생각하여 축승도에게 서신을 보냈다.
"부모에게 받은 신체발부(身體髮膚)는 훼상(毁傷)할 수 없습니다. 그리고 선조(先祖)의 종사(宗祀)를 갑자기 그칠 수도 없습니다. 세속(世俗)의 가르침을 잘 생각하시고 원대한 뜻을 돌리시어 빛나는 모습을 밝은 세상에 비추시어, 멀리는 조상의 영(靈)을 편히 쉬게 하고 가까이는 사람과 신(神)이 함께 원하는 바대로 위로하게 해 주소서."
시 다섯 편을 동봉하여 보냈는데 그 한 편을 소개하면 이렇다.

큰 도(道)는 처음부터 다함이 없고,
천지의 존재는 장구(長久)한 것.

거대한 돌은 처음부터 소멸하기 어렵고,
미소한 겨자씨는 헤아리기 어렵다.

사람이 세상에 태어나는 것은
표연히 창을 넘어 날아감과 같은 것.

영화가 어찌 번성하지 않을 것인가,
다만 저녁때는 조후(彫朽)하는 것.

개울가에서 느낌이 있어
해질녘에는 물장구 치는 것을 생각한다.

맑은 소리는 귀에 기쁘고
맛있는 음식은 입에 맞으며,

매끄러운 비단은 몸을 꾸미고
아름다운 관(冠)은 머리를 빛나게 한다.

어찌하여 스스로 머리를 밀고
공(空)에 끌려 유(有)를 해치느뇨.

본래 이 내 몸은 보잘것 없지만,
다만 그대 뒷일을 가련하게 여기고 싶소.

 승도(僧度)는 회신(回信)을 보냈다.
 "군주를 섬겨 한 나라를 다스리는 일은 도(道)를 널리 펴서 만국(萬國)을 제도(濟度)하는 데에 미치지 못합니다.
 어버이의 마음을 편안하게 해 드리고 한 집안을 정제(整齊)하는 일은 도를 넓혀 욕계(欲界)와 색계(色界)와 무색계(無色界)의 삼계를 구원하는 일에 미치지 못합니다.
 머리나 살갗을 훼상(毁傷)하지 않는다는 것은 세속의 비근(卑近)한 말에 지나지 않습니다.
 나의 덕(德)이 부족해서 모든 것에 평등하게 고루 미치지 못함을 부끄럽게 여길뿐입니다.
 한 삼태기의 흙도 자꾸 쌓아 올리면 나중에는 산을 이룰 수 있듯이, 보잘것 없는 것에서 현저한 것이 되기를 바라는 바입니다.
 거기다가 가사(袈裟)를 걸치고 석장(錫杖)을 휘두르며 청류(淸流)로써 목마름을 추기고 진실한 지혜에 대하여 읊조리는 것은, 비록 군주 또는 신분 높은 이들의 화려한 복장이나 산해진미의 잘 차린 식탁이나 악기에서 흘러나오는 아름다운 음색(音色)이나 눈부시게 찬란한 색채 따위로는 되돌릴 수 없는 것입니다.
 만약 서로 멀리 떨어져 있더라도 마음이 통할 수 있다면 진리의 깨달음을 향해 함께 나가도록 하십시다.

사람의 마음이 각기 서로 다름은 마치 사람마다 얼굴이 서로 다름과 같은 것으로, 낭자(娘子)가 도(道)를 구하지 않음은 마치 이 사람이 세속을 사모하지 않음과 같습니다.

이제 양씨(楊氏)댁과는 오래도록 서로 이별해야 하겠습니다. 만세(萬世)의 인연도 이제 여기서 끊어진 것입니다.

이 해도 이제 저물어 가니 때는 나와 더불어 함께 머물러 있을 수 없습니다.

도를 구하는 사람은 하루하루 잃는 것을 뜻으로 삼지만 세속에 사는 사람은 때에 따라서 몇 가지를 힘쓰는 것입니다.

낭자의 나이로 보나 부덕(婦德)으로 보나 진실로 드릴 말씀이 없습니다. 되도록 빠른 시일 안에 사모할 만한 사람을 찾으시기 바랍니다. 도를 구하는 나 같은 사람에게 마음을 두고 헛되이 세월을 보내 한창 나이를 잃지 않기 바랍니다."

역시 시 다섯 편을 보냈는데, 그 한 편을 소개하면 다음과 같다.

시간의 흐름은 쉬지도 멈추지도 않는 것.
순식간에 세월은 흘러간다.

거대한 돌도 반드시 다할 때가 있고,
미소한 겨자씬들 어찌 많다고 할 것인가.

진실로 한 번 가서 멈추지 않으니,
그래서 개울가에서 탄식이 나온다.

듣지 못하였는가. 영계기(榮啓期)가 백발되어
맑은 마음의 노래 불렀다는 것을.

포의(布衣)도 몸을 따뜻하게 해 준다.

누가 능라(綾羅)로 몸을 감싸려느냐.

금세가 비록 즐겁다지만
내세는 또 어찌할 것인가.

죄나 복은 모두 내게서 말미암나니.
어찌 남을 근심할 수 있겠는가.

승도는 이미 결의(決意)를 굳혀 '마음은 돌이 아니다. 회전시키지 말아야 한다.' 하는 상태로 확고부동했다.
초화는 깊이 마음을 움직여 속마음으로 신앙심을 일으켰다.
승도는 이에 불법에 전심하여 모든 경전을 깊이 연구하여 '비담지귀(毘曇旨歸)'를 저술하였는데 또한 세상에 널리 행해졌다. 그 뒤로는 어떻게 됐는지 알 길이 없다.

竺僧度 姓王名晞 字玄宗 東莞[1]人也 雖少出孔微 而天姿秀發 至年十六 神情爽拔 卓爾異人 性度溫和 鄕隣所羨 時獨與母居 孝事盡禮 求同郡楊德愼[2]女 亦乃衣冠家人女 字苕華 容貌端正 又善墳籍 與度同年 求婚之日 卽相許焉 未及成禮 苕華母[3]亡 頃之苕華父又亡 庶母[4]亦卒 度遂覩世代無常 忽然感悟 乃捨俗出家 改名僧度 迹抗塵表 避地遊學

苕華服畢 自惟三從之義[5] 無獨立之道 乃與度書謂 髮膚不可傷毀[6] 宗祀不可頓廢[7] 令其顧世敎 改遠志 曜翹爍之姿於盛明之世 遠休祖考之靈 近慰人神之願 幷贈詩五首 其一篇曰 大道自無窮 天地長且久 巨石故匝消 芥子亦難數 人生一世間 飄忽若過牖 榮華豈不茂 日夕就彫朽 川上有餘吟[8] 日斜思鼓缶 淸音可娛耳 滋味可適口 羅紈可飾軀 華冠可曜首 安事自剪削 耽空以害有[9] 不道妾區區 但令君恤後

度答書曰 夫事君以治一國 未若弘道以濟萬邦 安親以成一家 未若弘道以濟三界 髮膚不毀 俗中之近言耳 但吾德不及遠 未能兼被 以此爲愧 然積簣成山[10] 亦冀從微之著也 且披袈裟振錫杖 飮淸流 詠波若 雖公王之服 八珍之饍 鏗鏘之聲 暐曄之色 不與易也 若能懸契 則同期於泥洹矣 且人心各異 有若其面[11] 卿之不樂道 猶我之不慕俗矣 楊氏長別離矣 萬世因緣 於今絶矣 歲聿云暮 時不我與 學道者 當以日損爲志[12] 處世者 當以及時爲務[13] 卿年德竝茂 宜速有所慕 莫以道士經心 而坐失盛年也 又報詩五篇 其一首曰 機運無停住 倏忽歲時過 巨石會當竭 芥子豈云多 良由去不息 故令川上嗟 不聞榮啓期 皓首發淸歌[14] 布衣可暖身 誰論飾綾羅 今世雖云樂 當奈後生何 罪福良由己 寧云己恤他 度旣志懷匪石 不可廻轉[15] 茗華感悟 亦起深信 度於是專精佛法 披味群經 著毘曇旨歸[16] 亦行於世 後不知所終

1) 東莞(동완) : 산동성(山東省) 기수현(沂水縣).
2) 楊德愼(양덕신) : 미상(未詳).
3) 母(모) : 친어머니는 아니지만 아버지의 정실이므로 모(母)라고 했다.
4) 庶母(서모) : 친어머니이지만 아버지의 정실이 아니므로 서모(庶母)라고 하는 것이다.
5) 三從之義(삼종지의) : 옛날에 여자가 지켜야 할 3가지 도덕. 곧 어렸을 때에는 부모를 따르고 시집가서는 남편을 따르고 남편이 죽은 뒤에는 아들을 따른다는 것.
6) 髮膚不可傷毀(발부불가상훼) : 신체와 머리카락과 살갗은 부모에게 받은 것이니 감히 훼상(毁傷)함이 없어야 한다는 말. '효경(孝經)'에 있는 말.
7) 宗祀不可頓廢(종사불가돈폐) : 조상을 받드는 제사는 갑자기 폐하지 못한다는 말. '효경'에 있다.
8) 川上有餘吟(천상유여음) : 공자가 개울가에서 탄식하기를 "가는 것이 저와 같구나〔逝者如斯〕."라고 한 말을 이른 것이리라. '논어(論語)'에 있는 말.
9) 耽空以害有(탐공이해유) : 공(空)은 일체가 공적(空寂)한 것임을 깨달아야

한다고 설하는 불도(佛道)를 말하는 것이고 유(有)는 세교(世敎)에서 말하는 인륜오상(人倫五常) 등의 가르침을 말한다. 이 세상의 가르침을 무(無)로 보고 깨달음의 세계에 마음이 끌리는 것을 말한다.

10) 積簣成山(적궤성산) : 적은 것이라도 쌓이고 쌓이면 거대한 것이 이뤄진다는 말. '논어' 자한편(子罕篇)에 있는 말.

11) 人心各異有若其面(인심각이유약기면) : '춘추좌씨전'에 나오는 자산(子産)의 말로 "사람의 마음이 같지 않기는 그 얼굴과 같다. 내 어찌 그대의 얼굴이 나의 얼굴과 같다고 하겠느냐."고 기록되어 있다.

12) 學道者當以日損爲志(학도자당이일손위지) : '노자(老子)' 48장에 "학(學)을 하는 것은 날로 더하고, 도(道)를 하는 것은 날로 잃는다. 이것을 잃고 또 잃어 그것으로써 무위(無爲)에 이른다."라고 한 말을 인용한 것이다.

13) 處世者當以及時爲務(처세자당이급시위무) : '주역(周易)' 건괘(乾卦) 문언(文言)에 "군자는 덕에 전진하고 업(業)을 닦아 때에 미치고자 한다. 그러므로 허물이 없다."라고 하였다.

14) 榮啓期皓首發淸歌(영계기호수발청가) : '열자(列子)' 천서편(天瑞篇)에 "공자가 태산(太山)에 유력(遊歷)할 때, 성(郕)의 들을 거니는데 영계기(榮啓期)가 녹피(鹿皮)로 만든 옷을 걸치고 거친 새끼줄로 허리띠를 삼은 모습으로 거문고를 타며 노래 부르는 것을 보고는 '선생은 무엇이 그렇게 즐겁습니까?'하고 물으니, 영계기가 '만물 중에 고귀한 인간으로 태어난 것, 남존여비(男尊女卑)의 사회에서 남자로 태어난 것, 나면서 곧 죽는 자도 적지 않은 인생이건만 90세까지 산다는 것, 이 3가지 즐거움이 있는 이상 가난함도 죽음도 문제될 것이 없다.'라고 대답했다."는 일화로 그것을 인용한 말이다.

15) 志懷匪石不可廻轉(지회비석불가회전) : '모시(毛詩)' 패풍(邶風)에 "내 마음은 돌이 아니다. 굴리지 말라. 내 마음은 자리가 아니다. 걷지 말라. 위의(威儀)에 익숙하니 가리지 말라."라고 했다. 의지가 굳음을 이른다.

16) 毘曇旨歸(비담지귀) : 아비달마(阿毘達摩)의 요의를 서술한 것이다.

고해(苦海)를 건널 수 있겠습니까?
— 석도안전(釋道安傳)

　석도안(釋道安)은 속성(俗姓)이 위(衛)씨요, 상산(常山)의 부류(扶柳) 사람이었다. 집안은 대대로 우수한 유가(儒家)였다.
　일찍이 양친을 여의고 외종형(外從兄) 공씨(孔氏)에게 양육되었다. 나이 7세가 되면서 책을 읽는데 두 번만 읽으면 거침없이 암송(暗誦)할 수 있었으므로 근처 사람들이 모두 놀랐다. 12세가 되어 출가하였다.
　지혜의 활동이 각별히 총명하고 민첩하였으나 얼굴이 아주 못생겼으므로 스승은 그를 대수롭지 않게 여겼다. 그래서 절에 딸린 농막(農幕)에서 농사일에 종사하기 3년, 오로지 노동에 매달려 헛되이 세월을 보내건만 조금도 불만스러운 기색을 보이지 않았다. 또한 진심으로 정진(精進)하면서 정해진 규율을 어기는 일이 없었다.
　몇 해의 세월이 흐른 뒤였다. 도안(道安)은 스승에게 불전(佛典)을 구해 달라고 하였다. 스승은 '변의경(辯意經)' 한 권을 주었다. 5천 자 정도 되었는데 그는 그 경(經)을 가지고 밭에 나가 쉬는 시간을 이용해 읽었다.
　저녁때 절로 돌아와 경을 스승에게 돌려주고는 다른 경을 달라고 했다.
　그러자 스승이 꾸짖었다.
　"먼저 준 경을 다 읽지도 않고 다른 경을 달라는 것이냐."
　도안이 대답했다.

"벌써 다 읽어 외고 있습니다."
 스승은 이상한 놈이라고 생각하면서도 그 말을 믿는 둥 마는 둥이었다.
 다시 '성구광명경(成具光明經)' 한 권을 주었다. 1만 자 가까이 되는 경이었다. 그것을 받아 가지고 먼저와 마찬가지로 밭으로 들고 나갔다. 그리고 저녁때는 또 스승에게 돌려주었다.
 기이하게 생각한 스승은 자기가 경을 들고 도안에게 암송해 보라고 했다. 암송하는데 한 글자도 틀리는 일이 없었다. 스승은 놀라면서 도안이 보통 사람이 아님을 깨닫고 그를 다시 보게 되었다. 뒷날 도안을 위하여 구족계(具足戒)를 주고 그가 다른 고장으로 유학(遊學)할 것을 허락하였다.
 도안은 업(鄴)이라는 지방에 와서 중사(中寺)라는 절로 들어가 불도징(佛圖澄)을 만났다. 불도징은 도안을 한번 보고는 감탄하여 함께 온종일 이야기를 주고받았다.
 다른 승려들은 도안의 못생긴 용모를 보고 모두 그를 업신여겼다. 그래서 불도징이 그들에게 말했다.
 "이 사람의 뛰어난 식견(識見)은 너희들과 비교할 수 없을 만큼 높다."
 이렇게 해서 도안은 불도징을 스승으로 섬기게 되었다.
 불도징이 강설(講說)할 때는 언제나 도안에게 복술(覆述)하게 하였는데, 승려들은 그것을 불만스럽게 여기고 누구나 별렀다.
 "다음 기회에는 저 시커먼 녀석에게 질문 공세를 퍼부어 혼을 내주어야겠다."
 얼마 뒤에 도안이 또 강의의 복술을 하는데 의심되는 데가 있다고 여기저기서 질문 공세를 퍼부었다. 도안은 날카로운 질문을 피하여 현혹(眩惑)되기 쉽고 혼동되기 쉬운 내용들을 여유작작(餘裕綽綽)하게 풀어주었다.
 이에 사람들이 평판했다.

"얼굴 검은 도인(道人)이 주위 사람들을 놀라게 했다."
 당시의 학자들은 주로 본 것이나 들은 것을 굳게 지킬 뿐이었다. 도안은 그것을 개탄하여
 "가르침을 설하여 밝힌 위대한 스승은 이미 먼 옛날 사람이 되고 말았으나 뜻깊은 가르침의 취지는 연구해서 알 수 있는 일이다. 뜻깊은 도리(道理)를 궁구해 희미(稀微)한 진리를 찾아 구해서, 깨달음의 진실을 지금 세상에 널리 펴 갈 길을 잃은 사람들에게 돌아갈 근본을 보여 주지 않으면 안 되겠다."
라고 하고는, 각지로 유학하면서 도리를 물어 찾고 힘닿는 데까지 경(經)과 율(律)을 찾아 구하였다.
 양양(襄陽)에 도착해서 또 불법을 널리 폈다.
 당초 경전이 번역되기 시작한 지 꽤 오래 되었고, 구역(舊譯)은 여기저기 잘못된 곳이 있어 깊은 도리를 밝힐 수 없고 또 뜻이 통하지 않는 형편이었다. 그래서 강설할 때마다 겨우 대의(大意)를 말하고 요긴한 데를 줄여 읽을 뿐이었으나, 도안은 경전을 다 읽고 나서 깊고 원대한 도리를 파악하였다.
 그는 '반야도행(般若道行)' '밀적(密迹)' '안반(安般)' 등의 여러 경전에 주석을 달아 의문을 분석하고 바른 해석을 제시하였는데, 전부 22권이었다.
 서문(序文)은 내용이 지극히 풍부하고 깊은 뜻을 훌륭하게 설파(說破)하였고, 논리(論理) 정연하게 서술하여 문맥에 막히는 데가 없다. 경전의 도리가 명석하게 밝혀지게 된 것은 도안에서 시작된 것이다.
 한(漢)나라 위(魏)나라에서 진(晉)나라 때까지 들어온 경전이 얼마만큼 많아졌지만, 경전을 전한 사람의 이름을 밝히지 않았으므로 뒷사람이 나중에 살펴보아도 그 연대를 추정할 수가 없었다.
 도안은 경전의 서명(書名)을 빠짐없이 모아 그것이 전래(傳

來)하여 번역된 시대와 소개한 인물을 명시하고 신역(新譯)인가 구역(舊譯)인가를 선별(選別)하여 한 책으로 묶어 경전의 목록(目錄)을 만들었다. 여러 경전이 의거할 바가 주어진 것은 바로 이 사업 덕분이었다.

각지의 학자들이 다투어 도안에게 와 스승으로 섬겼다.

도안이 번면(樊沔)에서 지내기 15년 동안 해마다 두 차례씩 '방광반야(放光般若)'를 강설했는데, 한 번도 거른 적이 없었다.

진(晉)나라 효무황제(孝武皇帝)는 도안의 평판을 듣고 그의 덕망을 사모하여, 사자(使者)를 보내 안부를 묻고 또 조서(詔書)를 내려 말했다.

"도안법사(道安法師)는 인물과 식견이 다 널리 통하고 기품(氣品)이 있으며 인격이 한층 고상하여, 출가한 몸이면서도 세속 사람들을 인도하였으니 훌륭한 성과는 어느것이나 분명하다. 어찌 겨우 현세를 구제할 뿐이겠는가. 진실로 내세의 도까지 가리켜 지시할 것이다. 그에게 지급하는 액수는 왕공(王公)들과 똑같이 하고, 재물은 당지에서 조달하도록 하라."

당시 부견(符堅)은 그전부터 도안의 명성을 듣고 늘 말해 왔다.

"양양(襄陽)에 석도안이 있으니, 그는 신령스러운 존재다. 어떻게 해서든 데려다가 짐을 보필하도록 하고 싶다."

그 뒤에 부비(符丕)를 시켜 남진(南進)하여 양양을 공격하게 하였다. 도안과 주서(朱序)는 함께 부견에게 포로가 되었다.

부견은 복야(僕射) 권익(權翼)에게 말하기를

"짐은 10만의 군대로 양양을 공략해 겨우 한 사람과 반을 손에 넣었을 뿐이다."
라고 하니, 권익이 물었다.

"그들은 대체 누구이옵니까."

부견이 대답했다.

"석도안공(釋道安公)이 한 사람이요, 습착치(習鑿齒)가 반 사람이다."

　도안이 이르니 장안(長安) 오중사(五重寺)에 주석(住錫)하게 하였는데 승려가 수천 명이었으며 크게 가르침을 넓혔다.
　위진(魏晉) 시대의 사문(沙門)은 따르는 스승에 의해 성(姓)을 삼았으므로 성이 각각 서로 달랐다.
　도안은 스승의 큰 근본은 석가(釋迦)가 가장 높다는 생각에서 석씨(釋氏)를 성으로 삼았다.
　그 뒤에 '증일아함경(增一阿含經)'을 손에 넣었는데, 과연 그 경(經)에 씌여 있었다.
　"네 개의 강물도 일단 바다로 들어가면 강의 이름은 없어진다. 사성(四姓)으로 따로따로인 사람들도 사문(沙門)이 되면 모두 석종(釋種)이라 칭한다."
　아득하게 멀리 떨어져 있으면서도 경문의 말과 딱 들어맞았으므로 그것을 영원한 규정으로 하게 되었다.
　도안은 언제나 여러 경서에 주석을 달면서 부처님의 가르침과 일치하지 않게 되지나 않을까 생각하였고, 그것은 위험하고 두려운 일이라 여겨 맹세했다.
　"만약 설하여 밝힌 내용이 부처님의 가르침에서 멀리 벗어나지 않는다면 부디 모습을 나타내 보여주십시오."
　그리하여 꿈속에서 서역(西域)의 도인(道人)으로 백발에 눈썹을 길게 드리운 인물을 보았다.
　그가 도안에게 말했다.
　"그대가 경서에 단 주석은 도리에 잘 부합된다. 나는 궁극(窮極)에 이른 깨달음의 경지에 들지 못해, 서역 땅에 머물면서 사람이 법(法)을 널리 통하는 것을 돕지 않으면 안 된다. 그러니 언제나 식사의 제공을 받고 싶다."
　그 뒤로 '십송률(十誦律)'이 중국에 들어왔는데, 혜원(慧遠)은 거기서 도안화상(道安和尙)이 꿈에 본 늙은 도인(道人)은 빈두로(賓頭盧)라는 것을 깨달았다.

　이렇게 해서 도안은 좌석(座席)을 베풀어 식사를 제공하고 이어서 어디에서나 그렇게 하도록 규정을 정했다.

　도안은 인덕(人德)이 뛰어나 모든 사람들이 의지하였고, 학문은 경(經)과 율(律)과 논(論)의 삼장(三藏)에 미쳤다.

　그가 제정한 비구(比丘)와 비구니(比丘尼)의 규범(規範)은 불법의 헌장(憲章)으로 3조(三條)가 세워져 있다. 하나는 행향(行香)과 정좌(定坐)와 상강경(上講經)으로 상강의 법(法)이라 한다. 둘은 매일 정각에 여섯 번 행도(行道)하는 것으로 음식(飮食)과 창시(唱時)의 법이라 한다. 셋은 포살(布薩)과 차사(差使)와 회과(悔過) 등의 법이라 한다. 천하의 각 사찰(寺刹)에서는 이어서 법칙으로 이것을 따른다.

　도안은 언제나 제자 법우(法遇) 등과 함께 미륵보살상(彌勒菩薩像) 앞에서 서원(誓願)을 세워 도솔천(兜率天)에 태어나기를 소원했다.

　그 뒤 진(秦)의 건원(建元) 21년(385) 정월 27일에 갑자기 낯선 승려 하나가 나타났다. 행색이 매우 지저분하였는데 절을 찾아와 묵어가겠다고 했다. 방이 모두 차 있었으므로 강당에 머물게 했다. 마침 유나(維那)가 숙직하고 있었는데, 밤중에 그 승려가 창틈으로 드나드는 것을 보고 허둥지둥 도안에게 와서 알렸다.

　도안은 깜짝 놀라 벌떡 일어나 가서, 예배(禮拜)하고는 찾아온 뜻을 물었다.

　그는 말하기를

　"서로를 위해서 왔죠."

라고 하여, 도안이 다시 말했다.

　"스스로 죄과(罪過)가 깊음을 거듭거듭 알고 있습니다. 어떻게 하면 고해(苦海)를 건널 수 있겠습니까?"

　"꼭 건널 수 있습니다. 성승(聖僧)을 관불(灌佛)하면 반드시 소원이 이뤄질 것입니다."

그렇게 말하고는 관불하는 방법을 세세하게 가르쳐 주었다.

도안이 내생(來生)에 갈 곳을 물었다. 그가 손으로 허공인 하늘의 서북방을 튕기니 갑자기 구름이 둘로 갈라지면서 무어라 말할 수 없는 도솔천의 과보가 남김 없이 보였다. 그 날 밤 수십 명의 승려가 똑같은 광경을 목격했다.

그 뒤에 도안이 관불하는 도구를 준비하고 있는데 보통과는 모습이 다른 어린아이와 수십 명이 함께 몰려와 절로 들어가면서 장난을 치고, 얼마 있다가 관불을 시작하는 것이 보였다. 과연 성인의 응보(應報)였다.

도안은 그 해 2월 8일 급히 승려들에게 말했다.

"나는 가지 않으면 안 될 것 같다."

그 날 재계(齋戒)가 끝나고 병이 든 일도 없이 입적(入寂)하였다.

장안성(長安城) 안의 오급사(五級寺)에서 장사 지냈다.

그 해는 진(晉)의 태원(太元) 10년(385)으로 향년 72세였다.

도안은 먼저 구마라습(鳩摩羅什)이 서쪽 나라에 있다는 말을 듣고 그와 함께 경전의 뜻을 강석(講釋)하고 해석하고 싶다는 생각에서 늘 부견(符堅)에게 그를 데려오도록 권하였다.

구마라습 또한 멀리 떨어진 나라에 있는 도안의 풍평(風評)을 듣고 이 사람이야말로 동방의 성인이라고 생각하여 멀리 그쪽을 향해 예배하였다.

도안이 세상을 떠난 지 16년이 되어서야 구마라습은 겨우 진나라로 왔다. 구마라습은 서로 만나지 못한 것을 안타까워하며 비감에 잠겼다.

도안은 마음으로부터 경전을 좋아하고 법(法)을 넓히고자 뜻하였다. 그가 독송(讀誦) 번역을 청원한 외국의 사문은 승가제바(僧伽提婆), 담마난제(曇摩難提) 및 승가발징(僧伽跋澄) 등으로 많은 경전을 역출(譯出)했는데 백여만 언(百餘萬言)이었다.
　항상 사문의 법화(法和)와 발음이나 문자를 음미하여 글의 뜻을 세밀하게 검토하였다. 새로 역출된 많은 경전은 여기서 올바름을 얻었다.

　釋道安 姓衛氏 常山扶柳[1]人也 家世英儒 早失覆蔭 爲外兄[2]孔氏所養 年七歲讀書 再覽能誦 鄕隣嗟異 至年十二出家 神智聰敏 而形貌甚陋 不爲師之所重 驅役田舍 至于三年 執勤就勞 曾無怨色 篤性精進 齋戒無闕 數歲之後 方啓師求經 師與辯意經[3]一卷 可五千言 安齋經入田 因息就覽 暮歸以經還師 更求餘者 師曰 昨經未讀 今復求耶 答曰 卽已闇誦 師雖異之 而未信也 復與成具光明經[4]一卷 減一萬言 齋之如初 暮復還師 師執經覆之 不差一字 師大驚嗟而異之 後爲受具戒[5] 恣其遊學 至鄴入中寺 遇佛圖澄 澄見而嗟歎 與語終日 衆見形貌不稱 咸共輕怪 澄曰 此人遠識 非爾儔也 因事澄爲師 澄講 安每覆述 衆未之愜 咸言 須待後次 當難殺崑崙子 卽安後更覆講 疑難鋒起 安挫銳解紛 行有餘力 時人語曰 漆道人驚四隣 于時學者 多守聞見 安乃歎曰 宗匠雖邈 玄旨可尋 應窮究幽遠 探索微奧 令無生之理[6] 宣揚季末[7] 使流遁之徒[8] 歸向有本 於是遊方問道 備訪經律
　旣達襄陽 復宣佛法 初經出已久 而舊譯時謬 致使深義隱沒未通 每至講說 唯敍大意 轉讀[9]而已 安窮覽經典 鉤深致遠 其所注般若道行[10] 密迹[11] 安般[12]諸經 竝尋文比句 爲起盡之義 乃析疑甄解 凡二十二卷 序致淵富 妙盡深旨 條貫旣敍 文理會通 經義克明 自安始也 自漢魏迄晉 經來稍多 而傳經之人 名字弗說 後人追尋 莫測年代 安乃總集名目 表其時人 詮品新舊 撰爲經錄[13] 衆經有據 實由其功 四方學士 競往師之
　安在樊沔[14]十五載 每歲常再講放光波若 未嘗廢闕 晉孝武皇帝[15]承風欽德 遣使通問 幷有詔曰 安法師 器識倫通 風韻標朗 居道訓

제2장 의해전(義解傳)

俗 徽續兼著 豈直規濟當今 方乃陶津來世 俸給一同王公 物出所在 時符堅[16]素聞安名 每云 襄陽有釋道安 是神器 方欲致之 以輔朕躬 後遣符丕 南攻襄陽 安與朱序[17] 俱獲於堅 堅謂僕射權翼[18]曰 朕以十萬之師 取襄陽 唯得一人半 翼曰 誰耶 堅曰 安公一人 習鑿齒[19]半人也 既至 住長安五重寺 僧衆數千 大弘法化 初魏晉沙門 依師爲姓 故姓各不同 安以爲 大師之本 莫尊釋迦 乃以釋命氏 後獲增一阿含 果稱 四河入海 無復河名 四姓爲沙門 皆稱釋種[20] 既懸與經符 遂爲永式

安常注諸經 恐不合理 乃誓曰 若所說不堪遠理 願見瑞相 乃夢見胡道人頭白眉毛長 語安云 君所注經 殊合道理 我不得入泥洹 住在西域 當相助弘通 可時時設食 後十誦律至 遠公[21]乃知 和上所夢賓頭盧[22]也 於是立座飯之 處處成則 安既德爲物宗 學兼三藏 所制僧尼軌範 佛法憲章 條爲三例[23] 一曰 行香定座上講經上講之法 二曰 常日六時行道飲食唱時法 三曰 布薩差使悔過[24]等法 天下寺舍遂則而從之

安每與弟子法遇等 於彌勒前立誓 願生兜率 後至秦建元二十一年 正月二十七日 忽有異僧 形甚庸陋 來寺寄宿 寺房既迮 處之構堂 時維那[25]直殿 夜見此僧從窓隙出入 遽以白安 安驚起禮 訊問其來意 答云 相爲而來 安曰 自惟罪深 詎可度脫 彼答云 甚可度耳 然須臾浴聖僧[26] 情願必果 具示浴法 安請問來生所往處 彼乃以手虛撥天之西北 即見雲開 備覩兜率妙勝之報 爾夕大衆數十人 悉皆同見 安後營浴具 見有非常小兒伴侶數十 來入寺戲 須臾就浴 果是聖應也 至其年二月八日 忽告衆曰 吾當去矣 是日齋畢 無疾而卒 葬城內五級寺中 是歲晉太元十年也 年七十二

安先聞羅什[27]在西國 思共講析 每勸堅取之 什亦遠聞安風 謂是東方聖人 恒遙而禮之 安終後十六年 什公方至 什恨不相見 悲恨無極 安既篤好經典 志在宣法 所請外國沙門 僧伽提婆 曇摩難提 及僧伽跋澄等 譯出衆經 百餘萬言 常與沙門法和 詮定音字 詳覈

文旨 新出衆經 於是獲正

1) 常山扶柳(상산부류) : 하북성(河北省) 기현(冀縣)의 서쪽 지방.
2) 外兄(외형) : 외종형(外從兄). 외갓집 사촌형.
3) 辯意經(변의경) : 육도(六道)를 윤회(輪廻)하는 중생이 육도 중의 상위에 속하는 천도(天道)나 인도(人道)로 태어나기 위해서는 어떻게 살아가야 할 것인가를 설하여 밝히는 경전. '변의장자자경(辯意長者子經)'.
4) 成具光明經(성구광명경) : 자기의 심신(心身)이나 행위, 주위의 사물, 천지만물의 일체를 공무(空無)한 것이라 인식하면서 육바라밀(六波羅密)의 행(行) 따위의 불교 수행(修行)이 없어서는 안 된다는 것을 설하여 밝힌 불경. '성구광명정의경(成具光明定意經)'.
5) 具戒(구계) : 출가한 비구(比丘)나 비구니(比丘尼)가 지켜야 할 계율(戒律)로, 비구는 250계(戒), 비구니는 348계라고 한다. 이것을 받음으로써 비로소 불교 승단(僧團)에 입문(入門)하는 것이 된다.
6) 無生之理(무생지리) : 고(苦) 이외의 아무것도 아닌 이 세상에 다시 태어나지 않게 하기 위한 도리(道理). '반야경(般若經)'에서는 일체(一切)가 불생불멸(不生不滅)하는 것을 깨달아 아는 것을 무생(無生)을 안다고 한다.
7) 季末(계말) : 석가가 설법(說法)한 시대에서 멀리 까마득한 세월이 흘러 진리(眞理)가 흐려진 시대를 말한다.
8) 流遁之徒(유둔지도) : 진리의 본류(本流)를 잃은 무리.
9) 轉讀(전독) : 일반적으로는 경전(經典)의 독송(讀誦)을 이르는 말이나 하나의 경전을 통독(通讀)하는 진독(眞讀)에 대하여, 경전 중간 중간의 몇줄씩을 약독(略讀)하는 것을 이른다.
10) 般若道行(반야도행) : 지참(支讖)이 번역한 '반야도행품경(般若道行品經)' 10권을 말하는데, 도안(道安)에게는 '도행경서(道行經序)'가 있다.
11) 密迹(밀적) : 축법호(竺法護)가 번역한 '밀적경' 5권을 말한다.
12) 安般(안반) : 안세고(安世高)가 번역한 '안반수의경(安般守意經)' 1권을 말한다. 도안(道安)에게는 '안반주서(安般注序)'가 있다.
13) 經錄(경록) : '역대삼보기(歷代三寶記)'에 도안(道安)의 편찬(編纂)이

라고 하여 실린 '종리중경목록(綜理衆經目錄)' 한 권을 가리킨다.
14) 樊沔(번면) : 호북성(湖北省)의 양양(襄陽) 지역.
15) 晉孝武皇帝(진효무황제) : 남북조시대(南北朝時代)의 남조(南朝)인 동진(東晉)의 황제. 재위 연간은 372~396.
16) 符堅(부견) : 남북조시대의 북조(北朝)인 5호16국(五胡十六國)의 하나인 전진(前秦)의 천자(天子). 재위 연간은 357~385.
17) 朱序(주서) : '진서(晉書)' 열전(列傳)에 전한다. 비수(肥水) 싸움에서 부견(符堅)이 진군(晉軍)에게 패하여 돌아간 태원(太元) 18년에 죽었다.
18) 權翼(권익) : 미상(未詳).
19) 習鑿齒(습착치) : '진서(晉書)' 열전(列傳)에 전한다. '출삼장기집(出三藏記集)' 등의 도안전(道安傳)에 석도안(釋道安)이 북쪽에서 형주(荊州)로 와 습착치(習鑿齒)를 처음 만났을 때, 도안이 '미천(彌天)의 석도안이오' 하니 착치가 '사해(四海)의 습착치오' 라고 응대(應待)하여, 당시 사람들이 멋진 응대라고 평판하였다고 한다. 양양(襄陽)이 진(晉)나라로 수복된 뒤 얼마 있다가 세상을 떠났다.
20) 四姓爲沙門皆稱釋種(사성위사문개칭석종) : '증일아함경(增壹阿含經)' 권 21의 고락품(苦樂品) 29에 있는 말.
21) 遠公(원공) : 석혜원(釋慧遠)을 이르는 말.
22) 賓頭盧(빈두로) : Piṇḍola의 음역(音譯). 빈두로파라타(賓頭盧頗羅墮 : Piṇḍola bhāradvāja)의 약칭(略稱). 흰 머리에 긴 눈썹을 가진 상(相)으로 영겁(永劫)의 세상에 살면서 열반(涅槃)에 들지 않고 불멸(佛滅) 후의 중생을 제도한다고 한다.
23) 條爲三例(조위삼례) : 승니(僧尼)의 궤범(軌範)인 삼조(三條)는 구체적으로 어떠한 것인지 자세하지 않다.
24) 布薩差使悔過(포살차사회과) : 임계유주(任繼愈主) 편찬인 '중국불교사' 제2권 도안조(道安條)에 '포살(布薩)'이란 보름마다 하는 참회(懺悔)의 의식이요, '차사(差使)'란 하안거(夏安居)가 끝나는 날 덕망 있는 승려가 다른 사람의 과오(過誤)를 지적하는 일이요, '회과(悔過)'란 스스로가 자기의

과오를 고백하고 참회하는 일이라고 주석(註釋)되어 있다.
25) 維那(유나) : 절 안에서 일반 사무를 관장(管掌)하는 사람.
26) 浴聖僧(욕성승) : 욕불(浴佛) 또는 관불(灌佛)을 말하는 것으로, 부처가 세상에 태어났을 때 용(龍)이 향수 비를 뿜어 부처의 몸을 씻었다는 데에 기인(基因)한다.
27) 羅什(나습) : 구마라습(鳩摩羅什)을 말한다.

30여 년 동안 그림자가 산을 벗어나지 않았다
— 석혜원전(釋慧遠傳)

　석혜원(釋慧遠)의 속성(俗姓)은 가씨(賈氏)이며 안문(雁門)의 누번(婁煩) 사람이다. 어렸을 때부터 독서(讀書)를 좋아하였고, 사람 됨됨이가 남보다 특출하고 빼어났다.
　13세가 되던 해에 외숙(外叔) 영호씨(令狐氏)를 따라 허락(許洛) 지방으로 유학(遊學)의 길을 떠났다.
　이리하여 소년으로서 유생(儒生)이 되어 널리 6경(六經)을 다 읽고, 그 위에 '장자'와 '노자'의 학문에 뛰어났다.
　성질과 도량(度量)이 넓고 기풍(氣風)과 식감(識鑑)이 티었으므로 학식이 많은 사람이나 지혜가 뛰어나다는 사람들도 그의 깊은 이해력에 감복하지 않은 사람이 없었다.
　나이 21세가 되어 강동(江東)으로 건너가 범선자(范宣子)를 따라 함께 은둔생활을 즐기고자 마음먹었으나, 그 때는 제위를 찬탈한 후조(後趙)의 석호(石虎)가 죽은 뒤여서 중원(中原)이 군마(軍馬)에 유린되면서 남쪽으로 가는 길이 막혀 뜻한 바를 이룰 수 없게 되었다.
　마침 사문(沙門) 석도안(釋道安)이 태행산맥(太行山脈)의 항산(恒山)에다 절을 짓고 상법(像法)을 전파(傳播)하고 있어 그의 명성이 드러나 널리 떨치고 있었다.
　혜원(慧遠)은 도안을 찾아가 몸을 의탁하였는데 한번 보자마자 공경하는 마음이 생겨
　"진실로 나의 스승이다."

라고 느꼈다.

그 뒤 도안(道安)이 강석(講釋)하는 '반야경(般若經)'을 듣고는 문득 깨달은 바 있어 개탄하기를

"유가(儒家)나 도가(道家) 따위 구류(九流)의 학문은 모두 낟알을 뽑아낸 겨찌꺼기나 쭉정이에 불과하다."

라고 하고는, 곧 동생 혜지(慧持)와 함께 삭발 출가하여 도안에게 몸을 맡기고 가르침을 받았다.

승려 생활을 시작하면서 따를 사람이 없을 정도로 떨쳐 공부하며, 언제나 가르침의 큰 줄기를 파악하려 하고 대법(大法)의 전파를 사명(使命)으로 스스로 인정했다.

경의(經義)를 정성스레 생각하며 경문(經文)을 독송(讀誦)하기를 밤과 낮을 이어 힘썼다.

빈궁한 나그네로서 아무것도 가진 것이 없고 항상 겨울 옷조차 없는 형편이었으나 형제는 서로 삼가고 공경하면서 시종 게으르지 않았다.

사문(沙門) 담익(曇翼)이라는 사람이 늘 그들에게 초와 기름살 돈을 대 주었다.

도안이 이 말을 듣고 기뻐하면서 말했다.

"그는 정말로 사람 볼 줄 아는구나."

혜원은 전세(前世)의 인연으로 뛰어난 지혜의 움직임을 보였고, 아득한 과거의 축복을 마음에 발하였으므로 정신은 아무것에도 걸림이 없고 감응(感應)은 심원(深遠)하기 끝이 없었다.

도안은 늘 감탄하여 말했다.

"가르침을 동방(東方)에 전파시키는 일은 정히 혜원만이 감당할 수 있으리라."

24세가 되어 강설(講說)을 담당하게 되었다.

어느 때 객(客)이 와서 강의를 듣고 혜원의 실상의(實相義)를 비판하였다. 몇 번이고 되풀이하여 시간이 지나는 동안 더욱 의

혹(疑惑)은 짙어만 갔다. 혜원은 거기서 '장자'의 도리를 인용하여 그와 같은 유(類)라고 설명하였다. 이렇게 해서 의혹을 품었던 사람은 완전히 그 뜻을 납득(納得)하였다.

그 뒤로 도안은 혜원에게 한 해 세속의 서적을 읽어도 좋다고 했다. 도안의 제자 중 법우(法遇)와 담휘(曇徽)가 인품과 재능이 뛰어나고 지조가 있고 행동이 발랄하며 민첩하였는데 그들도 함께 혜원에게 감복하였다.

위진(僞秦)의 건원(建元) 9년(373)에 진(秦)나라 장수 부비(符丕)가 양양(襄陽)을 공략하였다.

그 때 도안은 주서(朱序)에게 구속되어 있어 피난할 수 없게 되었다. 그래서 승려들을 조(條)로 나누어 각자 자유롭게 갈 길을 선택하도록 하였다.

출발에 임하여 조 책임자들은 각각 도안에게 지시를 받았으나 혜원은 한 마디 지시도 받지 못했다.

혜원이 무릎을 꿇고

"저 한 사람만 아무런 가르침도 받지 못했습니다. 다른 사람들과 다르게 다루시는 것이 근심됩니다."

라고 하니, 도안이 대답했다.

"자네 같은 사람이라면 아무것도 근심할 일이 없다."

이렇게 해서 혜원은 제자 수십 명과 함께 남쪽으로 향해 형주(荊州)에 이르러 상명사(上明寺)에 머물면서 나중에 나부산(羅浮山)으로 가고자 했다.

심양(潯陽)에 이르렀을 때 여산(廬山)의 봉우리가 맑고 깨끗하며 고요해서 충분히 마음을 휴양할 수 있다고 생각하고 거기다가 용천정사(龍泉精舍)를 짓고 머물렀다.

그 곳은 물이 귀해 먼 곳에 가서 길어와야 했다.

혜원이 지팡이로 땅바닥을 두드리며 말했다.

"만약 여기가 살 수 있는 곳이라면 곧 물 없는 땅에서 샘이 솟아오르도록 해라."

그 말이 끝나자마자 맑은 물이 펑펑 솟아 올라 마침내 맑은 계곡이 이뤄졌다.

그런 뒤 얼마 있다가 심양 땅에 크게 가뭄이 들었는데 혜원이 연못가에 가 '해룡왕경(海龍王經)'을 독송하니 돌연히 못에서 큰 구렁이가 나타나 하늘로 올라갔다. 잠시 뒤 큰 비가 내려 그 해에 대풍(大豊)이 들었다. 그래서 정사(精舍)를 이름하여 용천사(龍泉寺)라 하였다.

같은 때에 사문 혜영(慧永)은 서림(西林)에 살고 있었는데, 혜원과는 동문(同門)으로 오래전부터 친한 사이였으므로 그와 함께 지내고자 하였다.

그래서 혜영은 그 지방 자사(刺史) 환이(桓伊)에게 사정했다.

"혜원공(慧遠公)은 가르침을 널리 펴고자 합니다. 지금도 따르는 자가 상당한 수에 이르고 있습니다만 점차로 그 수가 늘어날 것입니다. 빈도(貧道 : 慧永)가 사는 곳은 비좁아서 함께 지내기에는 충분하지 못합니다. 대체 어찌하면 좋겠습니까."

자사가 혜원을 위하여 다시 여산 동쪽에다 전각(殿閣)과 요사(寮舍)를 지어 주었는데, 그것이 동림사(東林寺)다.

혜원은 처음 정사를 지을 때 여산의 아름다움을 모두 살렸다. 향로봉(香爐峯)을 배경으로 측면에는 폭포가 물보라를 뿜어대는 계곡을 배치하였으며, 돌로 기초를 쌓고, 송림(松林)에 어울리게 조림(造林)을 하고, 맑은 공기가 계단과 회랑을 돌게 하며, 흰 구름이 방 안으로 가로지르는 풍정(風情)이었다.

절 안에는 따로 선림(禪林)을 베풀었다. 우거진 수림(樹林)에는 안개가 자욱하고, 석계(石階)에는 이끼가 끼어, 바라보는 모든 것, 밟는 모든 것이 다 정신을 맑게 하고, 기분을 고요하게 가라앉히는 것들 뿐이었다.

그 옛날 심양(潯陽)의 도간(陶侃)이 광주(廣州)를 통치하고 있을 때, 어떤 어부(漁父)가 바다 속에서 이상한 광채가 발하는 것을 발견했다. 밤마다 반짝반짝 광채를 발하면서 열흘이 넘도록 더욱 빛나므로 이상하게 여겨 도간에게 알렸다.

도간이 어부를 따라 가보니 아육왕(阿育王)의 상(像)이었다. 가지고 돌아와 무창(武昌)의 한계사(寒溪寺)로 보냈다.

사주(寺主) 승진(僧珍)이 어느 때 하구(夏口)로 출타한 날 밤 꿈속에서 절에 불이 일어나 타고 있는데 그 상(像)이 모셔져 있는 전각만 용신(龍神)들에게 둘러싸여 있는 것을 보았다.

꿈에서 깨어난 승진은 곧바로 절로 달려갔는데 절은 이미 다 타 없어지고 다만 그 상이 안치되어 있는 전각만 고스란히 남아 있었다.

도간이 그 뒤에 진(鎭)을 옮길 때 상의 위령(威靈)이 있다고 해서 사자(使者)를 보내 상을 맞아오기로 했다.

사자가 인부 수십 명을 시켜 겨우 물가까지 운반하여 막 배에 실으려 하는데 배가 뒤집혀 침몰하고 말았다. 이에 사자는 두려워 상을 본래 있던 자리로 되돌려 놓고 그대로 돌아와 목적을 이루지 못하고 말았다.

도간은 어린 시절부터 무용(武勇)이 뛰어났으나 신앙심 같은 것은 별로 없었다.

그래서 형초(荊楚) 지방에서는 그 일을 가지고 노래하였다.

도간은 칼에 뛰어나지만,
상(像)은 신명(神明)으로써 영검 있네.

하늘을 나는 것과 땅을 기는 것
그 거리 얼마나 아득한가.

정성으로써 이룰 수 있고,

헛된 힘만으로 맞이하기 어렵네.

그런 아육왕의 상이건만 혜원이 절을 창건(創建)하여 완성하고 마음으로부터 기원하여 받들어 맞이하고자 하니, 상은 스스로 가벼워져 움직이는 데 아무런 장애도 없었다. 이렇게 해서 혜원에게 불가사의(不可思議)한 감응(感應)이 있다는 것이 널리 알려졌다. 풍요(諷謠)로 불려진 노래 그대로였다.

혜원은 많은 무리를 영도(領導)하면서 도를 힘써 행하여 새벽부터 밤늦게까지 그치는 일이 없었다. 석가모니가 남긴 가르침은 여기서 다시 왕성해졌다.

이렇게 해서 계율에 힘쓰고 욕망을 억제하고자 뜻하는 사람들이나 세속의 연을 끊고 청정(淸淨)한 신앙을 구하고자 하는 사람들이 기약없이 모여들고 혜원의 평판을 듣고 멀리서 찾아오는 사람들이 많았다.

팽성(彭城)의 유유민(劉遺民), 예장(豫章)의 뇌차종(雷次宗), 안문(雁門)의 주속지(周續之), 신채(新蔡)의 필영지(畢穎之), 남양(南陽)의 종병(宗炳)·장채민(張萊民)·장계석(張季碩) 등은 모두 세속의 연을 끊고 세속의 영예(榮譽)를 버리고 멀리서 찾아온 사람들이었다.

이에 혜원은 정사의 무량수불(無量壽佛) 불전에 재(齋)를 올리며 서원(誓願)을 세워 모두가 함께 서방정토(西方淨土)에 태어나기를 기약했다.

혜원은 분위기가 엄숙하고 행동거지(行動擧止)와 예의범절이 남보다 뛰어났다. 그를 만나본 사람은 누구나 몸도 마음도 함께 두려워 떨지 않는 자가 없었다.

일찍이 한 사문이 대로 만든 여의봉(如意棒)을 가지고 있었는데 그것을 혜원에게 바치려고 절로 들어가 이틀밤을 묵으면서도 도저히 말이 나오지 않아 슬며시 좌석 한편에다 놓고는 말없이 돌아가고 말았다.

　혜의법사(慧義法師)는 자기의 뜻을 밀어붙이고는 미안한 생각을 조금도 느끼지 않는 사람이었다. 절로 혜원을 찾아가고자 마음먹고 혜원의 제자 혜보(慧寶)에게

　"그대들은 평범한 인물이므로 혜원의 풍모(風貌)를 바라보고는 우러러 복종한다. 이제 나를 보고는 어떻게 생각하는가."

라고 하고는 절에 당도하였을 때, 마침 혜원은 '법화경(法華經)'을 강설(講說)하고 있었다. 혜의는 설법을 들으면서 어려운 질문을 해야겠다고 마음먹었으나 그럴 때마다 마음이 떨리고 등에서 식은땀이 흘러 끝내 한 마디도 질문하지 못했다.

　그렇게 하고 나와서 혜보에게

　"이 분은 도저히 대결할 수 없는 불가사의한 인물이다."

했을 만큼 혜원이 사람들을 심복(心服)시키는 것이 이와 같았다.

　은중감(殷中堪)이 형주(荊州)에 갔을 때 절 앞을 지나게 되어 경의를 표하고 혜원과 함께 북쪽 계곡을 바라보면서 역(易)의 본체(本體)에 대하여 논(論)하면서 오랜 시간이 지나도록 지칠 줄 몰랐다. 의론을 마치고 나서 은중감은 감탄하여 말했다.

　"혜원은 그 식견(識見)이 정말 심연(深淵)하고 명석하다. 참으로 예사 사람이 아니다."

　사도(司徒) 왕밀(王謐)이나 호군(護軍) 왕묵(王默) 등은 다 그의 풍격(風格)이나 덕망을 사모하여 아득히 먼 곳에서 스승으로 삼아 경의를 표하였는데, 왕밀이 서신을 보내 왔다.

　"나는 나이 40에 불과하건만 몸은 쇠약하여 이순(耳順)의 나이와 같습니다."

　이에 대하여 혜원이 답했다.

　"고인(古人)은 한 자 되는 큰 구슬에도 눈을 돌리지 않고, 한 치밖에 안 되는 시간조차 소중하게 여겼습니다. 그 뜻하는 바를 생각하면 시간의 길고 짧음 따위는 상관이 없습니다.

시주(施主)께서는 이미 순(順)을 밟아 성(性)에 노시며 불교 교리에 의해 마음을 제어(制御)하십니다. 이렇게 볼 때 어찌 그 이상 장생(長生)을 부러워할 필요가 있겠습니까.

얼마 동안 이 도리(道理)에 마음을 의지하신다면, 때가 지나 그것을 얻으실 것입니다. 시주를 위하여 서신에 대한 답서를 보냅니다."

그 전에 성제(成帝)의 나이가 어려 유빙(庾氷)이 정치를 보좌하였는데, 그는 사문은 왕자(王者)에게 경의(敬意)를 표해야 한다고 했다.

상서령(尙書令) 하충(何充)이나 복야(僕射) 저욱(褚昱)·제갈담(諸葛恢) 등은 경례하지 않게 해 달라고 상주(上奏)하였다.

소관 관청의 견해는 모두 하충의 생각과 같았으나 문하성(門下省) 사람들은 유빙의 의견을 받들어 그것을 반박하는 등 각기 다른 견해가 서로 엇갈려 도저히 결정을 내릴 수 없었다.

그 뒤 환현(桓玄)이 실권을 잡게 되었다. 승려에게 경례를 행하게 하고자 마음먹고 혜원에게 서신을 보내니 혜원이 반론의 답신을 보냈다. 환현은 그전부터 승려들이 경례를 해야 한다는 생각을 고집하였으며, 모든 것에 형식상으로 따르는 것을 부끄럽게 여겼다. 그런데 혜원의 답신을 받아 보고는 나아가지도 물러서지도 못하고 있었다.

얼마 뒤 환현이 제위(帝位)를 찬탈(簒奪)하고는 곧 혜원에게 서신을 보내 말했다.

"불법의 광대함은 그 무엇으로도 헤아릴 수 없을 정도지만, 군주(君主)를 받든다는 점으로 생각한다면 경의를 표해야 함은 말할 필요도 없는 일일 것입니다.

이제 모든 일이 나의 뜻에 따라 결정되므로 나는 겸양(謙讓)하는 마음을 다할 것입니다. 도인(道人) 여러분은 예(禮)를 실천하지 않아도 좋습니다."

혜원은 이에 '사문불경왕자론(沙門不敬王者論)'을 저술하였는데 모두 다섯 편이다.

하나는 '재가자(在家者)' 곧 집에 있는 자를 말한다. 여기서는 다음과 같이 말하였다.

집에 있으면서 불법을 받드는 것은 왕화(王化)에 순응하는 백성이다. 그들의 감정은 아직 세속을 벗어나지 않고 생활도 세속 그대로다. 그러므로 태어나면서부터 애정이 있고 군주를 받드는 예도 있다. 예경(禮敬)에는 기본이 있으니, 그것에 준거하여 인륜(人倫)의 가르침이 정해져 있다.

둘은 '출가자(出家者)' 곧 집을 나와 사문(沙門)에 든 자를 말한다. 여기서는 다음과 같이 말하였다.

출가한 자는 세상을 피해 자기의 뜻을 추구하여 세속을 바꾸어 도(道)에 이를 수 있다. 세속을 바꾸려면 몸차림은 세상에 정해진 법도와 예를 같이 할 수 없다. 세상을 피하려면 행동을 고상하게 가지지 않으면 안 된다.

대덕(大德)이므로 세속의 흐름에 빠져 가라앉는 상태에서 건져내고 큰 근본을 영겁(永劫)에서 빼내, 멀리는 삼승(三乘)의 경지에 이르는 나루터에 통하고 가까이는 인간과 천상(天上)의 경지에 이르는 길을 열 수 있다.

만약 한 사람이 출가한 덕을 온전히 하면 도(道)는 육친(六親)에게 고루 미치고 혜택은 천하에 널리 퍼진다. 왕후(王侯)의 지위에 이르지 않아도 바로 제왕(帝王)의 자리에 딱 일치하여 생민(生民)을 각기 관대하게 대할 수 있다.

그러므로 집 안에서는 태어나면서부터의 맺어진 인간의 책무에 어긋나면서도 효행(孝行)에는 거슬리지 않고, 집 밖에서는 군주를 받드는 공순함에는 모자라면서도 경의(敬意)를 잃지 않는 것이다.

셋은 '구종불순화(求宗不順化)' 곧 종(宗)을 구하여 화(化)

에 따르지 않음을 말한다. 여기서는 다음과 같이 말하였다.

근본으로 되돌아와 종본(宗本)을 구하는 자는 사는 것으로써 그 정신을 괴롭히지 않는다.

세속의 분별심(分別心)을 초월하여 떨쳐버린 자는 감정으로써 생명을 괴롭히지 않는다. 감정으로써 생명을 괴롭히지 않는다면 그 생명은 멸(滅)하는 것이다.

생명으로써 정신을 괴롭히지 않으면 그 정신은 명합(冥合)할 수 있다. 정신을 명합해서 외계의 대상을 절멸(絶滅)하는데 이것을 깨달음이라고 한다.

그러므로 사문은 만승(萬乘)의 군주에게 대등(對等)의 예를 행하고 그 행동을 고상하게 하여 왕후(王侯) 등을 작위(爵位)로는 하지 않지만 만물에게 그 혜택을 주는 자이다.

넷은 '체극불겸응(體極不兼應)' 곧 극(極)을 체(體)하고 응(應)을 겸(兼)하지 않음을 말한다. 여기서는 다음과 같이 말했다.

여래(如來)와 주공(周公)이나 공자(孔子)는 그 출발점이나 종착점에서 그 하는 방법은 서로 다른 바가 있지만 모르는 사이에 서로 영향을 주어, 그 출처(出處)는 다 다르지만 도달하는 곳은 반드시 같은 것이다.

그러므로 그 도(道)는 다르지만 귀착(歸着)하는 곳은 하나인 것이다. '응(應)을 겸(兼)하지 않는다'는 것은 물(物)은 함께 받을 수가 없다는 것이다.

다섯은 '형진신불멸(形盡神不滅)' 곧 형체는 다해서 없어져도 정신은 멸(滅)하지 않음을 말한다. 여기서는 다음과 같이 말하였다.

마음과 영혼이 서로 달리면 행동에 따라 동으로도 서로도 움직여 간다.

이상이 논지(論旨)의 대의(大意)다. 그로부터 사문은 세속과는 다른 행위를 온전히 할 수 있게 되었다.

혜원이 여산(廬山)에 머물러 있는 30여 년 동안 그의 그림자가 산 밖을 나간 일이 없고 그의 발자취를 세속에 들여 놓은 일이 없었다.

손님을 배웅하기 위해 나올 때도 언제나 호계(虎溪)를 건넌 일이 없었다.

진(晋)의 의희(義熙) 12년(416) 8월 초에 맥박이 불안정하고 산란(散亂)해지더니 6일 만에 병이 중해졌다. 대덕(大德)과 장로(長老)들이 모두 비탄에 빠져 시주(豉酒)를 마시라고 간절하게 권했으나 마시지 않았다. 다시 미음을 마시라고 간절히 권했으나 여전히 마시지 않았다. 이에 꿀물을 타서 마시라고 권했다.

그제서야 율사(律師)에게 명하여 책을 펴 글을 살펴서 마셔도 좋은가 어떤가를 확인하게 하였다. 책을 반쯤 읽어나가는데 운명하였다. 향년 83세였다.

釋慧遠 本姓賈氏 雁門婁煩[1]人也 弱而好書 珪璋秀發 年十三 隨舅令狐氏 遊學許洛[2] 故少爲諸生[3] 博綜六經[4] 尤善莊老[5] 性度弘博 風鑒朗拔 雖宿儒英達 莫不服其深致 年二十一 欲渡江東[6] 就范宣子[7] 共契嘉遁 値石虎[8]已死 中原寇亂 南路阻塞 志不獲從 時沙門釋道安 立寺於太行恒山[9] 弘贊像法[10] 聲甚著聞 遠遂往歸之 一面盡敬 以爲眞吾師也 後聞安講波若經 豁然而悟 乃歎曰 儒道九流[11] 皆糠粃耳 便與弟慧持 投簪落彩 委命受業 旣入乎道 厲然不群 常欲總攝綱維 以大法爲己任 精思諷持 以夜續晝 貧旅無資 縕鑛常闕而昆弟怡恭 終始不懈 有沙門曇翼 每給以燈燭之費 安公聞而喜曰 道士[12]誠知人矣 遠藉慧解於前因 發勝心於曠劫 故能神明英越 機鑒遐深 安公常歎曰 使道流東國 其在遠乎 年二十四 便就講說 嘗有客聽講 難實相義[13] 往復移時 彌增疑昧 遠乃引莊子義爲連類 於是惑者曉然 是後安公特聽 慧遠不廢俗書 安有弟子法遇 曇徽 皆風才照灼 志業清敏 竝推伏焉

僞秦建元九年 秦將符丕[14] 寇斥襄陽 道安爲朱序[15]所拘 不能得去 乃分張徒衆 各隨所之 臨路諸長德 皆被誨約 遠不蒙一言 遠乃跪曰 獨無訓勖 懼非人例 安曰 如公者豈復相憂 遠於是與弟子數十人 南適荊州 住上明寺 後欲往羅浮山[16] 及屆潯陽[17] 見廬峯淸靜 足以息心 始住龍泉精舍 此處去水大遠 遠乃以杖扣地曰 若此中可得棲 立當使朽壤抽泉 言畢 淸流涌出 後卒成溪 其後少時 潯陽亢旱 遠詣池側 讀海龍王經[18] 忽有巨蛇 從池上空 須臾大雨 歲以有年 因號精舍 爲龍泉寺焉 時有沙門慧永 居在西林 與遠同門 舊好遂要遠同止 永謂刺史桓伊[19]曰 遠公方當弘道 今徒屬已廣 而來者方多 貧道所棲褊狹 不足相處 如何 桓乃爲遠復於山東 更立房殿 卽東林是也 遠創造精舍 洞盡山美 卻負香爐之峯 傍帶瀑布之壑 仍石壘基 卽松栽構 淸泉環階 白雲滿室 復於寺內 別置禪林 森樹烟凝 石筵苔合 凡在瞻履 皆神淸而氣肅焉

又昔潯陽陶侃[20] 經鎭廣州 有漁人 於海中見神光 每夕豔發 經旬彌盛 怪以白侃 侃往詳視 乃是阿育王像[21] 卽接歸以送武昌寒溪寺 寺主僧珍嘗往夏口 夜夢 寺遭火 而此像屋 獨有龍神圍繞 珍覺馳還寺 寺旣焚盡 唯像屋存焉 侃後移鎭 以像有威靈 遣使迎接 數十人擧之 至水 及上船 船又覆沒 使者懼不反之 竟不能獲 侃幼出雄武 素薄信情 故荊楚之間 爲之謠曰 陶惟劍雄 像以神標 雲翔泥宿 遯何遙遙 可以誠致 難以力招 及遠創寺旣成 祈心奉請 乃飄然自輕 往還無梗 方知遠之神感 證在風謠矣 於是率衆行道 昏曉不絶 釋迦餘化 於斯復興 旣而謹律息心之士 絶塵淸信之賓 竝不期而至 望風遙集 彭城劉遺民[22] 豫章雷次宗[23] 雁門周續之[24] 新蔡畢穎之[25] 南陽宗炳[26] 張萊民[27] 張季碩[28]等 竝棄世遺榮 依遠遊止 遠乃於精舍無量壽像[29]前 建齋立誓 共期西方

遠神韻嚴肅 容止方稜 凡預瞻覲 莫不心形戰慄 曾有沙門持竹如意 欲以奉獻 入山信宿 竟不敢陳 竊留席隅 默然而去 有慧義[30]法師 强正少憚 將欲造山 謂遠弟子慧寶[31]曰 諸君庸才 望風推服 今

試觀我如何 至山値遠講法華 每欲難問 輒心悸汗流 竟不敢語 出謂慧寶曰 此公定可訝 其伏物蓋衆如此 殷中堪[32]之荊州 過山展敬 與遠共臨北澗 論易體[33] 移景不勌 旣而歎曰 識信深明 實難爲庶 司徒王謐[34] 護軍王默[35]等 竝欽慕風德 遙致師敬 謐修書曰 年始四十 而衰同耳順[36] 遠答曰 古人不愛尺璧 而重寸陰[37] 觀其所存 似不在長年耳 檀越 旣履順而遊性 乘佛理以御心 因此而推 復何羨於遐齡 聊想斯理 久已得之 爲復酬來信耳

昔成帝[38]幼沖 庾冰[39]輔政 以爲沙門應敬王者 尙書令何充[40] 僕射褚昱[41] 諸葛恢[42]等奏 不應敬禮 官議悉同充等 門下承冰旨爲駁 同異紛然 竟莫能定 及玄[43]在姑熟 欲令盡敬 乃與遠書 遠答書 玄雖苟執先志 恥卽外從 而覩遠辭旨 趑趄未決 有頃玄篡位 卽下書曰 佛法宏大 所不能測 推奉主之情 故興其敬 今事旣在己 宜盡謙光 諸道人勿復致禮也 遠乃著沙門不敬王者論[44] 凡有五篇 一曰在家 謂 在家奉法 則是順化之民 情未變俗 迹同方內[45] 故有天屬之愛 奉主之禮 禮敬有本 遂因之以成敎 二曰出家 謂 出家者能遁世以求其志 變俗以達其道 變俗則服章不得與世典同禮 遁世則宜高尙其迹 大德故能拯溺俗於沈流 拔玄根於重劫 遠通三乘之津[46] 近開人天之路[47] 如令一夫全德 則道洽六親[48] 澤流天下 雖不處王侯之位 固已協契皇極 在宥生民矣 是故內乖天屬之重 而不逆其孝 外闕奉主之恭 而不失其敬也 三曰求宗不順化 謂 反本求宗者 不以生累其神 超落塵封者 不以情累其生 不以情累其生 則其生可滅 不以生累其神 則其神可冥 冥神絕境 故謂之泥洹 故沙門雖抗禮萬乘 高尙其事 不爵王侯[49] 而沾其惠者也 四曰體極不兼應 謂 如來之與周孔 發致雖殊 潛相影響 出處咸異 終期必同 故雖曰道殊 所歸一也 不兼應者 物不能兼受也 五曰形盡神不滅 謂 識神馳騖 隨行東西也 此是論之大意 自是沙門得全方外之迹矣

自遠卜居廬阜 三十餘年 影不出山 迹不入俗 每送客遊履 常以虎溪爲界焉 以晉義熙十二年八月初動散[50] 至六日困篤 大德耆年 皆

稽顙 請飮豉酒[51] 不許 又請飮米汁 不許 又請以蜜和水爲漿 乃命
律師[52] 令披卷尋文 得飮與不 卷未半而終 春秋八十三矣

1) 雁門婁煩(안문누번) : 산서성(山西省) 대현(代縣)의 북쪽에 안문관(雁門
   關)이 있다. 항산(恒山) 서남쪽에 위치한다. 누번(婁煩)은 거기서 다시 서
   남 150Km 운중산지(雲中山地) 남쪽에 위치한다.
2) 許洛(허락) : 하남성(河南省)의 허창(許昌)·낙양(洛陽) 지방.
3) 諸生(제생) : 유학(儒學)을 공부하는 유생(儒生).
4) 六經(육경) : 유학(儒學)의 경전(經典)인 시경(詩經) 서경(書經) 역경(易
   經) 예기(禮記) 춘추(春秋) 악기(樂記) 등의 여러 경전을 말한다.
5) 莊老(장로) : 장자와 노자. '장자(莊子)'는 전국 시대의 사상가이며 도학자
   (道學者)인 장주(莊周 : 장자)가 지은 도가(道家)의 대표적인 경전. '노자
   (老子)'는 춘추 시대 철학자로 도가(道家)의 시조인 이이(李耳 : 노자)가
   지은 도가서(道家書)로 '노자도덕경(老子道德經)'이라고도 한다.
6) 江東(강동) : 양자강(揚子江) 하류의 강소성(江蘇省)과 절강성(浙江省) 지
   방을 이르는 말.
7) 范宣子(범선자) : 범선(范宣). 선자(宣子)는 그의 자(字). '진서(晉書)' 유
   림전(儒林傳)에 그의 전기(傳記)가 보인다.
8) 石虎(석호) : 자(字)를 계룡(季龍)이라고 하며 석륵(石勒)의 종자(從子)
   로, 석륵의 여러 아들을 살해하고 후조(後趙)의 제위(帝位)를 찬탈하였다.
9) 太行恒山(태행항산) : 산서성(山西省) 대동(大同)의 동남, 오대산(五臺山)
   동북에 있는 산 이름.
10) 像法(상법) : 정법(正法) 상법(像法) 말법(末法) 중 상법을 말한다. 불멸
    (佛滅) 후 5백 년에서 1천 년 사이에 행해지는 가르침으로 정법과 크게 다를
    바 없는 것을 가르친다.
11) 儒道九流(유도구류) : 유도(儒道) 등 구류(九流)로 읽을 것인가, 유가(儒
    家)와 도가(道家) 등 구류로 읽을 것인가가 분명하지 않으나 우선 후자(後
    者)로 읽는다. 구류(九流)는 유가(儒家) 도가(道家) 음양가(陰陽家) 법가
    (法家) 명가(名家) 묵가(墨家) 농가(農家) 잡가(雜家) 소설가(小說家)의

구가(九家)로 중국 전통의 학문을 가리킨다.
12) 道士(도사) : 사문 담익(曇翼)을 가리킨다. 도사는 도교(道教), 도인(道人)은 불교(佛教)라고 하는 등의 확연한 구별이 없음에 주의해야 한다.
13) 實相義(실상의) : 구체적으로는 분명하지 않다. 육징(陸澄)의 '법론목록(法論目錄)' 제1질(帙)의 법성집(法性集)에는 법성(法性)을 둘러싼 여러 논(論)이 기록되어 실상(實相)을 제목으로 한 논문이 몇인가 보이지만, 혜원(慧遠)의 저작으로는 보이지 않는다.
14) 符丕(부비) : 전진(前秦)의 장수로서, '진서(晉書)' 재기(載記)에 의하면 부견(符堅)의 아들로 되어 있다.
15) 朱序(주서) : 양양(襄陽)을 수호(守護)했으나 부견(符堅)에게 공략(攻略)당했다. '진서(晉書)'에 그의 전기가 있다. 석도안전에서 도안과 함께 부견의 포로가 됐다는 내용이 있다.
16) 羅浮山(나부산) : 광동성(廣東省) 광주(廣州)의 동북방.
17) 潯陽(심양) : 강서성(江西省) 구강시(九江市) 부근. 여산(廬山) 북방에 위치한다.
18) 海龍王經(해룡왕경) : 축법호(竺法護)가 번역한 '해룡왕경(海龍王經)' 네 편을 말한다.
19) 桓伊(환이) : 자를 숙하(叔夏)라고 한다. 환선(桓宣)의 족자(族子)로 비수(肥水) 싸움에 공이 있다. '진서(晉書)'에 그의 전기가 전한다.
20) 陶侃(도간) : 자를 사행(士行)이라고 하며, 동진(東晉)의 정서대장군(征西大將軍), 형주자사(荊州刺史)를 지냈다. 도연명(陶淵明)의 증조부(曾祖父)라고 한다. '진서(晉書)'에 그의 전기가 전한다.
21) 阿育王像(아육왕상) : 서진(西晉)의 안법흠(安法欽)이 번역한 '아육왕전(阿育王傳)' 권7에 금으로 주조(鑄造)한 아서가왕상(阿恕伽王像)이 기록되어 있다. 아육왕(阿育王 : Aśoka)은 기원전 3세기경 인도 마가다국 마우리아 왕조(王朝) 제3대 왕으로 오천축(五天竺)을 통일하고 불교를 보호하고 선전하여 세계적인 종교로 만들고 제3회 불전결집(佛典結集)을 행했다.
22) 劉遺民(유유민) : 유인지(劉驎之)를 말한다. 유민(遺民)은 그의 자. 승조

(僧肇)의 '반야무지론(般若無知論)'에 의의(疑義)를 제시하기도 하고, 혜원(慧遠) 등이 서방정토(西方淨土)에 나기를 서원(誓願)한 문장에 초(草)하기도 하여 불교에 조예(造詣)가 깊고 신심(信心)이 두터웠다. '진서'은 일전(隱逸傳)에 전기가 있다.

23) 雷次宗(뇌차종): 자를 중륜(仲倫)이라 하며, 삼례(三禮)나 모시(毛詩)에 정통하여 유학(儒學)으로써 제생(諸生)을 감독하였다. '송서(宋書)'은 일전(隱逸傳)에 전기가 있다.

24) 周續之(주속지): 자를 도조(道祖)라고 하며, 오경(五經)이나 위후(緯候)에도 통하고, '노자'에도 통하였다. 유유민(劉遺民)·도연명(陶淵明)과 함께 심양(潯陽)의 삼은(三隱)으로 일컬어졌다. 대규(戴逵)의 '석의론(釋疑論)'을 둘러싸고 인과응보(因果應報)의 유무(有無)와 진위(眞僞)를 논쟁하였다. '송서'은 일전(隱逸傳)에 그의 전기가 있다.

25) 畢穎之(필영지): 미상(未詳).

26) 宗炳(종병): 자를 소문(少文)이라 한다. 하승천(何承天)의 '달성론(達性論)'을 비판하고 '명불론(明佛論)'을 저술하여, 형체가 없어진 뒤에도 정신은 멸(滅)하지 않고 윤회전생(輪廻轉生)한다는 것을 강조하였다.

27) 張榮民(장채민): 장내민(張萊民)을 말한다.

28) 張季碩(장계석): 미상(未詳).

29) 無量壽像(무량수상): 서방안락정토(西方安樂淨土)에 왕생(往生)을 약속하는 무량수불(無量壽佛)의 상(像).

30) 慧義(혜의): 원전(原典) '고승전' 권7에 나온다.

31) 慧寶(혜보): 미상.

32) 殷中堪(은중감): 한백(韓伯)과 비견(比肩)되는 청담(淸談)의 명수(名手). '진서'에 그의 전기가 있다.

33) 易體(역체): '세설신어(世說新語)' 문학편(文學篇)에 은중감(殷中堪)과 혜원(慧遠)의 문답(問答)이 보이는데, 역(易)의 체(體)는 감응(感應)이라는 내용을 둘러싸고 토의되어 있다.

34) 王謐(왕밀): 자를 치원(稚遠)이라고 하며 '진서'에 전기가 있다.

35) 王默(왕묵) : 진(晉)의 좌광록대부(左光祿大夫). '송서' 왕혜전(王惠傳)에 보인다.
36) 耳順(이순) : 60세를 말한다. '논어(論語)' 위정편(爲政篇)에 "오십유오이지우학(吾十有五而志于學) 삼십이립(三十而立) 사십이불혹(四十而不惑) 오십이지천명(五十而知天命) 육십이이순(六十而耳順) 칠십이종심소욕불유구(七十而從心所欲不踰矩)"라고 한 데서 따온 말.
37) 古人不愛尺璧而重寸陰(고인불애척벽이중촌음) : '회남자(淮南子)' 원도훈(原道訓)에 "성인은 한 자의 구슬을 귀히 여기지 않고 촌음(寸陰)을 중히 여긴다. 시간은 얻기 어렵고 잃기는 쉽다."라고 한 말이 있다.
38) 成帝(성제) : 사마연(司馬衍). 재위 325～342.
39) 庾冰(유빙) : 자를 계견(季堅)이라 하며, 유량(庾亮)의 아우. 왕도(王導)가 죽은 뒤에 중서감(中書監), 양주자사(揚州刺史)가 되어 형벌(刑罰)에 위엄(威嚴)을 보이는 정치를 행하였다.
40) 何充(하충) : 자를 차도(次道)라고 한다. 아내는 유량(庾亮)의 누이동생이며, 왕도(王導)의 처 생질(甥姪)이다. 유씨(庾氏)가 법가적(法家的) 정치를 행한 반면 하충은 유가적(儒家的) 정치를 행하였다.
41) 褚昱(저욱) : 미상(未詳).
42) 諸葛恢(제갈담) : 미상.
43) 玄(현) : 환현(桓玄)을 말한다. 자를 경도(敬道)라고 하며, 환온(桓溫)의 서자(庶子). 동진(東晉)의 강주자사(江州刺史)가 되어 형주자사(荊州刺史) 은중감(殷中堪)을 토벌(討伐)하여 양자강(揚子江) 중류를 지배하였고 뒤에는 동진(東晉)의 제실(帝室)을 찬탈(簒奪)하여 초국(楚國)을 세웠으나 유유(劉裕) 등의 거병(擧兵)으로 강릉(江陵)에서 패사(敗死)하였다.
44) 沙門不敬王者論(사문불경왕자론) : 양(梁)나라 승우(僧祐)의 '홍명집(弘明集)'에 수록되어 있다.
45) 方內(방내) : 세속적인 질서(秩序) 세계의 안을 가리킨다. '방외(方外)'는 세속을 초탈(超脫)한 데를 가리킨다. '장자' 대종사편(大宗師篇)에 공자의 말이라고 하여 "그는 방외(方外)에 노는 자다. 그러나 구(丘)는 방내(方內)

에 노는 자다."라는 말이 보인다.

46) 三乘之津(삼승지진) : 성문(聲聞) 연각(緣覺) 보살(菩薩)의, 삼승(三乘)의 경계(境界)에 이르는 나루터.

47) 人天之路(인천지로) : 6도중(六道中)에서 갈피를 잡지 못하여 헤매는 수라(修羅) 아귀(餓鬼) 지옥(地獄) 축생(畜生)의 4도(四道)를 제외한 천도(天道)와 인도(人道)의 경계에 이르는 길을 말한다.

48) 六親(육친) : 부자(父子) 형제(兄弟) 부부(夫婦), 또는 부모(父母) 형제(兄弟) 처자(妻子) 등을 말한다.

49) 不爵王侯(부작왕후) : '맹자(孟子)' 고자장(告子章) 상(上)에서, 인의충신(仁義忠信)의 실천을 천작(天爵)으로 하고, 공경대부(公卿大夫)를 인작(人爵)으로 하여, 인작이 아닌 천작을 닦으라고 한 말을 인용한 것이다.

50) 動散(동산) : 맥박(脈搏)이 불안정(不安定)하고 산란(散亂)한 것.

51) 豉酒(시주) : 콩으로 만든 장(漿)을 말하는 것.

52) 律師(율사) : 계율(戒律)에 정통한 사람.

겨우 돌아갈 곳을 찾았다
—석승조전(釋僧肇傳)

　석승조(釋僧肇)는 경조(京兆) 사람이다. 집안이 빈곤해서 대필(代筆)로 생업(生業)을 삼았다.
　남의 글을 써 주고 책을 베끼고 하는 동안 경전(經典)이나 사서(史書) 등을 차례로 읽게 되어 많은 서적을 읽었다. 읽는 중에 유현(幽玄)하고 미묘한 이치를 더욱 좋아하여 언제나 '장자'나 '노자'의 내용을 극히 중요하다고 생각하였다.
　어느 때 '노자'의 덕장(德章)을 읽고는 개탄하여 말했다.
　"훌륭하기는 과연 훌륭하다. 그러나 정신을 온전히 사로잡지 못하는 데에 머무르게 하는 방법이라면 역시 아직 더없이 훌륭한 것이라고는 할 수 없다."
　그 뒤에 고역(古譯)인 '유마경(維摩經)'을 읽고는 기쁨이 절정에 이르러 숙독(熟讀) 완미(玩味)하면서 말하기를
　"겨우 돌아갈 곳을 찾았다."
하고는, 그것을 기틀로 하여 출가(出家)하였다.
　그의 학문은 대승(大乘)을 닦고, 다시 경(經) 율(律) 논(論) 삼장(三藏)에 통달하였다. 성년이 되면서 그의 명성은 관중(關中)과 삼보(三輔) 지역에 널리 퍼졌다.
　당시 명예에 눈먼 사람들은 승조가 너무 조숙한 것을 시기하여, 천리 길도 멀다 하지 않고 먹을 것을 짊어지고 와서는 관중 땅으로 들어서면서 논쟁(論爭)을 벌였다.
　승조는 재능이 있는데다 사려(思慮)도 깊고 담론(談論)에도

능하여 기회를 잡아 상대의 예봉(銳鋒)을 꺾고 조금도 막히는 데가 없었다.

그 때 경조(京兆)의 석학(碩學)들이나 관외(關外)의 뛰어난 선비로서 그의 날카로운 변설(辯說)에 손을 놓고 기가 꺾이지 않은 사람이 없었다.

그 뒤에 구마라습(鳩摩羅什)이 고장(姑臧)에 이르렀을 때 승조는 멀리서 찾아가 그를 따랐고, 구마라습은 또 그를 더없이 절찬(絶讚)하였다. 구마라습이 장안(長安)에 갈 때에는 승조가 반드시 수행(隨行)하였다.

요흥(姚興)은 승조와 승예(僧叡)에게 명하여 소요원(逍遙園)에 들어가 구마라습이 경(經)과 논(論)을 상세하게 살펴서 정하는 일을 도와주라고 하였다.

승조는 성인이 세상을 떠난 지 아득히 먼 지금에 와서 문장의 뜻이 많이 뒤섞였고 먼저 배운 옛 사람들이 해석한 것도 때로는 서로 어긋나는 점이 있다고 생각해 왔는데, 구마라습을 만나 그의 가르침을 받으면서 과연 그렇구나 하고 감탄하는 바가 많았다.

그래서 구마라습이 '대품반야경(大品般若經)'을 역출(譯出)한 뒤에, 승조는 '반야무지론(般若無知論)'을 저술하였는데 2천여 언(二千餘言)이었다.

저술하여 구마라습에게 올리니, 한번 읽고는 참 잘되었다고 칭찬하면서 승조에게 말했다.

"나의 해석은 누구에게도 양보할 수 없지만, 그대의 문장은 참으로 취할 만하구나."

당시 여산(廬山)에 머무르고 있던 유유민(劉遺民)은 승조의 이 저술을 보고 감탄하여 이르기를

"설마 승복(僧服)을 걸친 이로서 하평숙(何平叔) 같은 사람이 있으리라고는 생각지 못하였다."

라고 하면서 그것을 석혜원(釋慧遠)에게 올렸다.

혜원은 책상을 어루만지면서
"아직까지 이런 정도의 사람은 없었다."
라고 감탄하면서, 함께 숙독 완미하고는 그로부터 승조와 서로 의견을 주고받았다.

승조는 그 뒤에 다시 '부진공론(不眞空論)' '물불천론(物不遷論)' 등을 저술하였고, 또 '유마경(維摩經)'에 주석(注釋)을 달았으며, 여러 경(經)에 서문을 써서 첨가하였는데, 어느 것이나 다 세상에 널리 전해졌다.

구마라습이 세상을 떠난 뒤에 스승의 영서(永逝)를 추도(追悼)하고 그 생각이 점차로 쌓여 '열반무명론(涅槃無名論)'을 저술하였는데, 거기에서 말했다.

"경전에는 유여(有餘)와 무여(無餘), 두 종류의 열반(涅槃)을 설하고 있다. 열반을 우리 진(秦)나라에서는 무위(無爲)라고 하고, 또는 멸도(滅度)라고도 한다.

무위(無爲)는 마음의 활동이 완전히 비어 있어 고요한 상태로 돌아간 것으로, 마음이 얼마만큼이라도 움직이는 상태와 묘절(妙絶)한 것임을 가리킨다.

멸도(滅度)는 우환과 근심이 영원히 멸하여 없어져서 번뇌의 네 가지 흐름을 초월한 것을 말하는 것이다.

이것은 생각건대 거울에 비친 형상이 귀일(歸一)할 상태이며, 말로 설명할 수 없는 깊고 깊숙한 경지이다. 그런데도 유여(有餘)와 무여(無餘)로 구별하여 말하는 이유는, 있는 방법이 서로 다르다는 것에 대응(對應)하여 부르는 방법의 차이이고, 사물에 대응했을 때의 가명칭(假名稱)일 것이다. 나는 일단 이것을 시험삼아 설명해 보고자 한다.

대저 열반(涅槃)이라고 하는 것은 고요한 데로 돌아가 완전히 비어 있는 상태로서, 형상이나 무엇이라 이름 붙여 파악할 수 없다. 깊고 깊숙하여 알기 어렵고 구체적인 모습이나 형체가 없는 상태여서 그 무엇에라도 제약된 마음으로는 알 수가 없고 모든 존재를 초월해서 그윽하게 상승(上昇)하여 태허(太虛)와 같은 넓이로 영원하다.

여기에 따라 말하더라도 그 형적(形迹)을 더듬어 찾을 길 없고, 그것을 맞이하여 끝을 바라볼 수가 없다. 여섯 종류의 경지도 그 생명을 거둘 수 없고, 일체를 실어가는 조화(造化)의 힘도 그 존재를 변화시킬 수 없다.

넓고 넓어 아득하며, 있는 것도 같고 가버린 것도 같아 다섯 가지 종류의 안력(眼力)을 갖춘 자도 그 모습을 볼 수 없고, 두 가지 종류의 청력(聽力)을 갖춘 자라도 그 울림을 들을 수 없다.

깊고도 깊고 고요하고 어두워 누구에게도 보이지 않고 누구라도 알 수 없고, 거기다가 널리 고루 미쳐 존재하지 않는 데가 없고, 있다거나 없다거나 하는 것을 아득하게 초월한 곳에 멍청하게 존재한다.

만약 열반에 대하여 설명하고자 하면 그 진실을 상실해 버리고, 열반에 대하여 알고자 하면 그 어리석고 둔한 데에 배반되고 만다. 그것을 있다고 해 버리면 그 성질에 동떨어지고 그것을 없다고 해 버리면 그 형체를 손상시킨다.

그러므로 석가는 마갈타(摩竭陀)에서 방문을 걸어 잠그고 명상(冥想)에 빠졌고, 정명거사(淨名居士 : 維摩詰)는 비사리(毘舍利)에서 입을 봉(封)하였고, 수보리(須菩提)는 일체는 지각(知覺)할 수 없는 것이라고 무설(無說)을 제창하면서 도(道)를 밝혔으며, 제석(帝釋)과 범천(梵天)은 허깨비와 같이 법(法)을 듣고는 꽃비를 허공에 뿌렸다. 이와 같은 일들은 모두 도리(道理)가 정신에 의하여 제약되어 있는 것이니, 그래서 입을 다물고 말았던 것이다. 어찌 말할 것이 없다고 말하겠는가. 변설(辯說)로는 말할 수 없는 것이다.

경(經)에 말했다.

'진실한 해탈(解脫)이란 말〔言〕에서 떠나 고요한 가운데 영원히 편안한 것이다. 끝도 없고 시작도 없으며, 어둡지도 않고 밝지도 않으며, 춥지도 않고 덥지도 않다. 고요한 허공과 같아서 이름 붙일 것도 없고 깨달아 알 수 있는 것도 아니다.'

논(論)에서 말했다.

'열반은 있는 것이 아니다. 그리고 없는 것도 아니다. 언어의 길이 완전히 막혀, 사려(思慮)가 활동할 곳도 완전히 멸(滅)하여 있다.'

대체 경(經)이나 논(論)이 만들어지는데 어떻게 근거 없이 만들어질 수 있겠는가. 확실히 있는 것이 아니라는 데서 있는 것이라고 할 수 없고, 없는 것이 아니라는 데서 없다고 할 수 없는 것이다.

왜냐하면 변치 않고 있는 것이라고 하려면 오음(五陰)은 완전히 멸하여 없어져 있고, 전혀 없는 것이라고 하려면 깊숙한 영묘(靈妙)함이 없어지는 일이 없다.

깊숙한 영묘함이 없어지지 아니하므로 하나를 꽉 지켜 고요함으로 돌아가고, 오음이 완전히 멸하여 없어졌으므로 일체의 가로 걸리는 것은 다 버려지고 만다.

일체의 가로 걸리는 것이 다 버려지고 마는 것이므로 도(道)와 동일(同一)하게 되는 것이고, 하나를 꽉 지켜 고요함으로 돌아가는 것이므로 신기하고 영묘(靈妙)하면서도 특별한 공적 따위는 없는 것이다.

신기하고 영묘하면서도 특별한 공적이 없으므로 무량(無量)의 공적이 언제나 있고, 도와 동일하게 되는 것이므로 헛되면서도 고쳐지지 않는다. 헛되면서도 고쳐지지 않으므로 있다고 할 수가 없고, 무량한 공적이 언제나 있으므로 없다고 할 수가 없다.

있다거나 없다거나 하는 것은 그것 자체에 있어 출중하게 뛰어나 있고 그 일컬음은 곁에서 빠져 있다. 본다거나 듣는다거나 하는 것이 미치지 못하는 데에 있고, 무색계(無色界)의 사무색(四無色)의 경지에 있는 것이지만 알 수 없는 곳이다.

느긋하면서 편편하고 고요하면서도 편안하다. 수많은 가르침도 여기에 귀일(歸一)하고, 모든 성현(聖賢)들도 여기서 만난다. 이것은 정히 희이(希夷)의 경지이며 태현(太玄)의 세계이다. 있다거나 없다거나 하는 말로 그 경계를 이름 붙여 정신의 도리(道理)를 설하고자 해도 그 거리가 얼마나 먼 것인가.”

이 글에 이어서 아울러 십연(十演)과 구절(九折)이 있어 전부 수천 언(數千言)이 되는데, 문자가 너무 많아 여기에 다 실을 수가 없다.

진(晉)의 의희(義熙) 10년(414)에 장안(長安)에서 입적(入寂)하니, 그의 나이는 31세였다.

釋僧肇 京兆[1]人 家貧以傭書爲業 遂因繕寫 乃歷觀經史 備盡墳籍 愛好玄微 每以莊老爲心要 嘗讀老子德章 乃歎曰 美則美矣 然期栖神冥累之方 猶未盡善也 後見舊維摩經[2] 歡喜頂受 披尋翫味 乃言 始知所歸矣 因此出家 學善方等[3] 兼通三藏[4] 及在冠年 而名振關輔[5] 時競譽之徒 莫不猜其早達 或千里負粮 入關抗辯 肇旣才思幽玄 又善談說 承機挫銳 曾不流滯 時京兆宿儒 及關外英彦 莫不挹其鋒辯 負氣摧衂

後羅什至姑臧[6] 肇自遠從之 什嗟賞無極 及什適長安 肇亦隨返 姚興[7]命肇與僧叡[8]等 入逍遙園 助詳定經論 肇以去聖久遠 文義多雜 先舊所解 時有乖謬 及見什諮禀 所悟更多 因出大品之後 肇便著波若無知論 凡二千餘言 竟以呈什 什讀之稱善 乃謂肇曰 吾解不謝 子辭當相挹 時廬山隱士劉遺民 見肇此論 乃歎曰 不意 方袍[9] 復有平叔[10] 因以呈遠公[11] 遠乃撫机歎曰 未常有也 因共披尋翫味 更存往復

肇後又著不眞空論 物不遷論[12]等 幷注維摩[13] 及製諸經論序 竝

제2장 의해전(義解傳) 139

傳於世 及什之亡後 追悼永往 翹思彌厲 乃著涅槃無名論 其辭曰 經稱 有餘無餘涅槃 涅槃秦言無爲 亦名滅度 無爲者 取乎虛無寂寞 妙絶[14]於有爲 滅度者 言乎大患永滅 超度四流[15] 斯蓋鏡像之所歸 絶稱之幽宅也 而曰有餘無餘者 蓋是出處之異號 應物之假名 餘嘗試言之 夫涅槃之爲道也 寂廖虛曠 不可以形名得 微妙無相 不可以有心知 超群有以幽昇 量太虛而永久 隨之弗得其蹤 迎之罔眺其首[16] 六趣[17]不能攝其生 力負無以化其體[18] 眇湊惚恍 若存若往 五目[19]莫覩其容 二聽[20]不聞其響 窈窈冥冥 誰見誰曉 彌綸靡所不在 而獨曳於有無之表 然則言之者失其眞 知之者反其愚[21] 有之者乖其性 無之者傷其軀 所以釋迦掩室[22]於摩竭[23] 淨名杜口[24]於毘耶[25] 須菩提唱無說[26]以顯道 釋梵乃幻聽而雨花[27] 斯皆理爲神御 故口爲之緘默 豈曰無辯 辯所不能言也 經曰[28] 眞解脫者 離於言數 寂滅永安 無終無始 不晦不明 不寒不暑 湛若虛空 無名無證 論曰[29] 涅槃非有 亦復非無 言語路絶 心行處滅 尋夫經論之作也 豈虛構哉 果有其所以不有 故不可得而有 有其所以不無 故不可得而無耳 何者 本之有境則五陰[30]永滅 推之無鄕 則幽靈不竭 幽靈不竭 則抱一湛然 五陰永滅 則萬累都捐 萬累都捐 故與道通同 抱一湛然 故神而無功 神而無功 故至功常在 與道通同 故沖而不改 沖而不改 不可爲有 至功常在 不可爲無 然則有無絶於內 稱謂淪於外 視聽之所不曁 四空[31]之所昏昧 恬兮而夷 泊焉而泰 九流[32]於是乎交歸 衆聖於此乎冥會 斯乃希夷之境[33] 太玄之鄕[34] 而欲以有無題牓其方域 而語神道[35]者 不亦邈哉 其後十演九折[36] 凡數千言 文多不載 晉義熙十年 卒於長安 春秋三十有一矣

1) 京兆(경조): 도성(都城)의 장릉(長陵) 이북을 빙익(憑翊), 위성(渭城) 이서를 부풍(扶風)이라고 하는데 대하여 여기서는 장안(長安) 이동을 가리키는 말이다.
2) 舊維摩經(구유마경): 구마라습이 번역한 '신유마힐경(新維摩詰經)' 3권에 대하여, 지겸(支謙)이 번역한 '유마힐경(維摩詰經)' 2권이나 축법호(竺

法護)가 번역한 '유마힐경(維摩詰經)' 1권. 또는 축숙란(竺叔蘭)이 번역한 '이유마힐경(異維摩詰經)' 3권 가운데 어느 책일 것이다.

3) 方等(방등) : 대승경전(大乘經典)의 총칭. 대승경전에 말한 것은 횡(橫)으로 시방(十方)에 두루 미치는 방광보편(方廣普遍)의 참다운 이치이며, 종(縱)으로 범부(凡夫)나 성인을 포함한 평등한 교(敎)이므로 부르는 말이다. 방등경(方等經).

4) 三藏(삼장) : 경(經) 율(律) 논(論)의 삼장(三藏)으로 불교 교리(敎理) 전체를 말한다. 여기서는 방등(方等) 곧 대승경전에 대하여 삼장을 말한 것으로 소승(小乘)의 학(學)을 가리킨다.

5) 關輔(관보) : 관중(關中)과 삼보(三輔). 관(關)은 섬서성(陝西省) 관중(關中) 땅으로 동은 함곡관(函谷關), 서는 산관(散關), 남은 무관(武關), 북은 소관(蕭關)에 둘러싸인 지역이다. 보(輔)는 섬서성 삼보(三輔) 지역으로 경조(京兆) 풍익(馮翊) 부풍(扶風)을 포함한다.

6) 姑臧(고장) : 감숙성(甘肅省) 무위현(武威縣). 전진(前秦) 부견(符堅)의 장수 여광(呂光)이 구마라습(鳩摩羅什)을 데리고 돌아와 의거(依據)한 곳.

7) 姚興(요흥) : 부견의 전진을 쓰러뜨리고 후진(後秦)을 세운 요장(姚萇)의 장자(長子).

8) 僧叡(승예) : 구마라습 밑에서 반야공관(般若空觀)을 닦은 의학승(義學僧). 구마라습은 승예에 대하여 "내가 경(經)과 논(論)을 전역(傳譯)하면서 그대를 만나게 된 일은 진실로 더 바랄 것이 없다."라고 상찬(賞讚)하였다고 한다. 원전(原典) '고승전' 권6에 나온다.

9) 方袍(방포) : 승의(僧衣). 승복(僧服).

10) 平叔(평숙) : 하안(何晏). 평숙은 하안의 자. 삼국 시대(三國時代) 위(魏)나라 사람으로 '노자' '장자'에 밝고, 청담(淸談) 현학(玄學)의 개창자(開創者)의 한 사람. '삼국지(三國志)' 위지(魏志) 권9의 조진전(曹眞傳)에 그의 전기가 있으며, '세설신어(世說新語)'에는 그와 관련된 일화(逸話)가 보인다.

11) 遠公(원공) : 석혜원(釋慧遠)을 말한다.

12) 不眞空論物不遷論(부진공론물불천론) : 반야무지론(般若無知論)과 열반무명론(涅槃無名論)과 종본의 (宗本義)와 아울러서, 일의사론(一義四論)의 '조론(肇論)'이 세상에 행해진다.
13) 注維摩(주유마) : 구마라습이 번역한 '신유마힐경(新維摩詰經)' 3권에 주석을 단 것. 수(隋)나라 법경(法經)의 '중경목록(衆經目錄)' 권7에 '유마경주해(維摩經注解)' 5권이라고 한 것이다. 현재 구마라습의 '유마경주해' 3권, 도생(道生)의 '유마경주해' 3권과 아울러서 '주유마힐경(注維摩詰經)' 10권이라고 하여 행해지고 있다.
14) 妙絶(묘절) : 밀접하게 떨어질 수 없는 관계에 있으면서도 초월(超越)해 있는 불가사의한 상태를 말한다.
15) 四流(사류) : 첫째 망견망혹(妄見妄惑)인 견류(見流), 둘째 욕계(欲界)에서 탐내고 성내는 등의 욕류(欲流), 셋째 삼계(三界)의 과보(果報)를 실유(實有)라고 하여 생사해(生死海)에 빠지는 유류(有流), 넷째 일체의 망상망견(妄想妄見)을 생기게 하는 근본무지(根本無知)인 무명류(無明流)의 네 가지 흐름을 말한다.
16) 隨之弗得其蹤迎之罔眺其首(수지부득기종영지망조기수) : '노자(老子)' 14장의 '영지불견기수(迎之不見其首) 수지불견기후(隨之不見其後)'라는 표현을 근거로 한 말이다.
17) 六趣(육취) : 육도(六道), 곧 지옥(地獄)·아귀(餓鬼)·축생(畜生)·아수라(阿修羅)·인간(人間)·천상(天上)의 여섯 종류를 나누는 경계. 모두 미혹(迷惑)한 가운데 윤회하는 것이다.
18) 力負無以化其體(역부무이화기체) : '장자' 대종사편(大宗師篇)의 '부장주어학(夫藏舟於壑) 장산어택(藏山於澤) 위지고의(謂之固矣) 연이야반유력자(然而夜半有力者) 부지이주(負之而走) 매자부지야(昧者不知也)'를 근거로 한 위에, 이 불가피(不可避)한 힘으로도 열반(涅槃)의 체(體)를 변화시킬 수 없다고 말한다.
19) 五目(오목) : 다섯 가지 눈. 곧 보통의 육체에 갖추어져 있는 육안(肉眼), 색계(色界)의 천인(天人)이 소유하여 중생의 미래에 있을 생사(生死)를 아는

힘을 가진 천안(天眼), 성문(聲聞)이나 연각(緣覺)이 갖추고 일체의 현상은 공(空)한 것으로서 자성(自性)이 없다고 보는 혜안(慧眼), 보살(菩薩)이 일체 중생을 제도(濟度)하기 위해 일체의 법문(法門)을 비춰 보는 법안(法眼), 그리고 육안·천안·혜안·법안을 모두 갖춘 불안(佛眼)을 말한다.

20) 二聽(이청) : 두 가지 귀. 보통의 육신에 갖추어져 있는 인이(人耳)와, 일체의 언어나 음성을 자유자재로 듣는 천이(天耳)를 말한다.

21) 知之者反其愚(지지자반기우) : 그 앞에 실기진(實其眞 : 그 진실을 상실함)이라는 말이 있고, 그 뒤에 괴기성(乖其性 : 그 성질에 동떨어짐)과 상기구(傷其軀 : 그 형체를 손상시킴)이라고 한 것으로 보아 기우(其愚 : 그 어리석음)는 노장(老莊)사상에서 말하는 용어를 빌어 열반(涅槃)의 상태를 표현한 것이다. 반기우(反其愚 : 그 어리석음에 배반됨)란 열반의 어리석은 상태에 배반한다는 뜻일 것이다.

22) 釋迦掩室(석가엄실) : 석가가 성도(成道)한 뒤 57일 동안 법(法)을 설(說)하지 않은 것을 말한다. '대지도론(大智度論)' 권7에 있는 말이다.

23) 摩竭(마갈) : 마갈타(摩竭陀)의 약어(略語).

24) 淨名杜口(정명두구) : 정명(淨名)은 정명거사(淨名居士)로서 유마힐(維摩詰)을 이르는 말. 문수사리(文殊師利)가 "보살이 불이법문(不二法門)에 든다는 것은 무엇인가."라고 물은 데 대하여 유마힐이 묵연무언(默然無言)의 태도로 대답하지 않은 일을 말한다. '유마힐소설경(維摩詰所說經)'에 있는 말.

25) 毘耶(비야) : 비야리(毘耶離)의 약어(略語). 비야리(毘耶離 : Vaiśāli)라고도 한다. 중인도에 있던 나라. 항하(恒河)를 사이에 두고 마갈다국과 상대하였다.

26) 須菩提唱無說(수보리창무설) : 수보리(須菩提 : Subhuti)가 일체의 법은 여화(如化)하는 것으로 설(說)하는 자도 듣는 자도 아는 자도 없다고 한 말을 가리킨다. '마하반야바라밀경(摩訶般若波羅蜜經)' 권7에 있는 말.

27) 釋梵乃幻聽而雨花(석범내환청이우화) : 석(釋)은 제석(帝釋), 범(梵)은 범천(梵天)이다. 제석과 범천 등 제천(諸天)이, 수보리(須菩提)가 설하는 법

(法)을 헛것처럼 듣고 헛것인 꽃을 허공에 뿌리면서 찬양한 일. '마하반야바라밀경' 권8의 환청품(幻聽品) 산화품(散花品)에 있다.

28) 經曰(경왈) : '대반열반경(大般涅槃經)' 권5 사상품지여(四相品之餘)(南本) 여래성품제사지이(如來性品第四之二)(北本)에 진해탈(眞解脫)에 대하여 자세히 설명한 것을 근거로 한 말이다.

29) 論曰(논왈) : '중론(中論)' 권3 관법품(觀法品)에 '제법실상자(諸法實相者) 심행언어단(心行言語斷) 무생역무멸(無生亦無滅) 적멸여열반(寂滅如涅槃)'이라고 한 말이나 관열반품(觀涅槃品)에 '여불경중설(如佛經中說) 단유단비유(斷有斷非有) 시고지열반(是故知涅槃) 비유역비무(非有亦非無)' 등을 근거로 한 말이다.

30) 五陰(오음) : 오온(五蘊). 색(色)·수(受)·상(想)·행(行)·식(識)을 말한다. 첫째 색(色)은 스스로 변화하고 또 다른 것을 장애하는 물체. 둘째 수(受)는 고(苦)·낙(樂)·불고불락(不苦不樂)을 느끼는 마음의 작용. 셋째 상(想)은 외계의 사물을 마음속에 받아들이고 그것을 상상해 보는 마음의 작용. 넷째 행(行)은 인연으로 생겨나서 시간적으로 변천함. 다섯째 식(識)은 의식하고 분별하는 것.

31) 四空(사공) : 삼계(三界)의 하나인 무색계(無色界)의 네 공처(空處). 선정(禪定) 수행하는데 일체의 물질적 속박을 받지 않게 된 경계를 네 단계로 나눈. 공무변처(空無邊處) 식무변처(識無邊處) 무소유처(無所有處) 비상비비상처(非想非非想處)를 말한다.

32) 九流(구류) : 본래는 '한서(漢書)' 예문지(藝文志)에 보이는 유가(儒家) 도가(道家) 음양가(陰陽家) 법가(法家) 명가(名家) 묵가(墨家) 종횡가(縱橫家) 잡가(雜家) 농가(農家) 등 중국 전통의 아홉 학파를 가리키는 말. 여기서는 모든 학파를 지칭한다.

33) 希夷之境(희이지경) : '노자(老子)' 14장에 '시지불견(視之不見) 명왈이(名曰夷), 청지불문(聽之不聞) 명왈희(名曰希), 박지부득(搏之不得) 명왈미(名曰微)'라고 한 것을 근거로 한 말이다.

34) 太玄之鄕(태현지향) : '열반무명론(涅槃無名論)' 명점제십삼(明漸第十

三)의 '황호허무지수(況乎虛無之數) 중현지역(重玄之域) 기도무애(其道無涯) 욕지돈진야(欲之頓盡耶)'에 보이는 중현지역(重玄之域)과 비슷한 뜻일 것이다. '노자' 1장에 '현지우현(玄之又玄) 중묘지문(衆妙之門)'이라는 말을 근거로 한다. 또 계강(嵆康)의 증수재입군시(贈秀才入軍詩)에 '부앙자득(俯仰自得) 유심태현(遊心太玄)'이라는 말도 보인다.

35) 神道(신도) : 부처에 의해 오득(悟得)되고 부처에 의해 개시(開示)된 삼계유심(三界唯心), 미오일심(迷悟一心)인 불가사의한 마음의 진리(眞理)를 말한다.

36) 十演九折(십연구절) : 개종제일(開宗第一) 핵체제이(覈體第二) 위체제삼(位體第三) 징출제사(徵出第四) 초경제오(超境第五) 수현제육(搜玄第六) 묘존제칠(妙存第七) 난차제팔(難差第八) 변차제구(辯差第九) 책이제십(責異第十) 회이제십일(會異第十一) 힐점제십이(詰漸第十二) 명점제십삼(明漸第十三) 기동제십사(譏動第十四) 동적제십오(動寂第十五) 궁원제십육(窮源第十六) 통고제십칠(通古第十七) 고득제십팔(考得第十八) 현득제십구(玄得第十九) 중, 기수(奇數 : 홀수) 번호가 '무명왈(無名曰)'의 십연(十演)이요, 우수(偶數 : 짝수) 번호가 '유명왈(有名曰)'의 구절(九折)이다.

선근(善根) 없는 자도 다 성불(成佛)한다
— 축도생전(竺道生傳)

축도생(竺道生)의 속성(俗姓)은 위씨(魏氏)요, 거록(鉅鹿) 사람이었으나 팽성(彭城)에 임시로 살고 있었다.

집안은 대대로 선비의 신분으로서 그의 부친은 광척(廣戚)의 영(令)을 지냈으며, 향리(鄕里)에서는 선행(善行)하는 사람으로 알려져 있었다.

도생(道生)은 어려서부터 재주와 지혜가 뛰어나고 총명과 영철(英哲)함이 귀신 같다고 하였다. 아버지는 아들이 보통 인물이 아님을 알고 특별히 귀여워하였다.

그 뒤 사문(沙門) 축법태(竺法汰)를 만나 세속의 생활을 버리고 불문(佛門)에 귀의(歸依)하여 그의 가르침을 받았다.

법문(法門)에 든 이래로 그의 총명은 더욱 두드러지게 번득여 경전(經典)의 뜻을 구명(究明)하면 즉석에서 이해하였다.

학문에 뜻을 두는 지우학(志于學)의 나이인 열 다섯이 되었을 때는 벌써 강단(講壇)에 올라 강의를 할 정도가 되었다.

그의 문답(問答)과 응수(應酬)하는 말은 구슬보다 맑아 알려진 학승(學僧)들이나 당대의 명사(名士)들도 모두 그 앞에서는 뜻이 꺾여 말을 잃고 응수하려고 하는 사람이 없었다.

나이가 차서 구족계(具足戒)를 받은 뒤에는 그의 인물됨과 식견(識見)이 날이 갈수록 깊어갔고, 품성(品性)과 기지(機智)는 풍부해져서 그의 정신과 기운은 맑고도 온화했다.

처음으로 여산(廬山)에 들어갔을 시절에는 그윽하고 깊숙한 곳에 숨어 지내기 7년 동안 오로지 마음 본래의 자리를 구하였다.
 항상 입도(入道)의 요체는 올바른 지혜를 얻는 것이 근본이라고 생각하여 모든 경전을 연구하고 가지가지의 논장(論藏)을 검토하였으며, 법(法)을 구하는 길이라면 만리도 멀다 하지 않고, 피로 따위는 전혀 마음에 두지 않았다.
 그 뒤에 혜예(慧叡)·혜엄(慧嚴) 등과 함께 장안(長安)에 유학(遊學)하여 구마라습을 따라 가르침을 받았다. 관중(關中)의 승려들은 모두 그의 이해력을 귀신 같다고 칭찬하였다.
 도생은 여러 날을 두고 깊은 생각에 잠겨 심사숙고한 결과 언외(言外)의 깊은 뜻을 깨달았다.
 그러고는 깊은 숨을 내쉬면서
 "대체로 형상이란 그것에 의하여 의미를 나타내고자 하는 것이다. 의미를 얻고 나면 말의 역할은 끝나는 것이다. 경전이 동방으로 흘러들어 온 이래 번역하는 사람은 이중(二重) 삼중(三重)으로 장애가 되고, 또 문자로 나타내는 것에 구애됨이 많아, 완전한 의미를 파악할 수 있는 것이 적었다.
 만약 통발을 잃고 물고기를 잡는다면 그것이야말로 도(道)를 말할 수 있을 것이다."
라고 말하고는, 진실의 도리(道理)와 세속의 도리를 끌어다 비교하여 그 원인과 결과의 관계를 깊이 생각해서 '선(善)을 행해도 좋은 과보(果報)를 받지 못한다.'라거나, '순간의 개오(開悟)로도 성불(成佛)한다.' 등의 견해를 보였다.
 그리고 '이체론(二諦論)', 불성(佛性)은 마땅히 있다는 '불성당유론(佛性當有論)', 법신(法身)에는 색(色)이 없다는 '법신무색론(法身無色論)', 부처에게는 정토(淨土)가 없다는 '불무정토론(佛無淨土論)', 응당 연(緣)이 있다는 '응유연론(應有緣論)' 등을 저술하였다.
 옛날 학설을 포함시키고 거기다가 깊은 뜻을 채웠다. 문자에 얽

매여 그것을 굳게 지키는 사람들은 대체로 그를 미워하고 시기하여, 각처에서 헐뜯고 깎아내는 소리가 빗발치듯 하였다.

여섯 권으로 된 '이원경(泥洹經)'이 경사(京師)로 먼저 들어오니 도생은 그 경전을 세밀하게 검토하여 깊고도 미묘(微妙)한 뜻을 구명하여, 열반(涅槃)을 원하지 않는 사람이라도 다 성불(成佛)할 수 있다고 설(說)하였다.

그 때는 아직 '열반경(涅槃經)'의 큰 책이 전해지지 않고 겨우 한 가닥 밝음이 등불처럼 비치고 있을 때였으므로 독특한 그의 견해는 여러 사람들의 생각에 거슬렸다.

종래의 학자들은 그의 설(說)을 사설(邪說)이라고 비방하고 분개하였는데, 그것이 점차로 심해져 마침내 모든 승려들이 그것을 분명하게 밝혀 그를 배척하고자 했다.

도생은 승려들이 모인 자리로 들어가 정좌하고 맹세했다.

"만약 내 말이 경전의 본뜻에 배반된다면 꼭 이 몸이 병에 걸리기를 바란다. 만약 내 말이 실상에 어긋나지 않는다면 꼭 나의 한 생애를 마친 뒤에 이 몸이 사자좌(獅子座)에 앉게 되기를 바란다."

라고 말을 마치고 승복을 벗어 던지고는 그 지방을 떠났다.

처음 오(吳)나라 호구산(虎丘山)에 의거했는데, 채 열흘도 되기 전에 따라 배우겠다고 모인 사람이 수백 명에 이르렀다.

그 해 여름에 뇌성벽력(雷聲霹靂)이 요란해서 청원(靑園)의 불전(佛殿)이 뒤흔들렸다. 그 때 한 마리 용이 나타나 하늘로 오르면서 발하는 광채가 서쪽 벽을 비췄다. 그래서 절 이름을 고쳐 용광사(龍光寺)라고 하였다.

당시 사람들이 개탄하여 말했다.

"용이 가버렸으니 도생은 반드시 절을 떠나게 될 것이다."

과연 얼마 있다가 도생은 여산(廬山)으로 자리를 옮겨 가 암봉(巖峯) 위에서 수행(修行)하였다. 산중의 승려들은 모두 그를 공경하여 따랐다.

그 뒤 '열반경'의 큰 책이 남조(南朝)의 도성(都城)으로 들어왔는데 과연 생각했던 대로 열반(涅槃)을 구하지 않는 사람들도 다 불성(佛性)을 갖추고 있다고 서술되어 있었다.

도생이 이전에 설(說)한 내용과 일치되어, 마치 나누어진 부신(符信)을 가져다 맞추는 것과 같았다. 도생은 이 경전을 손에 넣고는 계속해서 강설(講說)하였다.

송(宋) 원가(元嘉) 11년(434) 겨울, 11월 경자일(庚子日)에 여산(廬山)의 정사(精舍)에서 법상(法床)에 올라앉았다. 안색은 티 없이 맑게 개어 있었고, 음성은 청정하게 울려 퍼졌다.

논(論)하기 몇 차례, 도리를 다하고 미묘를 궁구하였으므로 열좌(列坐)한 청중은 모두 마음 깊이 기쁨을 맛보았다.

설법(說法)이 막 끝났을 때 갑자기 손에 쥐고 있던 주미(麈尾)가 뚝 떨어졌다.

단정하게 앉아 있는 자세가 흐트러지지 않은 채 책상에 기대어 입적(入寂)한 것이다. 안색이 평소와 조금도 다르지 않아 마치 선정(禪定)에 든 것 같은 모습이었다.

승려도 속인(俗人)도, 멀리 있는 자도 가까이 있는 자도 모두 놀라고 슬픔에 잠겨 울었다. 먼저 도성에서 그를 비방하던 승려들도 마음속으로 부끄럽게 여겨 스스로 자신들의 잘못을 뉘우치고 그를 신복(信服)하였다.

그의 뛰어나게 영묘(靈妙)한 감식력(鑑識力)은 이와 같은 상서로운 징후를 보였던 것이다.

여산 언덕에 장사하였다.

竺道生 本姓魏 鉅鹿[1]人 寓居彭城[2] 家世仕族 父爲廣戚[3]令 鄕里稱爲善人 生幼而穎悟 聰哲若神 其父知非凡器 愛而異之 後值沙門竺法汰[4] 遂改俗歸依 伏膺受業 旣踐法門 俊思奇拔 硏味句義 卽自開解 故年在志學 便登講座 吐納問辯 辭淸珠玉 雖宿望學僧當

世名士 皆慮挫詞窮 莫敢酬抗 年至具戒 器鑒日深 性度機警 神氣淸穆 初入廬山 幽棲七年 以求其志 常以入道之要 慧解爲本 故鑽仰群經 斟酌雜論 萬里隨法 不憚疲苦 後與慧叡慧嚴[5] 同遊長安 從什公受業 關中僧衆 咸謂神悟

生旣潛思日久 徹悟言外 迺喟然歎曰 夫象以盡意 得意則象忘[6] 言以詮理 入理則言息 自經典東流 譯人重阻 多守滯文 鮮見圓義 若忘筌取魚[7] 始可與言道矣 於是校閱眞俗 硏思因果 迺立善不受報 頓悟成佛 又著二諦論 佛性當有論 法身無色論 佛無淨土論 應有緣論等 籠罩舊說 妙有淵旨 而守文之徒 多生嫌嫉 與奪之聲 紛然競起

又六卷泥洹[8]先至京師 生剖析經理 洞入幽微 迺說阿闡提人[9]皆得成佛 于時大本[10]未傳 孤明先發 獨見忤衆 於是舊學以爲邪說 譏憤滋甚 遂顯大衆 擯而遣之 生於大衆中 正容誓曰 若我所說 反於經義者 請於現身卽表癘疾 若與實相 不相違背者 願捨壽之時 據師子座 言竟 拂衣而遊 初投吳之虎丘山 旬日之中 學徒數百 其年夏 雷震靑園佛殿 龍昇于天 光影西壁 因改寺名 號曰龍光 時人歎曰 龍旣已去 生必行矣 俄而投迹廬山 銷影巖岫 山中僧衆 咸共敬服 後涅槃大本至于南京 果稱闡提悉有佛性 與前所說 合若符契 生旣獲斯經 尋卽講說 以宋元嘉十一年冬十一月庚子 於廬山精舍 昇于法座 神色開朗 德音俊發 論議數番 窮理盡妙 觀聽之衆 莫不悟悅 法席將畢 忽見麈尾紛然而墜 端坐正容 隱几而卒 顔色不異 似若入定 道俗嗟駭 遠近悲泣 於是京邑諸僧 內慚自疚 追而信服 其神鑒之至 徵瑞如此 仍葬廬山之阜

1) 鉅鹿(거록):하북성(河北省)에 있는 지명.
2) 彭城(팽성):강소성(江蘇省) 서주(徐州)의 남쪽 지방.
3) 廣戚(광척):강소성(江蘇省) 패현(沛縣)의 동쪽 지방.
4) 竺法汰(축법태):석도안(釋道安)과 동문(同門). 도안과 행(行)을 달리한 뒤, 심무의(心無義)를 널리 펴는 도항(道恒)을 비판하여 제자 담일(曇一)

에게 논파(論破)하게 하였으나 뜻을 이루지 못하고, 가끔 도안으로부터 병문안의 심부름을 오는 석혜원(釋慧遠)의 도움을 받아 심무의(心無義)를 논파할 수 있었다. '방광반야경(放光般若經)' 연구에 정통(精通)하였다. 원전(原典) '고승전(高僧傳)' 권5에 전기가 있다.

5) 慧叡慧嚴(혜예혜엄) : 원전(原典) '고승전' 권7에 축도생(竺道生)에 이어서 전기가 있다.

6) 象以盡意得意則象忘(상이진의득의즉상망) : '주역(周易)' 계사전(繫辭傳) 상(上)에 '자왈(子曰) 서부진언(書不盡言) 언부진의(言不盡意) 연즉성인지의(然則聖人之意) 기불가견호(其不可見乎) 자왈(子曰) 성인입상이진의(聖人立象以盡意) 설괘이진정위(設卦以盡情僞) 계사언이진기언(繫辭焉以盡其言)'이라고 한 말을 근거로 한 말이다.

7) 若忘筌取魚(약망전취어) : '장자' 외물편(外物篇)에 '전자소이재어(筌者所以在魚) 득어이망전(得魚而忘筌) 제자소이재토(蹄者所以在兔) 득토이망제(得兔而忘蹄) 언자소이재의(言者所以在意) 득의이망언(得意而忘言) 오안득부망언지인이여지언재(吾安得夫忘言之人而與之言哉)'라는 말을 근거로 한 말이다. 혹은 왕필(王弼)의 '주역약례(周易略例)' 명상(明象)의 글을 근거로 하였는지도 모른다.

8) 六卷泥洹(육권이원) : '출삼장기집(出三藏記集)' 권 제2에 진(晉) 의희(義熙) 13년 11월 1일에 도량사(道場寺)에서 역출(譯出)된 '대반이원(大般泥洹)' 6권을 실었는데, 그것을 말하는 것이리라. 이른바 법현(法顯)의 번역이다. '출삼장기집(出三藏記集)' 권 제9의 육권이원기제십팔(六卷泥洹記第十八)에 중국으로의 전래(傳來)가 소개되어 있다.

9) 阿闡提人(아천제인) : 일천제(一闡提)를 말하는 것으로 불법(佛法)을 믿지 않는 사람.

10) 大本(대본) : '출삼장기집' 권 제2에 위하서왕(僞河西王) 저거몽손(沮渠蒙遜)의 현시(玄始) 10년 10월 23일에 역출(譯出)된 '대반열반경' 36권이 실려 있는데 그것을 말하는 것이리라. 이른바 담무참(曇無讖)의 번역이다.

제3장 신이전(神異傳)

"부처를 섬기는 데에는
마음이 청정(淸淨)하여 욕심이 없고
자비심을 으뜸으로 여기는 것이 매우 중요합니다.
시주(施主)께서는 형식적으로는
큰 법(法)을 받드시지만,
탐욕과 인색한 마음은 아직 없어지지 않았습니다.
때없이 사냥을 즐기고
재물을 긁어모아 지칠 줄 모릅니다.
그렇게 해서는 반드시 현세(現世)에
죄를 받을 것입니다.
복된 과보 따위를 어찌 바랄 수 있겠습니까?"

제3장 신이전(神異傳)

내 위에 누가 또 있으랴

신이전은, 불법의 깊고 미묘(微妙)한 진리를 의심하여 선뜻 받아들이려 하지 않는 당시 사람들에게 불가사의(不可思議)한 이적(異蹟)을 보여줌으로써 그들을 심복(心服)하게 한, 두 고승의 전기(傳記)를 수록하였다.

내 위에 누가 또 있으랴, 라고 그 당당한 위세(威勢)를 자부하던 권력자들은 덕망(德望) 있는 승려들 앞에서, 부처의 가르침이 훌륭하다고는 하지만 그것이 대체 어떤 영검(靈驗)이 있다는 것이냐고 뽐냈을 것이다.

그러다 설법(說法)을 듣고 과연 불법(佛法)이 광대(廣大)하고 심묘(深妙)하다는 데에 경탄(驚歎)하였을 것이다. 그러나 한 걸음 들어가서는 득심(得心)되지 않고 반신반의(半信半疑)의 상태로, 생각 없이 또는 모르는 결에 다시 예전의 말을 하게 되는 일은 비단 권력자에게 한(限)하는 일은 아니었을 것이다.

그래서 공자(孔子)도 제자들이 묻는 말에
"아직 이 세상 사람들을 섬기는 일도 제대로 다하지 못하면서 어찌 귀신 따위를 섬기겠느냐. 아직 이 세상을 살아가는 것도 다 알 수 없는데 어찌 죽음에 대한 일을 알 수 있겠느냐."
라고 대답했고, 또 묵자(墨子)도

"말을 하는 데에는 세 가지 기준(基準)이 필요하다. 첫째 옛날 성왕(聖王)들의 사적(事蹟)에 근본을 두고 있는가 어떤가, 둘째 많은 사람들이 경험한 사실에 부합되는가 어떤가, 셋째 그것을 행함으로써 국가 사회나 백성 모두에게 이익이 돌아올 것인가 어떤가를 생각해야 한다."
라고 말한 것이 떠오른다.

이러한 논리가 상당한 영향을 미치는 것이 지식인들의 세계요, 그러한 지식과 관계 없는 일반 서민 사회에 이르러서는 더더욱 고상한 이론보다 명백한 사실이 중시되었을 것이다.

예컨대 손권(孫權)이 기도에 의해 얻어진 불사리(佛舍利)가 금강석(金剛石)으로 내려쳐도 부숴지지 않는 것을 보고 탄복하였고, 손호(孫皓)가 금불상(金佛像)을 더럽게 욕보인 벌(罰)을 받고 놀라 마음을 고쳤으며, 석륵(石勒)이 불도징(佛圖澄)의 도술(道術)을 보고 신복(信服)하였다는 등과 같은, 신기한 이적(異蹟)이나 영검(靈驗)이 사람들의 신앙심을 일으키게 한 사례가 적지 않다.

동진 시대(東晉時代)를 대표하던 지식인의 한 사람인 습착치(習鑿齒)가 저명한 귀족인 사안(謝安)에게 보낸 편지 속에서 석도안(釋道安)을 언급하여

"그의 제자는 수백 명에 달하며 재계(齋戒)와 강경(講經)에 힘쓰는데, 불가사의한 술법(術法)으로 대중의 이목(耳目)을 현혹시키는 일도 없고, 엄숙한 위세(威勢)를 내세워 여러 가지 견해를 통제하는 일도 없으면서, 스승과 제자 사이는 숙연(肅然)하게 서로 존경하고 있다."
라고 말한 것도, 당시의 많은 승려들이 사람들의 신앙심을 일으키게 하기 위한 수단으로 신이(神異)와 영검에 의하고 있었다는 사실을 증명하는 것이다.

신기한 이적(異蹟)이나 영검 따위가, 부처가 설(說)하여 밝힌

깊은 뜻 그것은 아니다.

 깊은 뜻을 깨달아 체득(體得)한 사람에게는 저절로 체현(體現)되는 것으로, 깊은 뜻으로 사람들을 유도(誘導)해 가기 위해서는 불가사의한 술법도 필요한 것이다. 대중의 이목을 현혹시킨다는 이유만으로 그것을 묻어 버릴 것은 아니다.

 만일 유효(有效)하게 활용된다면, 불신자(不信者)에게 뿌리 깊게 존재하는 오만한 마음을 억누르며 모멸(侮蔑)의 뜻을 깨뜨리고 흉포(凶暴)한 생각을 꺾어 미혹(迷惑)의 염(念)을 없애는 데에 이보다 유효한 방법은 없을 것이다.

 설하여 가르치는 도리가 부합되는가 어떤가 그것이 중요하다는 것은 말할 필요도 없지만, 이왕 사람에게 설하는 바에는 확실하게 그 사람을 구원하는 일이 그 가르침이라고 할 것이다.

 본래부터 정도(正道)는 아니고, 약간의 방편을 써서 가르치는 일이지만, 신이(神異)나 영검은 진실한 부처의 가르침에서 어느 것과도 바꿀 수 없는 증명인 것이다.

 부처의 심원(深遠)한 도리를 비근(卑近)한 도술(道術)로써 나타내는 데에 그치지 않고, 계율을 엄수하고 종지(宗旨)를 강설(講說)하여 석도안(釋道安)이나 축법아(竺法雅)와 같은 많은 인재를 육성(育成)한 불도징(佛圖澄)이야말로 신기한 이적이 무엇인가를 분별한 고승의 으뜸으로 치켜세울 만하다.

 나무로 만든 술잔을 타고 신출귀몰한 배도(杯度)를 들어, 신기한 승(僧)이 가진 영적(靈跡)의 일단을 엿볼 수 있다.

도술로써 징험을 보였다
— 축불도징전(竺佛圖澄傳)

축불도징(竺佛圖澄)은 서역(西域) 사람으로, 본래 속성(俗性)은 백씨(帛氏)였다. 어려서 출가(出家)하여 맑고 깨끗한 생활을 지키면서 학업에 힘써 경전(經典)을 독송하기 수백만 언(數百萬言)에 미치며 문장의 뜻을 잘 이해하였다.

중국 땅의 유서(儒書)나 사적(史籍)은 읽지 않았지만 학자들과 의혹(疑惑)이나 난삽하여 이해하기 어려운 대문을 서로 논변(論辯)하더라도 모두 어둠 속에서도 부절(符節)을 맞춰 꼭 들어맞 듯이 일치하여, 그를 굴복시킬 사람이 없었다.

진(晉)나라 회제(懷帝) 영가(永嘉) 4년(310)에 중국으로 와서 낙양(落陽)에 이르러 크게 불법을 넓히고자 생각하였다.

불가사의(不可思議)한 주문(呪文)을 외워 귀신이나 정령(精靈)들을 자유자재(自由自在)로 부리고, 삼씨기름을 연지(燕脂)에 섞어 개어서 불을 밝히면 천리 밖 저 먼 곳에서 벌어지는 사건들도 모두 손바닥 안에 꿰뚫어 볼 수 있어 마치 직접 눈으로 보는 것과 같았다.

결재(潔齋 : 심신을 수양하고 목욕재계함)한 사람에게도 이 광경을 보일 수 있었다. 방울소리를 듣고 사건을 예언(豫言)하였는데 어떤 사소한 일이라도 맞추지 못하는 것이 없었다.

그 때 석륵(石勒)이 갈파(葛陂)에 주둔하여 제멋대로 살육(殺戮)을 일삼으면서 위세를 떨쳐 사문(沙門)으로서 위해(危害)를 입은 사람이 매우 많았다.

이에 불도징은 사람들의 운명을 가엾게 여겨, 부처님의 도(道)로써 석륵을 교화시켜야겠다고 생각하여, 석장(錫杖)을 짚고 석륵의 군문(軍門)으로 찾아갔다.

석륵의 대장군 곽흑략(郭黑略)은 이전부터 불법을 신봉하고 있었으므로 불도징은 곽흑략의 집에서 지냈다. 곽흑략은 불도징에게 오계(五戒)를 받고 제자로서의 예(禮)를 다하였다.

곽흑략은 그 뒤로 석륵을 따라 정벌(正伐)에 나설 때에는 언제나 미리 이기고 질 것을 알고 있었다.

석륵이 이상하게 여겨 물었다.

"내가 보기에 그대에게는 뛰어난 지모(智謀)가 별로 있어 보이지 않는다. 그렇건만 언제나 작전(作戰)의 길흉(吉凶)을 맞출 수 있는 까닭은 무엇인가."

이에 곽흑략이 대답했다.

"장군께서는 하늘 같고 신 같은 무용(武勇)을 갖추고, 신령의 가호(加護)를 받는 분이십니다.

여기 사문(沙門) 한 사람이 있는데 보통 사람과는 아주 다른 술법(術法)과 지혜를 갖추고 있습니다. 그의 말에 의하면 장군이야말로 중화(中華)를 다스리실 분이라고 합니다. 그를 군사(軍師)로 삼으심이 어떠하실지요. 제가 근자에 말씀 드린 모든 것은 그에게서 나온 말입니다."

이 말을 들은 석륵은 몹시 기뻐하여

"하늘이 준 선물이다."

라고 하고는, 불도징을 직접 불러 물었다.

"불도에는 어떤 영검이 있는가."

불도징은 석륵이 심원(深遠)한 도리를 알 까닭이 없으므로 도술로써 징험(徵驗)을 보이리라 생각하였다.

"궁극적인 이치는 높고 멉니다만 신변 가까이서 확인할 수가 있습니다."

그는, 곧 바리때를 손에 들고 거기다가 물을 붓고는, 향을 피우고 주문을 외웠다. 그랬더니 잠깐 사이에 푸른 연꽃이 피어나 눈부실 정도로 광채가 찬란하였다.

석륵은 이것을 근거로 해서 불교를 믿고 복종하였다.

불도징은 그것을 기회로 삼아 충고했다.

"왕자(王者)의 덕(德)이 우주에 가득 차면 네 가지 상서로운 영물(靈物)이 나타납니다. 만약 정도(正道)를 잃고 정치가 어지러워지면 하늘에 불길한 별이 나타납니다.

정해진 천상(天象)은 일목요연(一目瞭然)하여 길(吉)한 일과 흉(凶)한 일은 그것에 따라 생기는 것입니다. 이것은 예나 지금이나 변하지 않는 징험이요, 하늘과 사람 누구에게나 두루 통하는 밝은 경계입니다."

이 말을 듣고 석륵은 몹시 기뻐하였다.

석륵의 뒤를 이은 석호(石虎)가 불도징에게

"불법(佛法)이란 어떤 것인가."

하고 묻자, 불도징이 대답했다.

"불법이란 살생(殺生)하지 않는 것입니다."

석호가 다시 물었다.

"짐은 천하의 주인이다. 형벌이나 살육에 의하지 않고는 세상을 엄격하게 다스릴 수 없다. 이미 계율(戒律)에 어긋나게 많은 생명을 죽였는데, 이제 새삼스럽게 부처를 섬긴다고 해서 복되고 상서로운 일이 내게 돌아오겠는가."

불도징이 대답했다.

"제왕(帝王)이 부처를 섬기는 데에는 어쨌든 마음가짐이 중요합니다. 몸과 마음을 공순히 하여 불(佛) 법(法) 승(僧) 삼보(三寶)를 밝게 드러내며 포학한 짓을 행하지 않고 죄 없는 사람의 목숨을 상하게 하지 않는 것입니다.

본래 흉포(凶暴)하고 불량한 무리들의 경우는 아무리 교화(敎

化)시켜도 선도(善導)할 수가 없는 것입니다. 이런 무리가 죄를 지었을 때는 죽이지 않을 수 없습니다. 악(惡)을 저지른 자에게는 형벌을 가해야 합니다.

다만 죽여야 할 만한 자만 골라 죽이고 형벌을 가해야 할 만한 자만 가려서 벌 주어야 합니다.

만약 포학한 짓을 멋대로 해서 형벌을 가할 일이 아닌 자까지 살해하는 일이 있다면, 가령 온 재산을 통틀어 바치면서 불법을 받든다 하더라도 앙화(殃禍)를 풀어 없앨 수 없는 것입니다.

원하옵건대 폐하께서는 욕망을 억제하고 자비심을 일으켜 널리 일체 중생(衆生)에게 미치도록 하시기 바랍니다.

그렇게 하신다면 부처의 가르침으로 영원히 융성하고 복되고 상서로운 일이 먼 후세까지 이어질 것입니다.”

이 말을 들은 석호는 전부를 따를 수는 없다 하더라도 적지 않은 이득이 있을 것이라고 생각하였다.

석호의 상서(尙書) 장리(張離)와 장량(張良)은 유복(裕福)한 집안 사람들로, 부처를 섬겨 각각 큰 탑(塔)을 세웠다.

그러나 불도징은 그들에게 말했다.

“부처를 섬기는 데에는 마음이 청정(淸淨)하여 욕심이 없고 자비심을 으뜸으로 여기는 것이 매우 중요합니다. 시주(施主)께서는 형식적으로는 큰 법(法)을 받드시지만, 탐욕과 인색한 마음은 아직 없어지지 않았습니다.

때없이 사냥을 즐기고 재물을 긁어모아 지칠 줄 모릅니다. 그렇게 해서는 반드시 현세(現世)에 죄를 받을 것입니다. 복된 과보 따위를 어찌 바랄 수 있겠습니까.”

과연 장리와 장량은 그 뒤 다같이 멸망하고 말았다.

불도징이 석호에게 말했다.

“나오면 살고 들어가면 죽는 것, 이것이 도(道)의 상(常)입니다. 장수냐 단명이냐 하는 명은 이미 정해져 있어 사람의 힘으로는 늘릴 수 없는 것입니다. 도는 완전한 행위를 뜻하고 덕(德)은 노력의 지속을 존중합니다.
 만약 평생의 행위에 조그만큼도 결함이 없다면 가령 죽었다 해도 죽은 것이 아니고, 살아 있는 것과 같습니다. 행위는 바르지 못하면서 목숨만 연장하고자 하는 일은 내가 바라는 바가 아닙니다.
 이제 마음에 남는 것은 국가로서는 마음을 불리(佛理)에 기울여 오로지 법(法)을 신봉하고, 사묘(寺廟)를 세워 장중하고 화려하기 이를 데 없으니 그 공덕으로 말한다면 큰 행운을 받아 마땅합니다.
 그러나 정치는 사납기 그지없고 형벌은 빈번한 데다 더없이 잔인하여, 현세에서는 성전(聖典)에 어긋나고 저 세상을 지배하는 불법의 훈계에도 벗어나니, 나아가 마음을 고치지 않으면 결국 복을 받을 수 없다고 생각됩니다.
 만약 거만한 마음과 잘난 체하는 마음을 억제하고 그릇된 생각을 바꾸어 일반 백성들에게 혜택을 베푼다면 국운(國運)은 오래오래 뻗어나고 도인(道人)이나 속인(俗人)에게 다함께 경사스러운 일이겠습니다. 그렇게 된다면 지금 목숨을 마치고 생을 다하여 세상을 뜬다 해도 아무런 한(恨)이 없겠습니다."
 석호는 비탄(悲嘆)에 잠겨 흐느껴 울었다. 불도징이 꼭 세상을 떠날 것이라는 것을 알고는 곧 그를 위하여 광중(壙中)을 파고 무덤을 만들었다.
 12월 8일에 업(鄴)의 왕궁(王宮) 안에 있는 절에서 입적(入寂)하였다. 해는 진(晉) 목제(穆帝)의 영화(永和) 4년(348)이었다. 사인(士人)이나 일반 백성이나 모두 탄식하여 슬퍼했으며, 소리내어 울면서 회장(會葬)에 모인 자가 나라의 반을 넘었다. 그 때의 춘추(春秋)는 117세였다.
 불도징은 신장이 8척(尺)으로 자세가 전아(典雅)하였다. 심원(深遠)한 경전(經典)의 뜻을 자유자재로 풀어서 밝히고, 세속의 의론(議論)에도 널리 통달하였다. 강설(講說)하는 날에는 핵심(核心)을 찌를 뿐이었으나 문장의 뜻을 수미일관(首尾一貫)하게 분명히 이해시켰다.

불조(佛調)나 수보리(須菩提) 등 수십 명의 승려는 모두 천축(天竺)이나 강거(康居) 출신이었는데, 수만 리 길을 멀다 하지 않고 걸어서 유사(流沙: 사막)를 건너 불도징에게 와서 가르침을 받았다.

번면(樊沔)의 석도안(釋道安)과 중산(中山)의 축법아(竺法雅)는 함께 관(關)을 넘고 강을 건너 찾아와서 불도징의 강설(講說)을 듣고, 그 정교하고 치밀한 이론에 훌륭하게 통달하여 유수(幽邃)하고 미묘한 진리를 연구하였다.

불도징 자신이 말했다.

"태어난 곳은 업(鄴)에서 9만여 리나 떨어져 있고, 집을 버리고 도(道)에 든 지 109년이다. 술을 입에 댄 적 없고 한낮이 지나서는 음식을 먹지 않았고, 계율(戒律)에 맞지 않은 일은 행하지 않았으며, 하고자 하는 일도 구하고자 하는 일도 없다."

불도징에게 가르침을 받으며 따르는 사람은 언제나 수백 명이었으니, 전후를 합쳐서 문도(門徒)가 1만 명 정도는 된다.

또 그가 돌아다닌 주군(州郡)에서 불사(佛寺)를 건립한 것이 893곳이나 된다. 홍법(弘法)의 성대(盛大)함이 이전에는 그와 어깨를 겨룰 만한 사람이 없었다.

竺佛圖澄[1]者 西域人也 本姓帛氏 少出家 清眞務學 誦經數百萬言 善解文義 雖未讀此士儒史 而與諸學士 論辯疑滯 皆闇若符契 無能屈者 以晉懷帝永嘉四年 來適洛陽 志弘大法 善誦神呪 能役使鬼物 以麻油雜胭脂塗掌 千里外事 皆徹見掌中 如對面焉 亦能令潔齋者見 又聽鈴音以言事 無不劾驗 時石勒[2]屯兵葛陂[3] 專以殺戮爲威 沙門遇害者甚衆 澄憫念蒼生 欲以道化勒 於是杖策到軍門

勒大將軍郭黑略⁴⁾素奉法 澄卽投止略家 略從受五戒 崇弟子之禮 略後從勒征伐 輒預剋勝負 勒疑而問曰 孤不覺卿有出衆智謀 而每知行軍吉凶 何也 略曰 將軍天挺神武 幽靈所助 有沙門 術智非常 云 將軍當略有區夏⁵⁾ 已應爲師 臣前後所白 皆其言也 勒喜曰 天賜也 召澄問曰 佛道有何靈驗 澄知勒不達深理 正可以道術爲徵 因而言曰 至道雖遠 亦可以近事爲證 卽取應器盛水 燒香呪之 須臾生靑蓮花 光色曜目 勒由此信服 澄因而諫曰 夫王者德化 洽於宇內 則四靈⁶⁾表瑞 政弊道消 則彗孛見於上 恒象著見 休咎隨行⁷⁾ 斯迺古今之常徵 天人之明誡 勒甚悅之

虎⁸⁾常問澄 佛法云何 澄曰 佛法不殺 (虎曰) 朕爲天下之主 非刑殺 無以肅淸海內 旣違戒殺生 雖復事佛 詎獲福耶 澄曰 帝王之事佛 當在心 體恭心順 顯暢三寶⁹⁾ 不爲暴虐 不害無辜 至於凶愚無賴 非化所遷 有罪不得不殺 有惡不得不刑 但當殺可殺 刑可刑耳 若暴虐恣意 殺害非罪 雖復傾財事法 無解殃禍 願陛下 省欲興慈 廣及一切 則佛敎永隆 福祚方遠 虎雖不能盡從 而爲益不少 虎尙書張離¹⁰⁾ 張良¹¹⁾ 家富事佛 各起大塔 澄謂曰 事佛在於淸靖無欲 慈矜爲心 檀越雖儀奉大法 而貪悋未已 遊獵無度 積聚不窮 方受現世之罪 何福報之可悕耶 離等後竝被戮滅

澄謂虎曰¹²⁾ 出生入死 道之常也 脩短分定 非人能延 道重行全 德貴無怠 苟業操無虧 雖亡若在 違而獲延 非其所願 今意未盡者 以國家心存佛理 奉法無吝 興起寺廟 崇顯壯麗 稱斯德也 宜享休祉 而布政猛烈 淫刑酷濫 顯違聖典 幽背法誡 不自懲革 終無福祐 若降心易慮 惠此下民 則國祚延長 道俗慶賴 畢命就盡 沒無遺恨 虎悲慟嗚咽 知其必逝 卽爲鑿壙營墳 至十二月八日 卒於鄴¹³⁾宮寺 是歲晉穆帝永和四年也 士庶悲哀 號赴傾國 春秋一百一十七矣

澄身長八尺 風姿詳雅 妙解深經 傍通世論 講說之日 止標宗致 使始末文言 昭然可了 佛調¹⁴⁾ 須菩提¹⁵⁾等 數十名僧 皆出自天竺康居 不遠數萬之路 足涉流沙 詣澄受訓 樊沔釋道安 中山竺法雅¹⁶⁾ 竝

跨越關河 聽澄講說 皆妙達精理 研測幽微 澄自說[17] 生處去鄴九萬
餘里 棄家入道 一百九年 酒不踰齒 過中不食[18] 非戒不履 無欲無
求 受業追遊 常有數百 前後門徒 幾且一萬 所歷州郡 興立佛寺 八
百九十三所 弘法之盛 莫與先矣

1) 佛圖澄(불도징) : Buddhacinga의 음역(音譯).
2) 石勒(석륵) : 5호16국(五胡十六國)의 하나인 후조(後趙)의 시조 갈족(羯
   族) 출신으로, 본래 노예였으며 도둑이었는데 전조(前趙)의 유연(劉淵)밑
   에서 장군으로 활약하다가 나중에 이반(離反)하여 양국(襄國)에 도읍하고
   한때 강북(江北)을 지배하였다. 자(字)는 세룡(世龍).
3) 葛陂(갈파) : 하남성(河南省) 신채현(新蔡縣)의 북방.
4) 郭黑略(곽흑략) : 석륵군(石勒軍)의 중추인 18기(十八騎)의 한 사람.
5) 夏(하) : 중화(中華). 중국을 말한다.
6) 四靈(사령) : 기린(麒麟) 봉황(鳳凰) 거북(龜) 용(龍)의 네 가지 영물(靈
   物). 또는 동서남북을 각각 맡아서 다스린다는 청룡(靑龍) 백호(白虎) 주작
   (朱雀 : 봉황) 현무(玄武 : 거북)의 사신(四神)을 가리키기도 한다.
7) 恒象著見休咎隨行(항상저현휴구수행) : 이른바 천인상감(天人相感) 음양
   재이(陰陽災異)의 논(論)이다.
8) 虎(호) : 석호(石虎)를 말한다. 후조(後趙)의 시조인 석륵(石勒)의 아들로
   석륵의 뒤를 이어 후조의 황제가 되었다.
9) 三寶(삼보) : 불(佛) 법(法) 승(僧).
10) 張離(장리) : 미상(未詳).
11) 張良(장량) : 미상.
12) 澄謂虎曰(징위호왈) : 불도징이 석호에게 한 말. 이 말은 노장적(老莊的)
    운명관(運命觀)과 유가적(儒家的) 실천관(實踐觀)을 뒤섞어 불가(佛家)
    의 인과응보관(因果應報觀)을 보인 것으로, 위정자(爲政者)의 스승으로 있
    는 승려의 사상을 여실하게 엿볼 수 있게 한다.
13) 鄴(업) : 하남성(河南省) 임장현(臨漳縣)의 서쪽.
14) 佛調(불조) : '법경경(法鏡經)' '십혜(十慧)'를 번역한 엄불조(嚴佛調)

와는 다른 사람이다. 원전(原典) '고승정' 권9.
15) 須菩提(수보리) : Subhūti. 미상(未詳). 석가모니의 4대 제자중 한 사람으로 해공제일(解空第一)이라고 일컬어지며, 반야경전(般若經典)의 대고자(對告者)로 등장하는 인물과는 동명이인(同名異人).
16) 竺法雅(축법아) : 외전(外典)과 불경(佛經)을 대조하여 상응(相應)시켜 불교 교리를 이해시킨다고 하는 격의불교(格義佛敎)를 추진한 사람으로 알려졌다. 원전(原典) '고승전' 권4.
17) 澄自說(징자설) : 불도징 자신의 말인데, 어디까지를 그 내용으로 하는 것인지 분명하지 않으나, 수업추유(受業追遊) 이하는 전기 작자의 기사(記事)로 보는 것이 좋을 듯하다.
18) 酒不踰齒過中不食(주불유치과중불식) : 대부분의 승려들이 범하기 쉬운 계율을 엄수하였음을 기록한 것으로, 불도징이 출가하여 엄격하게 수도 생활을 했음을 보여 준다.

불가사의한 주력(呪力)이 중병(重病)을 고쳤다
— 배도전(杯度傳)

배도(杯度)라는 사람은 성명이 무엇인지 알 길이 없다. 다만 언제나 나무로 만든 술잔을 타고 강물을 건넜으므로 그런 이름이 붙은 것이다.

처음에 기주(冀州) 땅에 나타났는데 자질구레한 행동거지(行動擧止)에 전연 신경쓰지 않았으며 이상한 힘을 지니고 있었다. 그래서 세상 사람들은 알 수 없는 사람이라고 했다.

어느 때 북쪽에 있는 한 집에 묵었는데, 그 집에 금으로 만든 불상(佛像) 하나가 있었다. 배도가 그것을 훔쳐 가지고 갔다.

집주인이 그 사실을 알고 쫓아갔는데 배도는 아무렇지 않은 듯 천천히 걸어가고 있었다. 그래서 주인이 말을 타고 쫓아갔건만 이내 따라잡지 못했다.

배도는 맹진하(孟津河)라는 강가에 이르러서는 나무로 만든 술잔을 물에 띄우고 거기에 올라타고 유유히 강을 건너는 것이었다. 바람에 의지하지도 않고 노를 젓지도 않건만 나는 듯이 가볍게 물을 건넜다. 어느덧 저쪽 기슭에 닿으니 곧바로 서울로 향하였다.

배도가 서울에 그 모습을 나타냈을 때는 나이 40정도였을 때다.

새끼를 허리띠로 두르고 거친 천으로 옷을 지어 입으면서 제대로 몸을 가리지 않았다. 이치에 맞지 않는 말을 잘 지껄이고 감정의 기복(起伏)이 격(激)하였다.

어떤 때는 두껍게 얼어붙은 얼음장을 깨고 그 속에 들어가 목욕하기도 하고, 어떤 때는 신발을 신은 채 침대 위로 올라가기도 하고, 어떤 때는 맨발로 저잣거리를 걸어다니기도 했다.

갈대로 만든 바구니 하나를 짊어졌을 뿐, 그 밖에는 아무것도 지닌 것이 없었다.

그 뒤 연보강(延步江)에 가고자 하여 강가에서 배를 기다리고 서 있는데, 사공이 배도를 보고 말했다.

"당신은 배를 태워 줄 수 없소."

그러자 배도가 나무로 만든 술잔에다 발을 얹고는 주위를 돌아 보면서 무엇이라고 웅얼거리니 술잔이 저절로 흘러나가 단숨에 북쪽 기슭에 닿았다.

그대로 나아가 광릉(廣陵)으로 향하였는데, 마을의 이씨(李氏) 집안에서 베푸는 팔관재(八關齋)를 만났다. 처음부터 주저하지 않고 재당(齋堂)으로 들어가 앉으면서 갈대로 만든 바구니를 마당 가운데 팽개쳐 버렸다.

사람들은 그의 모습이 너무도 초라해서 조금도 공경하는 마음을 가지지 않았다. 주인 이씨는 갈대 바구니가 길을 막아 가로 걸리는 모양을 보고 담장 곁으로 옮겨 놓으려 했는데 여러 사람이 들어도 무거워서 움직일 수가 없었다.

배도는 식사를 마치고 나서 바구니를 들고 나가며 웃으면서 말했다.

"사천왕(四天王)이 이씨 집안에 복을 갖다 줄 것이다."

마침 아이 하나가 배도의 바구니 속을 들여다보았는데 거기에는 네 어린이가 있었다. 모두 키는 몇 치씩밖에 안 되고 얼굴은 단정하며, 산뜻한 옷을 입고 있었다. 그 말을 듣고 모두 쫓아나가 그를 찾아보았으나 그의 행방은 이내 알 수가 없었다.

그로부터 사흘이 지난 뒤에 마을 서쪽 끝 울창하게 우거진 나무 그늘에 앉아 있는 그를 보았다. 이씨가 달려나가 그 앞에 엎드려 절하면서 제발 집으로 돌아와 달라고 청했다.

이렇게 해서 매일 음식을 바치면서 정중하게 대접했는데, 배도는 정진결재(精進潔齋)에는 조금도 뜻을 두지 않고 술을 마시고 고기를 먹곤 했다. 매운 음식을 먹고 비린 음식을 먹는 것은 속인들과 조금도 다르지 않았고, 사람들이 바치는 것을 받기도 하고 받지 않기도 했다.

팽성(彭城)에 이르렀을 때 재가신자(在家信者) 황흔(黃欣)이라는 사람이 진심으로 불법(佛法)을 신봉하고 있었는데, 배도를 보자 그에게 예배하면서 자기 집에 머물러 달라고 간청하였다.

그의 집은 아주 가난해서 배도에게 늘 보리밥만 대접했는데, 그래도 배도는 맛있다며 좋아했다.

한 반년 정도 묵다가 어느 때 갑자기 황흔에게

"갈대로 엮은 바구니 36개를 구해 주시오 나는 그것을 쓸 데가 있소"

라고 하여, 황흔이 대답했다.

"저희 집에 마침 열 개가 있습니다. 집이 가난해서 그 이상은 마련할 능력이 없습니다. 전부를 다 갖추기는 어렵겠습니다."

그랬더니 배도가

"그대는 잘 찾아보시오 집안에 그 정도는 있을 것이오"

라고 해서, 황흔이 집안을 뒤져보니 과연 36개가 되었다. 그것을 마당에 죽 늘어놓았는데 숫자는 맞았지만 거의 다 망가져 있었다. 그런데 황흔이 차례 차례 살피고 있는 동안 바구니들은 모두 새 것으로 바뀌어져 있었다.

배도가 그 바구니들을 밀봉(密封)하고 나서 황흔에게 말한 뒤 열어 보이니 그 속에 돈과 비단이 가득 들어 있는데 백만 전(百萬錢) 정도 되었다.

어떤 사리(事理)를 널리 아는 사람이 말했다.

"그것은 배도가 몸을 나누어 다른 곳으로 가서 보시(布施)로 받은 물건들을 황흔에게 돌려서 보시한 것이다."

황흔은 그 물건들을 받아 모두 다른 사람들에게 나누어 주었다. 그 뒤로 1년 정도 지난 뒤 배도가 다른 고장으로 떠나게 되었다. 황흔은 그가 여행 중에 먹을 식량을 마련해 주었는데, 다음 날 아침에 보니 고스란히 남아 있었고 배도는 어디로 갔는지 알 길이 없었다.

한 달쯤 뒤에 배도는 서울에 나타났다. 그 때 남주(南州)에 진씨(陳氏) 집안이 있었는데 의식(衣食)이 어느 정도 여유가 있었다. 배도는 그 집에 가서 크게 신세를 지고 있었다.

그런데 도성(都城)에 또 한 사람의 배도가 나타났다는 소문이 나돌았다. 진씨 집안 5부자(五父子)는 누구도 그 말을 믿으려 하지 않았다.

그러면서도 혹시나 하고 도성에 가서 보니 과연 집에 있는 배도와 모습이 똑같은 배도가 있지 않은가. 진씨는 그를 위하여 꿀에 재인 생강 한 홉과 주머니칼, 그리고 훈륙향(薰陸香)과 손수건 따위를 바쳤다.

배도는 생강은 바로 받아먹었지만 그 밖의 것들은 그대로 무릎 앞에 놓아 두고 있었다.

아버지와 아들들 다섯 사람은 아마도 자기 집에 있는 배도라 생각하고 두 아들을 그대로 도성에 남아 있게 하여 그를 살피게 하고는 나머지 세 사람은 집으로 돌아왔다.

집에 와서 보니 집에 있는 배도는 집에 그대로 있으면서 무릎 앞에 향과 주머니칼 따위가 있었다. 다만 이상한 것은 꿀에 재인 생강이 그대로 있는 것이었다.

그런데 배도가 진씨에게

"주머니칼은 잘 들지 않는군요. 이것을 좀 갈아 주시오."

라고 했다. 그 때 도성에 남겨 두었던 두 아들이 돌아와 말했다.

"저쪽에 있는 배도는 벌써 영취사(靈鷲寺)로 옮겨 갔습니다."

이 말을 들은 집에 있는 배도가 돌연히 두 장의 황마지(黃麻紙)

를 구해 글씨를 쓰기 시작했다. 글씨는 썼지만 글자의 모양이 이뤄지지 않은 채 등쪽을 접어 합쳤다.

진씨가 묻기를

"스님께서는 무슨 증문(證文)을 쓰고 계십니까."

라고 하니, 배도는 대답하지 않았다.

마침내 그 까닭은 알 길이 없었다.

제해(齊諧)라는 사람이 있었는데 아내 호모씨(胡母氏)가 병이 들어 여러 가지로 손을 써보았으나 낫지 않았다. 그래서 승려에게 부탁하여 재(齋)를 올려달라고 했는데, 재회(齋會)에 참석 중인 승총도인(僧聰道人)이 배도를 맞이해 오도록 권하였다.

배도가 와 한 주문을 외우니 병자는 곧 병이 나았다. 이에 제해가 감복하여 배도를 스승으로 우러르고 그 때부터 배도를 위하여 전기(傳記)를 지어, 지금까지의 신기한 이적(異蹟)들을 기록하였다.

원가(元嘉) 3년(426) 9월이 되었다. 제해와 헤어져 서울로 나오고자 하여, 1만 전(錢)의 돈을 제해에게 맡기면서 재회(齋會)를 열어달라고 부탁하고는 서로 헤어졌다. 나아가 적산호(赤山湖)에 이르러 설사병에 걸려 세상을 떠났다.

제해가 곧 그를 위하여 재회를 열고, 그의 유해(遺骸)를 거두어 돌아와 건업(建業) 복주산(覆舟山)에 장사 지냈다.

원가(元嘉) 4년(427)이 되었다. 오흥(吳興)에 사는 소신(邵信)이라는 사람이 남달리 불법을 신봉하고 있었다. 그가 상한병(傷寒病)에 걸려 문병 오는 사람도 없이 슬픔에 잠겨 탄식하면서 관음보살(觀音菩薩)만 염(念)하고 있는데, 홀연히 한 사람의 승려가 찾아왔다.

"나는 배도의 제자입니다."

라고 하고는, 이어서 말했다.

"근심할 것 없습니다. 나의 스승께서 이곳에 오셔서 보아 주실 것입니다."

이에 소신이

"배도사(杯度師)께서는 이미 세상에 아니 계십니다. 어떻게 오실 수 있겠습니까."

하니, 도인(道人)이 말했다.

"오시는 일 따위가 뭐 그리 어렵겠습니까."

말을 마치자 허리띠 끝에서 한 홉쯤 되는 가루약을 내주면서 마시게 했다. 그 약을 마시고 나니 병은 곧 나았다.

두승애(杜僧哀)라고 하는 사람이 있었는데, 남강(南岡) 기슭에 살고 있었다.

옛날에 배도를 섬긴 일도 있었으나, 그 아들이 병에 걸려 중태에 빠져 있었을 때 아무리 원해도 배도가 불가사의한 주문을 베풀지 않은 일을 유감스럽게 생각하고 있었다. 다음날 갑자기 배도가 찾아왔다. 그는 언제나 다름없는 말씨였는데 주문을 외자 병자는 즉석에서 병이 나았다.

원가(元嘉) 5년(428) 3월 8일에 배도가 다시 제해(齊諧)의 집을 찾아왔다. 여도혜(呂道慧)는 사람들이 놀라고 있다는 소리를 듣고 두천기(杜天期) 수구희(水丘熙)와 함께 찾아가, 만나보고는 깜짝 놀라 벌떡 일어나 예배하였다.

배도가 사람들에게 말했다.

"금년은 반드시 큰 흉작이 될 것입니다. 오로지 복업(福業)을 쌓으시오. 법의도인(法意道人)은 매우 유덕(有德)한 사람이니, 가서 그를 따라 고사(古寺)를 수리하고 재액(災厄)을 떨어버리는 것이 좋을 것이오"

얼마 있으니 하늘 높이 한 사람의 승려가 나타나 배도를 부르는 소리가 들렸다.

배도는 곧 이별을 고하며 말했다.

"빈도(貧道 : 나)는 이제부터 교주(交州)와 광주(廣州) 근처로 향할 것이오 이제 다시는 나타나지 않을 것이오"

　제해 등은 진심으로 그를 환송하였고 배도는 모습을 감추었다. 그 뒤로도 때때로 그를 본 사람이 있다고는 하지만 그 이야기가 사실인지 아닌지 확인할 수 없어서 기록하여 전할 수 없다.

　杯度者 不知姓名 常乘木杯度水 因而爲目 初見在冀州[1] 不修細行 神力卓越 世莫測其由來 嘗於北方 寄宿一家 家有一金像 度竊而將去 家主覺而追之 見度徐行 走馬逐而不及 至孟津河[2] 浮木杯於水 憑之度河 無假風棹 輕疾如飛 俄而度岸 達于京師 見時可年四十許 帶索縷縷 殆不蔽身 言語出沒 喜怒不均 或嚴氷扣凍而灑浴 或著屐上床 或徒行入市 唯荷一蘆圖子 更無餘物

　後欲往延步江[3] 於江側就 航人告度 不肯載之 復累足杯中 顧眄吟詠 杯自然流 直度北岸 行向廣陵[4] 遇村舍有李家八關齋[5] 先不相識 乃直入齋堂而坐 置蘆圖於中庭 衆以其形陋 無恭敬心 李見蘆圖當道 欲移置牆邊 數人擧不能動 度食竟 提之而去 笑曰 四天王[6]福於李家 于時有一豎子 窺其圖中 見四小兒 竝長數寸 面目端正 衣裳鮮潔 於是追覓 不知所在 後三日 乃見在西界蒙籠樹下坐 李跪拜請還家 日日供養 度不甚持齋 飮酒噉肉 至於辛鱠 與俗不殊 百姓奉上 或受不受

　旣至彭城 遇有白衣黃欣[7] 深信佛法 見度禮拜 請還家 其家至貧 但有麥飯而已 度甘之怡然 止得半年 忽語欣云 可覓蘆圖三十六枚 吾須用之 答云 此間正可有十枚 貧無以買 恐不盡辦 度曰 汝但檢覓 宅中應有 欣旣窮檢 果得三十六枚 列之庭中 雖有其數 亦多破敗 比欣次第熟視 皆已新完 度密封之 因語欣令開 乃見錢帛皆滿 可堪百許萬 識者謂 是杯度分身他土 所得䞋施 廻以施欣 欣受之 皆爲功德 經一年許 度辭去 欣爲辦糧食 明晨見糧食具存 不知度所在 經一月許 復至京師

　時南州[8]有陳家 頗有衣食 度往其家 甚見料理 聞都下復有一杯

度 陳家父子五人咸不信 故下都看之 果如其家杯度 形相一種 陳
爲設一合蜜薑及刀子 熏陸香[9] 手巾等 度卽食蜜薑都盡 餘物宛在
膝前 其父子五人 恐是其家杯度 卽留二弟 停都守視 餘三人還家
家中杯度如舊 膝前亦有香刀子等 但不噉蜜薑爲異 乃語陳云 刀子
鈍 可爲磨之 二弟都還云 彼度已移靈鷲寺 其家度忽求黃紙兩幅作
書 書不成字 合同其背 陳問 上人作何券書[10] 度不答 竟莫測其然

又有齊諧[11] 妻胡母氏病 衆治不愈 後請僧設齋 齋坐有僧聰道人[12]
勸迎杯度 度旣至一呪 病者卽愈 齊諧伏事爲師 因爲作傳 記其從
來神異 至元嘉三年九月 辭諧入京 留一萬錢物寄諧 倩爲營齋 於
是別去 行至赤山湖[13] 患痢而死 諧卽爲營齋 幷接屍還 葬建業之覆
舟山[14] 至四年 有吳興[15]邵信[16]者 甚奉法 遇傷寒病[17] 無人敢看 乃
悲泣念觀音[18] 忽見一僧來 云 是杯度弟子 語云 莫憂 家師尋來相看
答云 度師已死 何容得來 道人云 來復何難 便衣帶頭出一合許散 與
服之 病卽差 又有杜僧哀[19]者 住在南岡[20]下 昔經伏事杯度 兒病甚
篤 乃思念恨不得度練神呪 明日忽見度來 言語如常 卽爲呪 病者便
愈 至五年三月八日 度復來齊諧家 呂道慧[21] 聞人怛之 杜天期[22] 水
丘熙[23]等 並共見 皆大驚 卽起禮拜 度語衆人言 年當大凶 可懃修
福業 法意道人[24] 甚有德 可往就其 修立故寺 以禳災禍也 須臾聞
上有一僧喚度 度便辭去云 貧道當向交廣之間[25] 不復來也 齊諧等
拜送殷懃 於是絶迹 傾世亦言 時有見者 旣未的其事 故無可傳也

1) 冀州(기주) : 하북성(河北省)의 기현(冀縣) 일대.
2) 孟津河(맹진하) : 하남성(河南省) 맹진(孟津)의 동쪽.
3) 延步江(연보강) : 미상(未詳).
4) 廣陵(광릉) : 강소성(江蘇省) 양주(揚州)의 서쪽.
5) 八關齋(팔관재) : 하루 낮과 하루 밤 사이에, 첫째 살생하지 않는다, 둘째 도
   둑질하지 않는다, 셋째 사음(邪淫)하지 않는다, 넷째 망어(妄語)하지 않는
   다, 다섯째 술 마시지 않는다, 여섯째 사치한 집에서 살지 않는다, 일곱째 사
   치한 장신구나 화장으로 몸을 꾸미지 않는다, 여덟째 가무(歌舞)와 음곡(音

曲)을 즐기지 않는다 등의 여덟 가지 계율과 한낮을 지나서는 음식을 먹지 않는다의 일재(一齋)를 받는 계법(戒法)으로, 재가(在家)의 남녀 신도가 행하는 것이다. '대지도론(大智度論)' 권13 계상의(戒相義) 제22의 1.

6) 四天王(사천왕) : 수미산(須彌山) 중턱에 있는 산에 있으면서 동서남북을 나누어 각각 한 천하(天下)를 지키는 왕. 동은 지국천(持國天), 서는 광목천(廣目天), 남은 증장천(增長天), 북은 다문천(多聞天). '사천왕경(四天王經)'에는 그 달의 육재일(六齋日)에 사자태자(使者太子)와 사천왕이 지상으로 내려와 중생의 보시(布施)나 지계(持戒)나 부모에게 효순(孝順)하는 모양을 관찰하여 제석(帝釋)에게 보고하는 것으로 되어 있다. 계상의(戒相義) 제22의 1.

7) 黃欣(황흔) : 미상(未詳).

8) 南州(남주) : 고숙(姑熟)을 말한다. 안휘성(安徽省) 당도(當涂) 근처.

9) 熏陸香(훈륙향) : 향목(香木). 약물로서, 풍수독종(風水毒腫)을 치료하고 악기복시(惡氣伏尸)를 제거하는 효능(效能)이 있다고 한다.

10) 券書(권서) : 증문(證文).

11) 齊諧(제해) : 미상(未詳). 혹 '장자' 소요유편(逍遙遊篇)에 보이는 제해(齊諧)를 가탁(假託)했는지도 모른다.

12) 僧聰道人(승총도인) : 미상(未詳).

13) 赤山湖(적산호) : 강소성(江蘇省) 구용현(句容縣) 서남쪽에 있는 호수의 이름.

14) 建業之覆舟山(건업지복주산) : 강소성 남경성(南京城) 태평로(太平路) 안에 있는데, 용주산(龍舟山) 또는 현무산(玄武山)이라고도 한다.

15) 吳興(오흥) : 강소성의 오흥(吳興)으로 태호(太湖) 서남쪽 기슭.

16) 邵信(소신) : 미상.

17) 傷寒病(상한병) : 열병(熱病). 전염병(傳染病).

18) 念觀音(염관음) : '법화경' 관세음보살 보문품(普門品)에 일심으로 관세음보살의 명호(名號)를 부르면 모든 재액을 면한다고 설하였다.

19) 杜僧哀(두승애) : 미상.

20) 南岡(남강) : 호북성(湖北省) 악성현(鄂城縣) 동남의 호상(湖上).
21) 呂道慧(여도혜) : 미상.
22) 杜天期(두천기) : 미상.
23) 水丘熙(수구희) : 미상.
24) 法意道人(법의도인) : 원전(原典) '고승전(高僧傳)' 권13.
25) 交廣之間(교광지간) : 광동성(廣東省)과 광서성(廣西省) 일대.

제4장 습선전(習禪傳)

"선(禪)이란 버린다는 것,
하루 낮 하루 밤에 쌓아올린 13억이나 되는
더러워진 생각을 버리는 것이다.
…제1·제2·제3·제4의 선을 성취하여
마음을 거두어 의념(意念)을 최초의
무념(無念)으로 돌아가게 하면
색·수·상·행·식의 오음(五陰)이 모두 없어진다.
…더러워진 욕망이 완전히 고요하게 가라앉으면
마음에는 아무런 상념(想念)도 없다."

제4장 습선전(習禪傳)

선(禪)의 또 다른 세계

선정(禪定)에 의해 불생불멸(不生不滅)의 경지에 이른 두 분 고승의 전기(傳記)를 약술(略述)하여 수록하였다.
안청(安淸)이 번역한 '안반수의경(安般守意經)'에 강승회(康僧會)가 서문(序文)을 덧붙여 서술했다.
"선(禪)이란 버린다는 것, 하루 낮 하루 밤에 쌓아올린 13억(億)이나 되는 더러워진 생각을 버리는 것이다.
…제1·제2·제3·제4의 선(禪)을 성취하여 마음을 거두어 의념(意念)을 최초의 무념(無念)으로 돌아가게 하면 색(色)·수(受)·상(想)·행(行)·식(識)의 오음(五陰)이 모두 없어진다.
…더러워진 욕망이 완전히 고요하게 가라앉으면 마음에는 아무런 상념(想念)도 없다.
…안반(安般)의 실천을 성취한 사람은 마음이 밝고 맑아지며, 눈으로 볼 수 있는 모든 것, 그 어떤 그윽하고 미묘한 곳이라도 볼 수 없는 곳이 없다.
무수한 겁(劫)의 과거에 일어난 일이나 또 미래에 일어날 일들, 사람이나 그 밖의 중생들의 윤회전생(輪廻轉生), 현세의 제불토(諸佛土)나 제불(諸佛)의 설법(說法), 제자의 송습(誦習) 따위 그 어떤 저편의 것이라도 보이지 않는 것이 없고 그 어떤 미세(微

細)한 소리라도 들리지 않는 것이 없다.
 그 모습은 황홀하면서도 보아서 잘 알 수 없고, 자유자재로 존망(存亡)하고, 크게는 세계의 끝닿은 데까지 덮을 수 있으며, 작게는 털끝까지 꿰뚫어, 천지(天地)를 통어(統禦)하고, 불사(不死)의 경지에 머물러 신묘(神妙)한 덕(德)을 떨쳐 제천(諸天)의 군사를 멸(滅)하고, 삼천세계(三千世界)를 움직여 제불토를 옮기는 여덟 가지 불가사의(不可思議)를 나타내지만, 그것은 범천(梵天)이라도 헤아려 알 수 없는 것이다."
 선(禪)이란 어떠한 수행(修行)이며, 선업(禪業)을 닦은 사람이 어떠한 경지에 도달하며 어떠한 불가사의를 체현(體現)하는가를 이 한 문장은 세밀하게 설하여 밝혔다.
 '노자(老子)'에 말이 있다.
 "무거운 것은 가벼운 것의 근본이요, 고요한 것은 시끄러운 것의 임금이다."
 "그 구멍을 막고 그 문을 닫으면 몸을 마치도록 지치지 않지만, 그 문을 열어 놓고 그 일을 해치우면 몸을 마치도록 구원받지 못한다."
 '장자(莊子)'에도 말이 있다.
 "성인의 마음이 고요해진 상태, 그것이야말로 천지를 비추는 거울이요, 만물을 비추는 거울이다. 대저 허정염담(虛靜恬淡)하고 적막무위(寂寞無爲)야말로 천지 만물이 가진 최고의 균형(均衡)이요, 진실한 도덕의 궁극(窮極)이다."
 이와 같이 중국에서는 노장(老莊)의 도가(道家)에서 일찍부터 무심(無心)이다, 허정(虛靜)이다 하는 것에 주목(注目)하여 이론이나 실천에서 상당히 깊게 한 바 있다.
 그리하여 마음의 물〔水〕을 맑게 함으로써 제법만경(諸法萬境)이 의념(意念)의 망동(妄動)에 지나지 않음을 꿰뚫어 보고, 일체의 사상(事象)에 주체적으로 대응(對應)할 것을 설(說)하는 선관(禪觀)의 업(業)은 그만큼 어려움 없이 사람들에게 받아들여진 것으로 생각된다.

다만 오로지 지혜를 닦는 데에 그치지 않고 선정(禪定)을 깊게 하여, 또 선정을 약간 깊게 할 뿐 아니라 지혜를 갈아 정(定)과 혜(慧)를 아울러 닦아서 자신의 인격을 높이고 사람들을 제도(濟度)할 때 선(禪)은 그 본래의 면모를 있는 그대로 발휘할 수 있다고 일컬어진다.

그 선업(禪業)이 어떻게 실천되었는가 축담유(竺曇猷)와 석현고(釋玄高)의 전기(傳記)를 통하여 그의 실례를 알아본다.

돌로 사다리를 만들고 바위에 올라 좌선하다
―축담유전(竺曇猷傳)

　축담유(竺曇猷)는 법유(法猷)라고도 하는데, 돈황(燉煌) 사람이다. 어려서부터 고행(苦行)하면서 선정(禪定)을 배웠다.
　뒤에 강좌(江左)로 와서 염(剡)의 석성산(石城山)에 살며 걸식(乞食)하며 좌선(坐禪)을 행하였다.
　어느 때 벌레를 사용하여 주술을 행하는 집에서 밥을 빈 적이 있었다. 담유가 구걸하는 주문을 다 마치자 갑자기 지네 한 마리가 음식 속에서 튀어나왔다. 그러나 담유는 그 음식을 기쁜 듯이 먹어치웠는데 아무렇지도 않았다.
　나중에 시풍(始豊)의 적성산(赤城山)으로 옮겨 석실(石室)에서 좌선하고 있는데, 맹호(猛虎) 수십 마리가 나타나 담유 앞에 와서 웅크리고 앉았다. 담유는 경문(經文)을 외면서 여느 때와 다름이 없었다.
　범 한 마리가 졸기 시작하므로 담유가 여의봉(如意棒)으로 범의 머리를 치면서
　"왜 경문을 듣지 않느냐."
하고 꾸짖으니 갑자기 범들이 가버렸다.
　좀 있으려니 큰 구렁이들이 다투어 기어왔다. 크기는 열 발씩이나 되는데, 꿈틀꿈틀 돌면서 가기도 하고 오기도 하며 머리를 치켜들고 담유를 향해 오다가 반 나절 정도 지나서 또 가버렸다.
　그리고 하루가 지나자 신령이 모습을 나타내 담유에게 말했다.
　"법사(法師)의 위엄과 덕망은 중후(重厚)하십니다. 이 산에 놀

러 사시고자 하신다면 제자(弟子 : 신령)는 주거(住居)를 제공(提供)해 드리겠습니다."

담유가 대답하기를

"빈도(貧道 : 담유)는 이 산을 찾아와 한번 뵙고자 했습니다. 어찌 함께 머물러 살 수 없다는 말씀이십니까."

라고 하니, 신령이 말했다.

"제자는 꼭 그렇게 하고 싶습니다. 다만 주위의 미물들이 아직 법(法)에 교화되지 않았으므로 급하게 타이르기가 어렵습니다. 멀리서 사람이 찾아왔다고 하면 혹은 훼방 놓을 놈도 있을 것입니다.

사람과 신령은 길이 다릅니다. 그래서 떠나려는 것입니다."

"대체 어떤 신령이십니까. 오랜 세월 여기에 머물러 사셨는데 이제 와서 어디로 옮기시려는 것입니까."

"제자는 하(夏)나라 황제의 아들입니다. 이 산에 머물러 살기 2천여 년입니다. 한석산(寒石山)은 장인이 다스리는 곳이니 거기 가서 함께 살고자 합니다."

그러고는 산 북쪽에 있는 묘(廟)로 돌아와 이별하는데 손을 잡으니, 담유에게 향(香) 세 상자를 주었다. 그리하여 큰북을 울리고 각적(角笛)을 불면서 구름을 넘어 적성산에서 떠나갔다.

적성산은 유달리 높은 암산(巖山)이 우뚝 솟아, 몇 겹으로 이어진 구름바다 위로 머리를 내밀고 서 있다.

담유는 돌을 치고 두드려 사다리를 만들어 그 암산에 올라가 가부좌(跏趺坐)를 틀고 좌선하였다. 일상으로 쓰는 물은 대를 이어서 받아 내려서 썼다.

선(禪)을 배우려고 찾아오는 사람이 십여 명이나 되었다.

또 왕희지(王羲之)가 이런 소문을 듣고 일부러 찾아와 보고, 봉우리를 우러러보면서 두 팔을 높이 겹쳐 들어 경의(敬意)를 표하고 돌아갔다.

적성산의 준암(峻巖)과 천태산(天台山)의 폭포, 영계(靈溪)와 사명산(四明山)은 차례차례 하나로 이어져 있는데, 그중에서도 천태산은 깎아 세운 듯한 벼랑이 날카롭게 서 있어 솟아오른 산줄기는 천공(天空)을 갈라 놓았다.

옛날 늙은이들이 말을 전했다.

"정상(頂上)에는 아름다운 정사(精舍)가 있고, 도(道)를 얻은 자가 살고 있다. 돌다리가 골짜기 시내에 걸려 있는데, 옆으로 누워 있는 돌이 사람의 통행을 막고 있다. 오랜 이끼가 푸르게 끼어 있어 미끄러워서, 태고(太古) 이래로 누구 한 사람 거기를 건넌 이가 없다."

담유가 그 곳을 찾아가 다리 근처에 이르르니 공중에서 소리가 들렸다.

"그대가 의외로 성실하다는 사실은 잘 알고 있으나 아직은 건널 수 없다. 물러가 십 년 뒤에 다시 오는 게 좋을 것이다."

담유는 완전히 실망하였다.

날이 저물어 머물러 선 길바닥에서 하룻밤 쉬려 하는데, 주위를 빙빙 돌면서 "선재(善哉)로다, 선재로다." 하는 소리가 들려 왔다.

날이 밝아 다시 전진하려고 하니 수염과 눈썹이 허옇게 센 한 노인이 나타나 묻는 것이었다. 담유가 찾아온 뜻을 자세하게 말했더니 그가 말했다.

"그대는 생사(生死)를 가진 몸이니 어찌 갈 수 있겠는가. 나는 이 산의 산신(山神)이므로 그대에게 일러 주는 것이다."

담유는 그대로 돌아가기로 했다.

돌아오는 도중에 어느 석실(石室)을 만나 거기서 쉬기로 했는데 갑자기 구름이 피어 오르고 안개가 자욱하게 끼어 앞을 분간할 수 없이 깜깜해졌다. 그러더니 석실 안에서 여러 가지 소리가 울려 퍼졌다. 담유는 얼굴빛 하나 변하지 않고 침착하게 있었다.

밝는 날 아침에, 홑 고의적삼을 입은 사람이 다가와서 말했다.

"여기는 나의 집입니다. 어제는 볼일이 있어 밖에 나갔기 때문에 집에 없어서 큰 법석이 났던 것입니다. 매우 부끄럽습니다."

담유가 말하기를

"만약 그대의 집이라면 돌려 드리겠습니다."

라고 하니, 신령이 말했다.

"나는 벌써 집을 옮겼습니다. 부디 여기에 머물러 주십시오."

그래서 담유는 거기서 얼마 동안 지냈는데, 항상 그 돌다리를 건너지 못하는 일을 유감(遺憾)으로 여기고 있었다.

그런 뒤, 어느 때 며칠 동안 목욕재계하고 다시 그 곳을 찾아가고자 하는데 옆으로 누워 있는 돌이 완전히 열려 있었다. 그래서 다리를 건너 얼마 정도 가니 거기에 정사(精舍)가 있고 신승(神僧)이 있었다. 과연 이전부터 들어 온 그대로였다.

그들은 함께 향을 피우고 점심 공양(供養)을 들었다. 공양을 마친 뒤 신승이 담유에게 말했다.

"물러갔다가 십 년 뒤에 다시 오도록 하라. 아직은 여기서 살 때가 아니다."

담유는 거기서 물러나왔다. 물러나오면서 뒤를 돌아보니 다리 위에 옆으로 누워 있는 돌이 예전과 다름없이 누워 있었다.

담유는 태원(太元 : 376~397) 말년에 산실(山室)에서 입적하였다. 유해(遺骸)는 일상으로 행하던 좌선(坐禪)하는 모습 그대로였는데, 다만 몸 전체가 녹색으로 변해 있었다.

진(晉)의 의희(義熙 : 405~418) 말년에 은사(隱士) 신세표(神世標)가 산에 들어가 바위에 올라서 보니 담유의 유해가 조금도 상하지 않고 그대로 있었다고 한다. 그 뒤에도 가서 보고자 하는 사람들이 있었으나, 그 때마다 구름과 안개가 길을 가로막아 이내 가본 사람이 없었다.

竺曇猷 或云法猷 燉煌[1]人 少苦行習禪定 後遊江左 止剡之石城

山 乞食坐禪 嘗行到一行蠱家² 乞食 猷呪願竟 忽有蜈蚣 從食中跳出 猷快食無他 後移始豊赤城山³ 石室坐禪 有猛虎數十 蹲在猷前 猷誦經如故 一虎獨睡 猷以如意扣虎頭 問 何不聽經 俄而群虎皆去 有頃壯蛇競出 大十餘圍 循環往復 擧頭向猷 經半日復去 後一日 神現形 詣猷曰 法師威德旣重 來止此山 弟子輒推室以相奉 猷曰 貧道尋山 願得相値 何不共住 神曰 弟子無爲不爾 但部屬未洽法化 卒難制語 遠人來往 或相侵觸 人神道異 是以去耳 猷曰 本是何神 居之久 近欲移何處去耶 神曰 弟子夏帝之子 居此山二千餘年 寒石山⁴是家舅所治 當往彼住 尋還山陰廟⁵ 臨別執手 贈猷香三奩 於是鳴鞞吹角 陵雲而去 赤城山 山有孤嚴獨立 秀出千雲 猷搏石作梯 升嚴宴坐 接竹傳水 以供常用 禪學造者 十有餘人 王羲之⁶聞而故往 仰峯高挹 致敬而反

　赤城嚴與天台⁷瀑布靈溪四明⁸ 竝相連屬 而天台懸崖峻峙 峯嶺切天 古老相傳云 上有佳精舍 得道者居之 雖有石橋跨澗 而橫石斷人 且苺苔靑滑 自終古以來 無得至者 猷行至橋所 聞空中聲 曰 知君誠篤 今未得度 却後十年 自當來也 猷心悵然 夕留中宿 聞行道唱薩之聲 旦復欲前 見一人鬚眉皓白 問猷所之 猷具答意 公曰 君生死身 何可得去 吾是山神 故相告耳 猷乃退還 道經一石室 過中憩息 俄而雲霧晦合 室中盡鳴 猷神色無擾 明旦見人 著單衣裕來曰 此乃僕之所居 昨行不在家中 遂致搔動 大深愧怍 猷曰 若是君室 請以相還 神曰 僕家室已移 請留令住 猷停少時 猷每恨不得度石橋 後潔齋累日 復欲更往 見橫石洞開 度橋少許 覩精舍神僧 果如前所說 因共燒香中食 食畢 神僧謂猷曰 却後十年 自當來此 今未得住 於是而返 顧看橫石 還合如初 猷以太元之末 卒於山室 屍猶平坐而擧體綠色 晉義熙末 隱士神世標 入山登嚴 故見猷屍不朽 其後欲往觀者 輒雲霧所惑 無得窺也

1) 燉煌(돈황) : 감숙성(甘肅省)의 돈황(燉煌).
2) 行蠱家(행고가) : 벌레를 부려 주문(呪文)을 외고 점을 치는 집을 말한다. 이

른바 무충(巫蟲). 곧 사람을 현혹(眩惑)시키며 요술(妖術)을 부려 벌레를 부리는 행위를 말한다.
3) 始豊赤城山(시풍적성산) : 절강성(浙江省) 천태현(天台縣). 천태산(天台山) 남서에 위치하여 천태산의 남문(南門)이 된다.
4) 寒石山(한석산) : 미상(未詳).
5) 山陰廟(산음묘) : 산음(山陰)은 산의 북쪽인 산의 응달쪽이라는 뜻으로, 산음묘(山陰廟)는 적성산 북쪽에 있는 묘(廟)라는 뜻일 것이다.
6) 王羲之(왕희지) : 진(晉)나라 때의 서예가(書藝家). 자를 일소(逸少)라고 하며, 우군장군(右軍將軍), 회계내사(會稽內史)를 지냈다. 서성(書聖)이라 일컬어진다.
7) 天台(천태) : 천태산(天台山). 절강성(浙江省) 천태현(天台縣) 북쪽에 있어, 서북으로는 사명산(四明山)을 바라보며, 북쪽에 석교(石橋 : 돌다리)가 있다.
8) 四明(사명) : 사명산(四明山). 절강성 은현(鄞縣) 서남방 40Km지점. 천태산(天台山)을 동남으로 바라보고 있다.

악세(惡世)에 태어나 중생을 구원하려다
― 석현고전(釋玄高傳)

석현고(釋玄高)는 속성(俗性)이 위(魏)요, 본래 이름은 영육(靈育)이고, 풍익만년(馮翊萬年) 사람이다.

그의 어머니 구씨(寇氏)는 본래부터 외도(外道)를 믿고 있었는데 위씨(魏氏) 집안으로 시집와 첫딸을 낳았다.

그 딸이 현고(玄高)의 맏누이로서, 태어나면서부터 불도(佛道)를 믿었는데 언제나 어머니를 위해 기도했다.

"부디 한 집안에서 서로 다른 신앙을 가지지 않고 부처님의 큰 가르침을 믿고 받들게 해 주십시오."

어머니는 위진(僞秦)의 홍치(弘治) 3년(401)에, 서역(西域)의 승려가 나타나 꽃을 뿌려 방안에 가득 차는 꿈을 꾸었다. 그러고는 곧 태기(胎氣)가 있었다.

홍치(弘治) 4년 2월 8일이 되어 아들을 낳았는데, 이상하게 온 집안에 향기가 가득 차고 광채가 벽을 비쳤다. 아침이 되니 향기와 광채가 멈추었다. 어머니는 아들이 상서로운 일을 가져왔다고 해서 이름을 영육(靈育)이라 지었다.

영육은 나이 열두 살 되던 해에 부모에게 이별을 고하고 산으로 들어갔다. 산으로 들어가자마자 출가(出家)하려고 하였으나 산사(山寺)의 승려가 허락하지 않으면서 말했다.

"부모의 승낙이 없으면, 득도(得度)할 수 없다."

영육은 도로 집으로 돌아와 잠시 머물면서 부모에게 불도(佛道)에 들고 싶다고 원했다. 그렇게 해서 20일 만에 마침내 뜻을 이루게 되었다.

　세속과 완전히 등을 돌리고 이름을 현고(玄高)로 고쳤다.

　태어나면서부터 총명한데다 지혜가 밝고 뛰어나 한번 배운 내용에 대해 다시 괴롭게 생각하거나 깊이 생각할 필요를 느끼지 않았다.

　열다섯 살이 되면서 벌써 산사의 승려들에게 법(法)을 설(說)할 정도가 되었다. 계(戒)를 받은 뒤에는 선율(禪律)에 전심(專心)하였다.

　관중(關中)에 부타발타(浮馱跋陀 : 불타발타라) 선사(禪師)가 있어 석양사(石羊寺)에서 법(法)을 펴고 있다는 소문을 듣고 그를 찾아가 스승으로 섬기기 십여 일 만에 선법(禪法)을 완전히 통달하였다.

　부타발타는 감탄하여

　"훌륭하도다, 불자(佛子)여. 진실로 깊은 것을 깨달았도다."

하며 극찬(極讚)하고는, 진정에서 우러나는 마음으로 자신을 낮추고 겸손하면서 스승의 예를 받지 않았다.

　현고는 서진(西秦)으로 나그네 길을 떠나 맥적산(麥積山)에 은거(隱居)하였다. 산사에서 배우는 자 2백여 명은 그의 강의에 귀를 기울여 그 선(禪)의 실천법(實踐法)을 배웠다.

　그 때 외국의 선사(禪師)로서 담무비(曇無毘)라는 사람이 있어 서진(西秦)으로 들어와 제자와 청중을 모아 선법을 가르치고 있었다. 그는 삼매(三昧)라는 깊은 깨달음은 너무도 깊고 미묘하여 농서(隴西)의 승려로서 그것을 받을 수 있는 자가 아마도 얼마 없으리라고 하였다.

　현고는 자신이 직접 사람들을 지도하리라 생각하여, 담무비를 찾아가 그를 따라 법을 받았다. 그렇게 하기 열흘 만에 담무비 쪽에서 도리어 자기의 마음을 열 수 있게 되었다.

　당시 서해(西海)에 번승인(樊僧印)이라는 사람이 있어 아직 현고를 따라 학문을 닦고 있었다. 그 사람됨이나 도량이 편협해서 이렇다 하고 내세울 만큼 업을 닦지 못했으면서 이만하면 충분하다고 스스로 여겨, 이미 아라한(阿羅漢)의 경지에 이르러 선문(禪門)의 돈오(頓悟)를 다 궁구했다고 생각하고 있었다.

현고는 은밀하게 신통력을 써서, 번승인이 선정(禪定)에 열중하고 있을 때 시방무극세계(十方無極世界)의 각처에서 제불(諸佛)이 설(說)하고 있는 법문(法門)이 모두 다르다는 것을 보게 하였다.

번승인은 석 달 동안인 하안거(夏安居) 90일 간 좌선(坐禪)하는 동안에 본 것들을 연구해 나갔으나 도저히 다할 수가 없었다. 비로소 선정의 연원(淵源)이 바닥을 알 수 없을 만큼 깊다는 것을 알고 완전히 두려워하며 지금까지 보였던 자신의 오만을 부끄럽게 여겼다.

위태자(僞太子) 척발황(拓跋晃)은 현고를 사사(師事)하였다.

척발황은 어느 때 참언(讒言) 때문에 부왕(父王)에게 의심받는 곤란한 처지에 놓여 있었다. 그래서 현고에게 고했다.

"자신은 전연 알지 못하는 일로 해서 궁지에 몰려 있습니다. 어떻게 하면 벗어날 수 있겠습니까."

현고는 '금광명경(金光明經)'의 재(齋)를 베풀라고 했다. 그래서 이레 동안을 오로지 참회(懺悔)에 열중하였다.

척발황의 아버지 척발도(拓跋燾)가 꿈을 꾸었는데, 조부와 아버지가 나타나 모두 칼을 뽑아들고 위협하면서

"너는 무슨 까닭으로 참언을 믿고 태자에게 있지도 않은 의심을 두는 것이냐."
라고 힐문(詰問)했다.

척발도는 깜짝 놀라 눈을 뜨고는 곧바로 모든 신하를 다 불러들여 꿈 이야기를 하였다.

꿈 이야기를 들은 그 곳에 모인 모든 신하가 입을 모아 말했다.

"태자에게는 아무런 잘못이 없습니다. 진실로 혼령(魂靈)께서 말씀하신 그대로입니다."

척발도도 태자를 의심하지 않게 되었다. 현고의 지극한 정성이 부처님의 감응(感應)을 이끌어 낸 것이었다.

그 때 최호(崔皓)와 구천사(寇天師)는 전부터 척발도의 총애를 받아왔는데, 척발황이 황제 자리를 이어받게 되면 지금까지 누려 오던 권력을 하루 아침에 다 빼앗겨 버리게 될까 두려워하여 다시 척발도에게 참언했다.

"태자의 이전 사건은 확실히 모반(謀反)할 마음이 있었던 것입니다. 다만 현고공(玄高公)이 도술을 써서 선제(先帝)를 꿈에 나타나게 한 것입니다. 이와 같은 중론(衆論)이 있고 사태가 마침내 밝혀진 이상, 만일 지금 주멸(誅滅)하지 않으시면 반드시 뒷날 큰 해(害)가 있을 것입니다."

척발도는 이 참언에 귀를 기울이다가 갑자기 안색을 바꾸어 격노(激怒)하면서 곧 칙령을 내려 현고를 잡아들이라고 했다.

이보다 앞선 어느 날 현고는 제자들을 불러 은밀하게 말했다.

"불법(佛法)은 이제 쇠퇴할 것이다. 나와 혜숭공(慧崇公)이 제일 먼저 재화(災禍)를 당할 것이다."

그 때 양주(涼州)에 있는 사문(沙門) 석혜숭(釋慧崇)은, 위위(僞魏)의 상서(尙書) 한만덕(韓萬德)의 문사(門師)로서 덕망이 높아 현고의 버금가는 정도였으나 현고와 같은 혐의로 구류(拘留)되어 있었다.

위태평(僞太平) 5년(444) 9월에 현고와 혜숭은 투옥되어 그 달 15일에 평성(平城) 동우(東隅)에서 처형되었다. 향년 43세로 그 해는 송(宋)의 원가(元嘉) 21년이었다.

그 날 밤 문인(門人) 중에 한 사람도 이 일을 아는 이가 없었는데, 한밤중 삼경(三更)에 돌연 광채가 보이고 현고가 나타나 먼저 살던 곳의 탑을 돌기를, 세 번 돌고는 좌선(坐禪)하던 굴속으로 들어갔다. 그런 뒤 광채 속에서 소리가 들렸다.
"나는 벌써 세상을 떠났다."
제자들은 그제서야 스승이 천화(遷化)한 것을 알고 슬픔에 잠겨 소리내어 울다가 정신을 잃고 기절하였다.
얼마 있다가 유해를 성남(城南)의 황야에서 맞이하여 깨끗이 목욕시켜 빈소(殯所)에 안치하고, 아울러 혜숭공의 시체도 거두어 별도로 안장했다.
도성(都城) 안의 도인(道人)이나 속인(俗人)이나 모든 사람들이 모두 탄식하며 슬퍼했다.
제자 현창(玄暢)은 그 때 운중(雲中)에 있어 위(魏)나라 도읍(都邑)에서 6백 리나 떨어져 있었다. 아침에 홀연히 어떤 사람이 나타나 이변(異變)을 고하고 6백 리를 달릴 수 있는 말을 내주는 것이었다. 말에 채찍질을 가해 밤새도록 달려 새벽녘에 도읍에 닿을 수 있었다. 달려와 보니 스승은 이미 세상을 떠난 뒤였다.
그는 비통에 잠겨 통곡하다가 기절하였다.
다시 깨어나 동문(同門)들과 함께 울면서 호소했다.
"불법(佛法)은 이제 멸(滅)하였습니다만 다시 일어나실 수 있겠습니까. 만약 한번 다시 일어날 수 있다면, 스님께서는 부디 일어나 앉아 주십시오. 스님의 덕(德)은 예사 사람과 다르니 반드시 응답을 보여 주실 것입니다."
말을 마치자마자 현고가 두 눈을 조금 떴다. 기쁜 기색이 빛나고 온 몸에서 땀이 솟는데 그 땀이 정말 향그러웠다.
잠시 후 일어나 앉아 제자들에게 말하기를
"큰 법(法)은 상대에 따라 작용하는 것, 기연(機緣)에 따라 성쇠(盛衰)한다. 성쇠는 눈에 보이는 형태로 나타나지만 진리(眞理)는 언제나 남 모르게 고요하다.
다만 걱정되는 일은 자네들도 멀지 않은 장래에 반드시 나와 같은 운명에 처하게 된다는 것이다. 겨우 현창 한 사람만 남쪽으로 옮겨 갈 수 있을 것이다. 자네들이 세상을 뜬 뒤 다시 불법이 일어날 것이다. 각자 자기의 마음을 잘 닦아 마음깊이 후회가 없도록 하라."
라고 하고는 옆으로 누워, 입적(入寂)하였다.

다음 날 영구(靈柩)를 옮겨 다비(茶毗)를 행하려 하는데, 국법에 어긋난다고 하여 허락하지 않으므로 무덤을 만들어 매장하였다. 도인이나 속인이나 모두가 슬픔에 잠겨 구원의 길이 끊어진 것을 애통해 하며 소리내어 울었다.

사문 법달(法達)은 위국(僞國)의 승정(僧正)이 되었다. 현고를 오랫동안 존경하였으나 아직 직접 가르침을 받을 기회가 없었다. 돌연 현고가 세상을 떠났다는 소문을 듣고 통곡하면서

"이제 성인이 이 세상을 떠나셨으니 대체 누구에게 의지해야 할 것인가."
하고 개탄하여 며칠 동안 음식을 먹지 않으면서 언제나 현고의 이름만 불렀다.

그러고는 말했다.

"상성인(上聖人)은 출몰(出沒)이 자유자재로운 법이다. 언젠고 꼭 한 번은 나타나 주실 것이다."

법달이 부르는 소리에 따라 하늘에서 현고가 날아오는 것이 보였다. 법달은 깊이 경례하면서 구제(救濟)하고 수호(守護)해 달라고 애원하였다.

현고가 말했다.

"그대의 숙세(宿世)의 인업(因業)은 너무 무거워 구제하기가 어렵다. 그러나 지금부터라도 계속 대승(大乘)의 가르침에 따라 마음 속 깊이 참회(懺悔)를 계속한다면 응보(應報)를 가볍게 받을 수 있을 것이다."

이에 법달이 말했다.

"만약 신고(辛苦)의 과보(果報)를 받게 되면 부디 가엾게 여

기시어 구제해 주십시오."

현고가 대답했다.

"모든 것을 잊지 않는다. 어찌 그대에게 만 마음을 쓸 것인가."

법달이 다시 말했다.

"법사(法師)와 혜숭공(慧崇公)께서는 함께 어디로 태어나시는 것입니까."

"나는 혼탁하고 모진 세상에 태어나 중생을 구원하고자 원한다. 곧 이 세상에 다시 태어날 것이다. 혜숭공은 항상 안양국(安養國)에 나기를 빌었으므로 벌써 그 뜻을 이뤘다."

"묻습니다. 법사께서는 지금 어느 경지에 도달하셨습니까."

"내 제자 중에 알고 있는 자가 있다."

말을 마치자 현고의 모습이 사라졌다.

법달은 남모르게 현고의 제자들이 있는 곳을 찾아가 알아보았다. 그들은 모두 입을 모아 말하기를 "득인보살(得忍菩薩)입니다."라고 하는 것이었다.

위태평(僞太平) 7년(446)이 되니 척발도(拓跋燾)는 역시 불법을 훼멸(毀滅)하였다. 모두가 현고의 예언대로였다.

釋玄高 姓魏 本名靈育 馮翊萬年[1]人也 母寇氏本信外道[2] 始適魏氏 首孕一女 卽高之長姊 生便信佛 乃爲母祈願 願門無異見[3] 得奉大法[4] 母以僞秦[5]弘治三年 夢見梵僧 散華滿室 覺便懷胎 至四年二月八日生男 家內忽有異香 及光明照壁 迄旦乃息 母以兒生瑞兆 因名靈育 年十二 辭親入山 高初到山 便欲出家 山僧未許 云 父母不聽 法不得度 高於是暫還家 啓求入道 經涉兩旬 方卒先志 旣背俗乖世 改名玄高 聰敏生知[6] 學不加思 至年十五 已爲山僧說法 受戒已後 專精禪律 聞關中有浮馱跋陀[7]禪師 在石羊寺弘法 高往師之 旬日之中 妙通禪法 跋陀歎曰 善哉佛子 乃能深悟如此 於是卑顔推遜 不受師禮 高乃杖策西秦[8] 隱居麥積山[9] 山學百餘人 崇其

義訓 稟其禪道 有外國禪師曇無毘[10] 來入其國 領徒立衆 訓以禪道 然三昧正受[11] 既深且妙 隴右[12]之僧 稟承蓋寡 高乃欲以已率衆 卽從毘受法 旬日之中 毘乃反啓其志

時西海[13]有樊僧印 亦從高受學 志狹量褊 得少爲足 便謂已得羅漢[14] 頓盡禪門 高乃密以神力 令印於定中 備見十方無極世界諸佛所說法門不同 印於一夏[15] 尋其所見 永不能盡 方知定水無底 大生愧懼

僞太子拓跋晃[16]事高爲師 晃一時被讒 爲父所疑 乃告高曰 空羅迂苦 何由得脫 高令作金光明齋[17] 七日懇懺 齋[18]乃夢見其祖及父 皆執劍烈威 問 汝何故信讒言 迂疑太子 燾驚覺 大集群臣 告以所夢 諸臣咸言 太子無過 實如皇靈降誥 燾於太子 無復疑焉 蓋高誠感之力也 時崔皓[19]寇天師[20] 先得寵於燾 恐晃纂承之日 奪其威柄 乃譖曰 太子前事 實有謀心 但結高公道術 故令先帝降夢 如此物論 事迹稍形 若不誅除 必爲巨害 燾遂納之 勃然大怒 卽勅收高 高先時嘗密語弟子云 佛法應衰 吾與崇公[21] 首當其禍乎 時有涼州沙門釋慧崇 是僞魏尙書韓萬德[22]之門師 旣德次於高 亦被疑阻 至僞太平五年九月 高與崇公 俱被幽縶 其月十五日就禍 卒於平城[23]之東隅 春秋四十有三 是歲宋元嘉二十一年也

當爾之夕 門人莫知 是夜三更[24] 忽見光繞高先所住處塔 三匝還入禪窟中 因聞光中有聲云 吾已逝矣 諸弟子方知已化 哀號痛絶 旣而迎屍於城南曠野 沐浴遷殯 兼營理崇公 別在異處 一都道俗 無不嗟駭 弟子玄暢[25] 時在雲中[26] 去魏都六百里 旦忽見一人 告云以變 仍給六百里馬 於是揚鞭而返 晚間至都 見師已亡 悲慟斷絶 因與同學共泣曰 法今旣滅 頗復興不 如脫更興 請和上起坐 和上德匪常人 必當照之矣 言畢 高兩眼稍開 光色還悅 體通汗出 其汗香甚 須臾起坐 謂弟子曰 大法應化 隨緣盛衰 盛衰在迹 理恒湛然 但念汝等 不久復應如我耳 唯有玄暢 當得南度 汝等死後 法當更興 善自修心 無令中悔 言已 便臥而絶也 明日遷柩 欲闍維[27]之 國制

不許 於是營墳卽窆 道俗悲哀 號泣望斷
　有沙門法達 僞國僧正[28] 欽高日久 未獲受業 忽聞恒化[29] 因而哭曰 聖人去世 當復何依 累日不食 常呼高 上聖人自在 何能不一現 應聲見高飛空而至 達頂禮求哀 願見救護 高曰 君業重難救 當可如何 自今以後 依方等苦悔 當得輕受 達曰 脫得苦報 願見矜救 高曰 不忘一切 寧獨在君 達又曰 法師與崇公 竝生何處 高曰 吾願生惡世 救護衆生 卽已還生閻浮[30] 崇公常祈安養[31] 已果心矣 達又問 不審法師 已階何地 高曰 我諸弟子 自有知者 言訖 奄然不見 達密訪高諸弟子 咸云 是得忍[32]菩薩 至僞太平七年 拓跋燾果毁滅佛法 悉如高言

1) 馮翊萬年(풍익만년) : 섬서성(陝西省) 부평(富平) 동남방의 지명(地名)을 말한다.
2) 外道(외도) : 불교의 입장에서 불교 이외의 교설(敎說)이나 신앙(信仰)을 가리키는 말.
3) 異見(이견) : 외도(外道)와 같은 뜻으로 쓰인 말.
4) 大法(대법) : 불교를 절대적인 것으로 보는 처지에서 불교를 가리켜 이르는 말.
5) 僞秦(위진) : 5호16국(五胡十六國)의 하나인 부견(符堅)의 전진(前秦)을 이르는 말인데, 전진의 정통성을 인정하지 않는 데서 위(僞)자를 붙였다.
6) 生知(생지) : '논어(論語)' 계씨편(季氏篇)에 "생이지지자상야(生而知之者上也 : 태어나면서 아는 자는 상이요), 학이지지자차야(學而知之者次也 : 배워서 아는 자는 다음이라)"라고 한 말에 근거를 두는 말이다.
7) 浮馱跋陀(부타발타) : 불타발타라를 말한다.
8) 西秦(서진) : 5호16국의 하나. 선비족(鮮卑族)의 걸복국인(乞伏國仁)이 감숙성(甘肅省) 원천(原川)에 도읍하였던 나라.
9) 麥積山(맥적산) : 감숙성 천수현(天水縣) 동남방에 있는 산 이름. 뒤에 석굴(石窟)이 뚫렸다.
10) 曇無毘(담무비) : Dharmaprīya의 음역(音譯).
11) 三昧正受(삼매정수) : Samaya의 음역(音譯)인 삼매(三昧)와 의역(意譯)

인 정수(正受)를 겹쳐서 하는 말.
12) 隴右(농우) : 감숙성 난주(蘭州) 농산(隴山)의 서편(西便).
13) 西海(서해) : 청해(靑海)를 이르는 말.
14) 羅漢(나한) : 아라한(阿羅漢). 소승(小乘)의 교법(敎法)을 수행하여, 사선(四禪)을 얻어 그 이상 더 나아가 구할 것이 없는 경지에 이른 성자(聖者).
15) 一夏(일하) : 여름 90일 간, 안거(安居)의 행(行)을 닦는 동안을 말한다. 이 기간은 외출을 금하고 오직 좌선(坐禪)의 수행에 힘쓴다.
16) 僞太子拓跋晃(위태자척발황) : 척발황(拓跋晃)은 북위(北魏)의 세조(世祖) 태무제(太武帝)의 태자(太子). 위(僞)는 정통성을 인정하지 않는 데서 붙인 말이다.
17) 金光明齋(금광명재) : 참회(懺悔)와 멸죄(滅罪)를 설(說)하는 '금강명경(金光明經)'을 독송(讀誦)하는 법회(法會).
18) 燾(도) : 북위(北魏)의 세조 태무제(太武帝)인 척발도(拓跋燾)를 이르는 말. 북위는 5호 16국의 하나로서, 선비족(鮮卑族)인 척발규(拓跋珪)가 전진(前秦)의 뒤를 이어 강북(江北)에 세운 나라. 후위(後魏)라고도 한다.
19) 崔皓(최호) : '위서(魏書)' 권 35에 보인다.
20) 寇天師(구천사) : 구겸지(寇謙之)를 이르는 말. 북위(北魏) 태무제인 척발도의 신임을 얻어 최호와 함께 불교 탄압의 중심적 역할을 했다. 도교(道敎)의 태상로군(太上老君)에게 천사(天師)의 위(位)를 받아 도교의 개혁을 실현하였다고 한다. '위서(魏書)' 권 114 석로지(釋老志)에 보인다.
21) 崇公(숭공) : 석혜숭(釋慧崇)을 이르는 말. 미상(未詳).
22) 韓萬德(한만덕) : 미상.
23) 平城(평성) : 산서성(山西省) 대동(大同)의 동북방.
24) 三更(삼경) : 하룻밤을 다섯으로 나눈 셋째 시각으로, 정밤중인 자정(子正)을 전후한 두 시간 정도
25) 玄暢(현창) : 원전 '고승전(高僧傳)' 권 8에 나오는 인물.
26) 雲中(운중) : 내몽고(內蒙古) 자치구(自治區) 임격이(林格爾) 근처.
27) 闍維(도유) : 다비(茶毗). 화장(火葬)을 말한다.

28) 僧正(승정) : 승관(僧官)의 으뜸 자리에 위치하여 모든 승려를 관리한다.
29) 怛化(달화) : '장자(莊子)' 대종사편(大宗師篇)의 무달화(無怛化)와 같다. 자연의 변화로 죽어 가는 자를 놀라게 한다는 뜻이었으나, 점차 사망을 뜻하는 말로 바뀌었다.
30) 閻浮(염부) : 염부제(閻浮提)의 약어(略語). 범어(梵語)인 Jambudipa의 음사(音寫). 현실의 인간 세계를 가리킨다.
31) 安養(안양) : 아미타불(阿彌陀佛)의 극락정토(極樂淨土).
32) 得忍(득인) : 불생불멸(不生不滅)의 확인(確認)을 얻어 다시는 미혹한 세계로 떨어지지 않는 위치. 불퇴위(不退位).

제5장 명률전(明律傳)

율문(律文)에 보면 네 가지 이유가 있으면
신족통(神足通)을 보일 수가 있다.
하나는 의심의 그물을 끊어 버리려는 경우,
둘은 사악한 생각을 깨뜨려 버리려는 경우,
셋은 교만한 마음을 제거해 버리려는 경우,
넷은 공덕(功德)을 쌓으려는 경우이다.

제5장 명률전(明律傳)

계율(戒律)을 깊이 닦은 분들

　명률전(明律傳)은 부처님의 계율(戒律)을 깊이 닦아 후세에 전한 세 고승의 전기(傳記)를 발췌하여 약술(略述)하였다.
　경(經)·율(律)·논(論)의 삼장(三藏)에 의거하여 수행하는 승려의 학문은 계(戒)·정(定)·혜(慧)의 세 학문을 근간(根幹)으로 한다. 세 가지 학문 중 어느 것이라도 결함이 있다면 출가하여 수도하는 승려로서의 명예에 큰 손상이 가는 것이다.
　'고승전'의 '의해(義解)'는 지혜가 뛰어난 사람들에 대한 전기(傳記)요, '습선(習禪)'은 선정(禪定)에서 명성을 남긴 사람들의 전기이며, 이 '명률(明律)'은 계율을 깊이 닦은 사람들의 전기이다.
　사람들의 마음속에 충(忠)과 신(信)의 감정이 쇠퇴해가면 그것을 막고 보태기 위하여 예의(禮義)나 법도(法度) 같은 것을 생각하게 된다. 마찬가지로 해서는 안 될 비행(非行)을 범할 기연(機緣)이 생기면 그것을 방지하기 위한 계율(戒律)이란 것이 제정되게 마련이다.
　계율과 선정(禪定)과 지혜가 삼위일체(三位一體)라는 것은 말할 나위도 없지만 그래도 굳이 그 전후 관계를 따진다면, 계율을 엄하게 지켜야 선정을 실천할 수 있고 선정의 기초가 없으면 지혜를 이룰 수 없다. 세 학문의 기본은 정히 계율의 준수(遵守)에 있다.

계율을 기초로 해서 비로소 선정이 확립되고, 선정의 실천을 거쳐서 지혜가 걸림 없는 빛을 발한다. 이렇게 해서 무수한 선행(善行)이 생기게 되는 것이다.

과거·현재·미래에서 부처의 가르침은 모두 이 계율을 기초로 해서 다함이 없는 활동을 보일 수 있는 것이다.

여기서는 '고승전'에 수록된 정전(正傳) 13인, 부전(附傳) 8인 중에서 석승업(釋僧業)과 석승거(釋僧璩)와 석지칭(釋智稱) 세 고승의 전기를 초역(抄譯)하였다.

이 사람이야말로 후세의 우바리(優波離)이다
— 석승업전(釋僧業傳)

석승업(釋僧業)은 속성이 왕(王)이며, 하내(河內)에서 태어났다. 어려서부터 총명하고 깨달음이 있어 여러 가지 전적(典籍)을 읽었다.

그 뒤 장안(長安)으로 나와 구마라습(鳩摩羅什)에게 의지하여 업(業)을 받으면서, 새로 역출(譯出)된 '십송률(十誦律)'을 보고는 모든 정력을 그 경전 연찬(研鑽)에 집중하였다.

타고난 총명과 민첩으로 깊고 오묘한 데까지 완전히 해명(解明)하였다.

그를 보고, 구마라습이 감탄하여 말했다.

"후세(後世)의 우바리(優波離)로구나."

승업은 관중(關中) 땅이 난을 당하여 어지러워지자, 경사(京師)로 난을 피했다.

오국(吳國)의 장소(張邵)는 승업의 마음이 바르고 소박한 데 마음이 끌려, 그를 원하여 고소(姑蘇)로 데리고 가 그를 위하여 한거사(閑居寺)를 건립(建立)하였다.

절을 둘러싼 자연경관은, 지세는 걸림이 없이 탁 트여 넓었으며, 질펀한 물이 띠를 두른 듯이 주위를 에워싸 흐르고 있었다.

승업은 모든 사람의 존경을 받으면서 가르침을 설하여 모든 사람을 훈도(訓導)하는 일을 게을리 하지 않았다.

삼오(三吳) 지방의 학도들이 모두 모여와 서로 어깨를 부딪칠 정도였다.

강의와 훈도를 하는 사이사이에 선(禪)의 수행(修行)에 마음을 썼다.
　좌선(坐禪)할 때마다 이상한 향내가 방안을 가득 채워 승업의 좌석 가까이 있는 자는 모두 같은 냄새를 맡았으며, 그 불가사의함에 놀라지 않은 사람이 없었다.
　그 옛날 구마라습이 관중(關中) 땅에서 아직 '십송률(十誦律)'을 역출(譯出)하지 않았을 때, 승업은 우선 '십송비구계본(十誦比丘戒本)'을 번역하였다.
　나중에 유지(流支)가 진국(秦國)에 와서야 겨우 대부(大部)인 '십송률(十誦律)'을 전하였던 것이다.
　'계본(戒本)'과 '대본(大本)'은 그 취지에 있어서는 꼭같고 표현만 차이가 있었다. 승업은 그것을 개정하면서 오로지 '대본(大本)'에 기반을 두었다. 지금 전송(傳誦)할 때에는 두 가지가 함께 행해진다.
　승업은 원가(元嘉) 18년(441)에 오(吳) 땅에서 입적(入寂)하였는데, 향년 75세였다.

　釋僧業 姓王 河內[1]人 幼而聰悟 博涉衆典 後遊長安 從什公[2]受業 見新出十誦 遂專功此部 俊發天然 洞盡深奧 什歎曰 後世之優波離[3]也 值關中多難 避地京師 吳國張卲[4] 挹其貞素 乃請還姑蘇 爲造閑居寺 地勢淸曠 環帶長川 業居宗秉化 訓誘無輟 三吳[5]學士 輻湊肩聯 又以講導餘隙 屬意禪門 每一端坐 輒有異香 充塞房內 近業坐者 咸所共聞 莫不嗟其神異 昔什公在關 未出十誦 乃先譯戒本[6] 及流支入秦 方傳大部 故戒心之與大本 其意正同 在言或異 業乃改正 一依大本 今之傳誦 二本竝行 業以元嘉十八年 卒於吳中 春秋七十有五

1) 河內(하내) : 하남성(河南省) 황하(黃河)의 남북 양안(兩岸) 지방.
2) 什公(습공) : 구마라습(鳩摩羅什).

3) 優波離(우바리) : 불제자(佛弟子) 중에서 계행(戒行)이 가장 으뜸이라는 것을 일컫는다.
4) 張邵(장소) : 진말(晉末) 송초(宋初)의 사람. 송(宋)나라 건국 공신으로 임저백(臨沮伯)에 봉해졌다.
5) 三吳(삼오) : 여러 설(說)이 있는데, 첫째는 회계(會稽) 오흥(吳興) 단양(丹陽)을 말하고 따로 오흥(吳興) 오군(吳郡) 회계(會稽)를 말하기도 하며, 혹은 소주(蘇州) 상주(常州) 호주(湖州), 또는 소주(蘇州) 윤주(潤州) 호주(湖州)를 가리켜 삼오라고도 한다.
6) 戒本(계본) : 구마라습의 역경(譯經) 중에 '십송비구계본(十誦比丘戒本)' 1권이라고 하는 것이며, 대본(大本)이라고 하는 것은 '십송률(十誦律)' 61권이라고 기록된 것을 말한다. '출삼장기집(出三藏記集)' 권 2의 글 가운데 보이는 계본(戒本)과 계심(戒心), 대부(大部)와 대본(大本)은 같은 것이다.

배움은 내외를 겸하고, 율행(律行)도 부족함이 없었다
— 석승거전(釋僧璩傳)

석승거(釋僧璩)의 속성(俗姓)은 주씨(朱氏)요, 오(吳)나라 사람이었다.

출가하여 석승업(釋僧業)의 제자가 되었는데, 여러 경전에 두루 정통하였고, 특히 '십송률(十誦律)'에 밝았다. 아울러 역사서(歷史書)에도 통달하였으며, 문장력도 뛰어났다.

처음 오나라의 호구산(虎丘山)에 살았는데, 송(宋)나라 효무제(孝武帝)가 풍문을 듣고 그를 흠모하여 칙명(勅命)으로 경사(京師)로 불러들여 승정(僧正)과 열중(悅衆)의 직책을 맡겨 중흥사(中興寺)에 살게 하였다.

이 때 사문(沙門)에 승정(僧定)이라는 자가, 자기는 이미 불환과(不還果)를 얻었노라면서 뽐내고 있었다.

승거는 많은 승려들을 모아 그에 대해 세밀하게 점검해 보았다. 그 결과, 불환과를 얻었다면 그로 하여금 신족통(神足通)을 보이라고 하기로 하였다.

승정은 응대하기를

"그것을 하면 계율(戒律)을 범(犯)할 우려가 있으므로 보일 수 없습니다."

라고 했다.

그래서 승거는 율문(律文)을 살펴보았다. 거기에는 네 가지 이유가 있으면 신족통을 보일 수 있다고 되어 있었다.

하나는 의심의 그물을 끊어 버리려는 경우, 둘은 사악한 생각을 깨뜨려 버리려는 경우, 셋은 교만한 마음을 제거해 버리려는 경우, 넷은 공덕(功德)을 쌓으려는 경우였다.
　결국 승정은 엉터리라는 것이 폭로되어 그 날로 밀려났다.
　승거는 '계중론(誡衆論)'을 저술하여 내세(來世)의 업보(業報)를 사람들에게 보였다.
　승거는 그의 학문이 내전(內典)과 외전(外典)을 겸하였고, 계율의 실천에 있어서도 흠잡을 데가 없었으므로 도인(道人)이나 속인(俗人)이 모두 귀의(歸依)하여 찾아오는 거마(車馬)가 끊일 때가 없었다.
　소제(少帝)는 그에게 오계(五戒)를 받았고, 예장왕(豫章王) 자상(子尙)은 그를 높여 법우(法友)로 삼았으며, 원찬(袁粲)이나 장부(張敷) 같은 사람은 그를 한번 보고는 친교를 맺었다.
　그 뒤 거처를 옮겨 장엄사(莊嚴寺)에 살다가 거기서 입적하였는데, 향년 58세였다.
　그는 '승만경(勝鬘經)'의 취지를 서술하였고, 또 '승니요사(僧尼要事)' 2권을 찬술(撰述)하였는데, 이 저서는 지금도 세상에서 행해지고 있다.

　釋僧璩 姓朱 吳國人 出家爲僧業弟子 總銳衆經 尤明十誦¹⁾ 兼善史籍 頗製文藻 始住吳虎丘山²⁾ 宋孝武³⁾ 欽其風聞 勅出京師 爲僧正悅衆⁴⁾ 止于中興寺 時有沙門僧定 自稱得不還果⁵⁾ 璩集僧詳斷 令現神足⁶⁾ 定云 恐犯戒故不現 璩案律文 有四因緣 得現神足 一斷疑網 二破邪見 三除憍慢 四成功德 定旣虛誑事暴 卽日明擯 璩仍著誡衆論 以示來業 璩旣學兼內外 又律行無疵 道俗歸依 車軌相接 少帝⁷⁾ 准從受五戒 豫章王子尙⁸⁾ 崇爲法友 袁粲⁹⁾張敷¹⁰⁾ 竝一遇傾蓋 後移止莊嚴 卒於所住 春秋五十有八 述勝鬘文旨 幷撰僧尼要事兩卷 今行於世

1) 十誦(십송) : '십송률(十誦律)'.
2) 虎丘山(호구산) : 강소성(江蘇省) 오현(吳縣) 서북방에 있는 산 이름.
3) 宋孝武(송효무) : 송(宋)나라 효무제(孝武帝). 세조(世祖) 유준(劉駿)을 말하며 문제(文帝)의 셋째아들. '송서(宋書)' 권6에 나온다.
4) 悅衆(열중) : 지사(知事)라고도 하며, 승려 사회의 사무를 관장하는 직책.
5) 不還果(불환과) : 아나함(阿那含 : Anāgāmin)의 음역(音譯). 욕계(欲界)의 수혹(修惑)을 다 끊고 남은 것이 없으므로 다시 욕계에 돌아와 태어나지 않는 경지에 도달한 성자(聖者).
6) 神足(신족) : 신족통(神足通). 신여의통(身如意通)이라고도 하며, 시기(時機)에 따라 응(應)하여 크고 작은 몸을 나타내 자기의 뜻대로 날아다니는 통력(通力).
7) 少帝(소제) : 효무제(孝武帝)의 장자 유의부(劉義符)를 이르는 말.
8) 豫章王子尙(예장왕자상) : 효무제(孝武帝)의 28남 유자상(劉子常).
9) 袁粲(원찬) : '송서(宋書)' 권89. 송효무제 7년에 이부상서가 되었으며 명제 때에는 상서령이 된 인물.
10) 張敷(장부) : '송서(宋書)' 권62.

장수도, 높은 지위도 내가 바라는 바 아니다
— 석지칭전(釋智稱傳)

석지칭(釋智稱)의 속성(俗姓)은 배씨(裵氏)요, 본래는 하동(河東)의 문희(聞憙) 사람이었다. 위(魏)나라 기주자사(冀州刺史)였던 배휘(裵徽)의 자손으로 조부 대에 난을 피하여 경구(京口)에 임시로 살게 되었다.

지칭은 어려서부터 의기(意氣)가 드높아서 활쏘기와 말타기를 좋아하였다.

17세 때 왕현모(王玄謨)와 신탄(申坦)을 따라 북방의 험윤(獫狁)을 토벌(討伐)하였다. 무기를 서로 마주 휘둘러 칼끝을 피로 적실 때마다 연민(憐憫)의 정에 마음이 막혀 심한 고통을 느끼지 않을 수 없었다.

싸움터에서 물러나서는 개탄했다.

"남을 해치고 내 몸을 구하는 일은 인자(仁者)의 뜻이 아니다."

혼란하던 사태가 진정된 뒤 그는 갑주(甲胄)를 벗어 던졌다.

'서응경(瑞應經)'을 읽고 나서 마음에 깊이 깨달은 바가 있어, 백 년의 수명(壽命) 따위는 기대할 것이 못 되며, 세속의 군주(君主)나 성주(城主)의 지위 따위가 중요한 것이 아님을 알았다.

남쪽 계곡에 선방(禪房)을 짓고 들어앉아 참선(參禪)하는 종공(宗公)에게 몸을 의탁하여 오계(五戒)를 받았다.

송(宋)의 효무제(孝武帝) 때 익주(益州)의 앙선사(仰禪師)를 도성(都城)으로 맞이하여 공양(供養)하였다.

지칭은 거기서 선사에게 귀의(歸依)하였고, 선사도 그를 정성껏 응대하였다.
  선사가 문강(汶江)으로 돌아가게 되자 지칭도 함께 따라갔다.
  물을 거슬러 올라가 촉(蜀) 지방의 배사(裴寺)에서 출가하여 선사를 스승으로 섬겼다. 그 때 지칭의 나이 36세였다.
  그로부터 율부(律部)의 전적(典籍)을 전심(專心)으로 연찬(研鑽)하여 '십송률(十誦律)'에 정통하였고, 또 소품(小品) 한 부를 독송(讀誦)하였다.
  그 뒤 동쪽인 강릉(江陵)으로 배를 타고 내려가 은사(隱師)와 구사(具師) 두 스승을 따라 선(禪)과 율(律)을 배웠다.
  의가(義嘉)의 난이 일어났을 때 경사(京師)로 옮겨 주거(住居)를 정하였다.
  영공(穎公)이 흥황사(興皇寺)에서 율(律)을 강의하는 곳에 나가본 지칭은 그 애매모호하고 취지에서 벗어나는 점을 문제 삼았는데, 그의 발언은 핵심을 찔러 강좌에 모여 있던 사람들이 모두 깜짝 놀랄 정도였다.
  정림사(定林寺)의 법헌(法獻)이 강연에서 그를 만나 서로 문답을 주고받는 동안 맑고도 그윽하며 미묘한 것을 듣고는 함께 데리고 가 정림사에 머무르게 하였다.
  그리하여 소품(小品)을 정성껏 독송(讀誦)하고 비니(毘尼)를 연구하였다.
  그 뒤 여항(餘杭) 보안사(寶安寺)의 석승지(釋僧志)가 지칭에게 고향에서 '십송률(十誦律)'을 강의해 달라고 의뢰하였다. 또 운서사(雲栖寺)에서 그 절 사주(寺主)가 되어 달라고 간청해 와 지칭은 그 임무를 인수하였다.
  그는 오래지 않은 동안 그의 강목(綱目)을 들어보이는 데 헌장(憲章)을 가지고 하였다.
  얼마 뒤에 도성(都城)으로 들어갔다.
  문선왕(文宣王)이 보홍사(普弘寺)에서 율(律)을 강의해 달라고 요구하였으며, 수백 명의 승려들이 손에 경전을 들고 그 뜻을 받들었다.

지칭은 출가하여 불도(佛道)에 든 이래 힘써 번잡한 것을 피하여, 언제나 경조상문(慶弔相問)의 교제를 끊고, 세상의 속사(俗事)를 외면하였다.

불행한 일이 있을 때에는 계율을 엄수하여 슬픈 감정을 억제하고, 오로지 수도에 전념하여 1년상(一年喪)의 법도를 마쳤다.

법(法)을 설하는데 게으르지 않았고, 30여 편에 미쳤다.

제(齊)의 영원(永元) 2년(500)에 입적하였는데, 향년(享年) 72세였다.

'십송의기(十誦義記)' 8권을 저술하였으며 그것은 이 세상에 널리 행해지고 있다.

釋智稱 姓裴 本河東聞憙[1]人 魏冀州刺史徽[2]之後也 祖世避難 寓居京口[3] 稱幼而慷慨 頗好弓馬 年十七 隨王玄謨[4]申坦[5] 北討獫狁[6] 每至交兵血刃 未嘗不心懷惻怛 痛深諸已 却乃歎曰 害人自濟 非仁人之志也 事寧解甲 遇讀瑞應經[7] 乃深生感悟 知百年不期 國城非重 乃投南澗禪房宗公[8] 請受五戒 宋孝武時 迎益州[9]中禪師[10] 下都供養 稱便來意歸依 仰亦厚相將接 及仰反汶江[11] 因扈遊而上 於蜀裴寺出家 仰爲之師 時年三十有六 乃專精律部 大明十誦 又誦小品[12]一部 後東下江陵 從隱具二師[13] 更受禪律 值義嘉遘亂[14] 乃移卜居京師 遇穎公[15]於興皇講律 稱諮決隱遠 發言中詣 一時之席 莫不驚嗟 定林法獻於講席相值 聞其往復淸玄 仍携止山寺 於是溫誦小品 硏搆毘尼[16] 後餘杭寶安寺釋僧志[17] 請稱還鄕 開講十誦 雲栖寺復屈爲寺主 稱乃受任 少時擧其綱目 示以憲章 頃之反都 文宣[18]請於普弘講律 僧衆數百 皆執卷承旨 稱辭家入道 務遣繁累 常絶慶弔 杜塞人事 每有凶故 秉戒節哀 唯行道加勤 以終朞功之制 法輪常轉 講大本三十餘遍 齊永元二年卒 春秋七十有二 著十誦義記八

卷 盛行於世
1) 河東聞喜(하동문희) : 황하(黃河)가 남쪽으로 흐르는 부분의 동쪽 지역으로 산서성(山西省) 문희(聞喜).
2) 徽(휘) : 석지칭(釋智稱)의 조상인 배휘(裴徽)를 말한다. '위서(魏書)' 권71, '남제서(南齊書)' 권51에 보인다.
3) 京口(경구) : 강소성(江蘇省) 진구현(鎭口縣).
4) 王玄謨(왕현모) : '송서(宋書)' 권76에 나오는 인물. '관음경(觀音經)'을 천편(千遍) 독송(讀誦)한 공덕으로 형살(刑殺)을 모면했다고 한다.
5) 申坦(신탄) : '송서(宋書)' 권65에 나오는 인물.
6) 獫狁(험윤) : 중국 북방에 살던 미개족(未開族)으로, 흉노(匈奴)의 별칭(別稱)이다.
7) 瑞應經(서응경) : '태자서응본기경(太子瑞應本起經)'의 약칭(略稱).
8) 宗公(종공) : '대열반경(大涅槃經)' '승만경(勝鬘經)' '유마경(維摩經)'에 정통한 석승종(釋僧宗). 원전(原典) '고승전(高僧傳)' 권8에 있음.
9) 益州(익주) : 사천성(四川省) 성도(成都).
10) 仰禪師(앙선사) : 미상(未詳).
11) 汶江(문강) : 사천성(四川省)의 민강(岷江).
12) 小品(소품) : 대품(大品)에 상대되는 말로, 61권 짜리 '십송률(十誦律)'에 대하여 '십송비구계본(十誦比丘戒本)' 1권을 이르는 말일 것이다. '대품반야경(大品般若經)'에 대한 '소품반야경(小品般若經)'을 이르는 말은 아닌 듯하다.
13) 隱具二師(은구이사) : 은(隱)은 '십송률(十誦律)' '법화경(法華經)' '유마경(維摩經)'에 정통하고 석현고(釋玄高)에게서 선(禪)을 받은 석승은(釋僧隱), 구(具)는 '십송(十誦)'과 '잡심(雜心)'과 '비담(毘曇)'에 통달한 상명사(上明寺)의 석성구(釋成具)를 이르는 말일 것이다. 원전 '고승전' 권11에 나옴.
14) 義嘉遘亂(의가구란) : 진(晉)의 안왕(安王) 자훈(子勛)이 태시(泰始) 2년 정월 7일에 심양성(尋陽城)에서 즉위하여 경화(景和) 2년(466)을 고쳐

서 의가(義嘉) 원년(元年)이라고 하였다는 소위 진(晉) 안왕 자훈의 난(亂). 의가는 연호(年號)이다.

15) 穎公(영공) : 석법영(釋法穎). 율장(律藏)에 정통하여 '십송계본(十誦戒本)' '갈마(羯磨)'를 편찬했다. 원전 '고승전' 권11에 나옴.

16) 毘尼(비니) : 부처님이 제자들을 위하여 마련한 계율의 총칭.

17) 餘杭寶安寺釋僧志(여항보안사석승지) : 석승지는 여항 고을의 보안사 주지며 자세한 기록은 없다.

18) 文宣(문선) : 경릉(竟陵) 문선왕(文宣王) 소자량(蕭子良). '남제서(南齊書)' 권40에 나옴.

제6장 망신전(亡身傳)

"미혹(迷惑)에서 벗어나고자 하거든
먼저 너의 신명(身命)에 대한
집착에서 벗어나야 한다.
나의 신명에 조차 뜻을 두지 않는 자에게
지위도 명예도 권력도 재산도 그리고
처자나 육친까지도 무엇을 아까워할 것인가.
부처의 인도에 따르고
부처의 가르침 앞에 일체를 내던지는 것,
그것이 부처와 함께 사는 길이다.
나를 잊고 남을 위해 다하는 것, 굶주린 범 앞에
나를 던져 주는 행위야말로 정히 그것이다."

제6장 망신전(亡身傳)

이 한 몸을 바쳐서

　망신전은 중생(衆生)을 제도(濟度)하기 위해, 또는 불법(佛法)의 흥륭(興隆)을 기원하기 위해 신명(身命)을 아끼지 않고 바친 세 고승의 전기(傳記) 일부를 발췌하여 수록하였다.
　"그대 정강이의 털 하나만 있으면 천하를 구원할 수 있다."
고 하여도,
　"그것은 내가 알 바 아니다."
라고 단호하게 거절한 것은 양주(楊朱)의 자애설(自愛說)을 따르는 자이다.
　맹자(孟子)는 이것을
　"그것은 군주를 부정하는 처사이다."
라고 반격하여 깨우쳤다.
　"그대의 부친의 시중은 어떻게 드는가."
하고 물으면
　"천하 만민(萬民)의 일이 걱정된다."
라고 하면서, 동분서주(東奔西走)하며 머리 위에서부터 발끝까지 닳도록 몸을 바쳐 봉사한 것은 묵적(墨翟)의 겸애설(兼愛說)을 추종하는 학파였다.
　맹자는 이것은

"그대의 부친을 업신여기는 것이다."
라고 겸애설을 비판하였다.

　자기 한 몸만 보전하려고 하는 일이나, 오직 천하 만민의 이익을 도모하여 자신의 몸을 바치는 일은, 인간의 자연스러운 감정에서 본다면 지나치거나 미치지 못하는 일이다. 인간으로서의 적당한 행위에서 벗어나는 자체를 맹자는 비판하고 그들을 설득하여 깨우치게 하려 했다.

　그러나 그들의 설(說)에 공감하여 따르는 자가 단 한 사람도 없었다면 맹자가 그렇게까지 그들을 깨우치게 하려고 힘쓰지 않았을 것이다. 맹자가 위기감에 몰릴 정도로 그들에게 공감하고 그들의 행동을 지지하는 사람이 많았던 것이다. 그러나 공감하고 지지한다 해도 천하 만민을 위하는 일이라면 자기 몸 일체를 돌보지 않고 밤낮으로 분투하는 사람이 대체 어느 정도나 될까.

　묵적이 보인 정의의 실현을 위해 철(鐵)의 규율에 따라 자기 몸을 돌보지 않은 묵가(墨家)의 집단이 있었다고 전하지만 수많은 사람들 중에서 본다면, 그것은 겨우 구우(九牛)의 일모(一毛)에 불과할 것이다.

　그보다도 한비자(韓非子) 등의 법가(法家)가 말하는 바와 같이 정의를 위해 사는 사람보다는 이익을 위해 사는 사람이 대다수라고 한다면, 그들이 주로 구하는 바는 육체의 안일과 생명의 영원(永遠)이리라는 것은 쉽게 알 수 있을 것이다.

　과연 그렇게 잘라 말할 수 있겠는가.

　이와 같이 요구하는 것은 이 세계가 무엇인가 확실한 실재(實在)가 있고 이 육체도 다루는 사정에 따라서는 영원한 존재일 수 있다고 생각하고 있기 때문이 아닐까. 이와 같은 생각에 잘못이 없는가 어떤가.

　이런 물음에 대하여 산다고 하는 존재가, 살고 죽는 일을 되풀이하는 삼계(三界)는 빛나고 안락한 곳이 아니며, 삼세(三世)를 윤회전생(輪廻轉生)하면서 산다고 하는 것은 몽환(夢幻)의 존재일 뿐이라고 설(說)하는 부처의 가르침이 기묘한 진실성(眞實性)을 띤다고 믿고 눈앞에 점멸(點滅)하는 사람도 적다고는 할 수 없지 않을까.

겉으로는 태연자약한 듯하면서도 바닥을 알 수 없는 불안에 동요하기 시작한 마음에 다시 부처의 말이 속삭여 온다.

"미혹(迷惑)에서 벗어나고자 하거든 먼저 너의 신명(身命)에 대한 집착에서 벗어나야 한다. 나의 신명에 조차 뜻을 두지 않는 자에게 지위도 명예도 권력도 재산도, 그리고 처자나 육친(肉親)까지도 무엇을 아까워할 것인가.

부처의 인도에 따르고 부처의 가르침 앞에 일체를 내던지는 것, 그것이 부처와 함께 사는 길이다. 나를 잊고 남을 위해 다하는 것, 굶주린 범 앞에 나를 던져 주는 행위야말로 정히 그것이다."

전신전령(全身全靈)을 다 바치는 신앙(信仰)의 모습을 여기에서 엿들을 것이다.

몸을 던져 범의 먹이가 되는 행위가, 과연 가르침에 충실하여 성실하고 무구(無垢)한 행동이 될 수 있는 것일까.

대저 그 순간의 구조(救助)와 상찬(賞讚)을 미리 예측하고 기대하고 확신하고 하는 매명적(賣名的)인 상태에서 그것들을 흉내내는 태도는 아닐까.

혜교(慧皎)의 '논(論)' 중에 기대가 빗나가 본의 아니게 죽음에 이른 인물이 아주 없지 않음을 짐작케 하는 기술(記述)도 있어 그 실태(實態)를 확인하고 싶기도 하지만 그것이야말로 신앙을 조롱하는 것이리라.

어쨌거나 신앙을 위해 신명(身命)을 바친 사람들이 적지 않게 있어, 정전(正傳)에 11인, 부전(附傳)에 세 사람이 있는데, 여기서는 그 중에서 석담칭(釋曇稱), 석법진(釋法進), 석혜익(釋慧益) 세 고승의 전기(傳記)를 기록했다.

범이 나를 먹는다면 재앙은 반드시 소멸되리라
— 석담칭전(釋曇稱傳)

석담칭(釋曇稱)은 하북(河北) 사람이다. 어려서부터 인정이 많아 그의 혜택은 곤충에게까지 미쳤다.

진(晉)나라 말기에 팽성(彭城)으로 갔는데, 나이가 팔순(八旬)이나 되는 늙은 부부가 곤궁하게 지내는 것을 보고는 계율(戒律)을 깨면서 승복을 벗어 던지고 다시 속세로 돌아와 남의 집 머슴이 되어 여러 해 동안 고된 노동에 종사하여 노부부를 도왔다.

그러면서도 마음속으로 지키는 도덕에 벗어나는 짓은 절대로 하지 않았다. 그러한 그를 인근 사람들은 칭찬해 마지않았다.

마침내 노부부가 세상을 떠났다. 그는 품팔이 해서 번 돈을 모두 노부부의 명복(冥福)을 비는 공양(供養)에 다 쓰면서, 그것이 자기가 전생에 지은 죄에 대한 속죄(贖罪)라고 하였다.

모든 일이 마무리 된 뒤에 다시 불도(佛道)로 들어가려 하였으나 아직 불도로 들어가기 위한 법의(法衣)나 그 밖의 모든 것이 갖추어지지 않았다.

진(晉)나라가 망하고 송(宋)나라 초기에 팽성(彭城) 가산(駕山) 일대에서는 호환(虎患)이 심해 하루에도 마을의 한 두 사람들이 희생당했다. 그래서 담칭이 마을 사람들에게 말했다.

"만약 범이 나(담칭)를 먹는다면 반드시 이런 재해(災害)는 없어질 것이다"

마을 사람들이 그를 필사적으로 말렸으나, 그는 귓전으로도 듣지 않고 그 날 밤 혼자 들판으로 나가 초원에 앉아

"나의 이 몸을 너의 먹이로 제공하겠다. 만약 네가 지금부터라도 다른 사람들에게 재앙(災殃)을 주지 않는다면 미래에는 반드시 더 없는 법식(法食)을 얻을 것이다."
라는 원문(願文)을 외웠다.

 마을 사람들은 그의 결의를 알자 울면서 그에게 예배하고 각자 마을로 돌아갔다. 그 날 밤 사경(四更)이나 되었을까, 범이 담장을 앞발로 끌어당기는 소리가 들렸다.

 마을 사람들이 모두 남산으로 달려갔을 때는 이미 그의 온몸은 범의 먹이가 되었고 다만 머리만 남아 있었다. 그 머리를 장사 지내고 탑을 세웠다. 그런 후로는 호환이 아주 없어졌다.

 釋曇稱 河北[1] 人 少而仁愛 惠及昆蟲 晉末至彭城 見有老人 年八十 夫妻窮悴 迺捨戒爲奴 累年執役 而內修道德[2] 未嘗有廢 鄕隣嗟之 及二老卒 傭賃獲直 悉爲二老福用 擬以自贖 事畢 欲還入道 法物未備 宋初彭城駕山下虎災 村人遇害 日有一兩 稱乃謂村人曰 虎若食我 災必當消 村人苦諫不從 即於是夜 獨坐草中 呪願[3]曰 以我此身 充汝飢渴 令汝從今息怨害意 未來當得無上法食 村人知其意 正名泣拜而還 至四更[4]中 聞虎取稱 村人逐至南山 噉身都盡 唯有頭在 因葬而起塔 爾後虎災遂息

1) 河北(하북) : 하동군(河東郡)을 말한다. 하내군(河內郡)의 서쪽. 산서성(山西省) 남부(南部) 하현(夏縣)의 북방.
2) 道德(도덕) : 행위가 표면에 드러나는 계율(戒律)에 대하여, 그것을 내면에서 지탱하는 마음을 가리키는 것이리라.
3) 呪願(주원) : 내용은 '금광명경(金光明經)'에 보이는 살타태자(薩埵太子)의 사신사호(捨身飼虎)의 이야기를 근거로 하였을 것이다.
4) 四更(사경) : 하룻밤을 다섯으로 나눈 상태에서 그 넷째 시각. 곧 밤 새로 두, 세시 경을 말한다.

내 살을 먹으면 아직 며칠은 더 견디리라
— 석법진전(釋法進傳)

　석법진(釋法進)은 혹은 도진(道進)이라고도 하고, 법영(法迎)이라고도 하며, 양주(涼州)의 장액(張掖) 사람이다.
　어려서부터 경전(經典) 독송에 각고면려(刻苦勉勵)하고 또한 뛰어난 덕(德)을 갖추고 있어서, 저거몽손(沮渠蒙遜 : 涼王)에게 중용(重用)되었다.
　저거몽손이 죽은 뒤, 그의 아들 경환(景環)이 호인(胡人)과 벌인 싸움에 패하고는 법진에게 물었다.
　"이제 창끝을 돌려 고창(高昌)을 침략하고자 하는데, 승산이 있겠습니까?"
　법진이 대답했다.
　"꼭 이기실 것입니다. 다만 굶주림의 고통이 걱정됩니다. 군대를 돌려 곧바로 평정하십시오."
　3년 뒤에 경환이 죽고, 그의 아우 안주(安周)가 뒤를 이었다.
　그 해에 기근(飢饉)이 심하여 굶어 죽는 자가 수없이 생겨났다.
　안주는 법진을 섬기고 있었으므로, 법진은 몇 번이나 안주에게 곡식을 희사(喜捨)할 것을 빌어 가난하고 굶주리는 사람들에게 나눠 주었다.
　국고(國庫)에 비축해 둔 곡식이 얼마만큼 궁핍(窮乏)해졌다. 법진은 더 이상 국고를 축낼 수 없다고 생각하고 희사를 구걸하지 않았다.
　그런 다음 자기 몸을 깨끗이 닦고 칼과 소금을 준비해서 빈궁하여 굶주리는 사람들이 모여 있는 곳으로 찾아갔다.
　차례로 그들을 불법승(佛法僧)의 삼보(三寶)에 귀의시키고는 승복과 바리때를 나뭇가지에 걸어놓고 그 몸뚱이를 굶주리는 사람들 앞에 내던지면서 말했다.
　"그대들에게 이 몸뚱이를 내주겠다. 어서 함께 와서 들 내 살을 먹어라."
　그러나 아무리 굶주려 죽을 지경에 이른 사람들이라 하더라도 차마 그의 말을 들을 사람은 없었다.
　이에 법진은 손수 칼로 자기 살을 잘라내어 소금을 찍어 그들에게 먹였다. 이렇게 해서 두 넓적다리의 살이 다 없어졌다.
　이제 법진은 아프고 괴로워 더 이상 스스로 살을 베어낼 수가 없어 굶주린 자들에게
　"그대들이 나의 고기를 잘라 먹는다면 어쨌든 며칠은 더 견딜 수 있을 것이다. 만약 임금의 사자(使者)가 온다면 틀림없이 나를 그대로 가져갈 것이니, 사자가 오기 전에 고깃덩어리를 잘라 감추어 두어라."
하였으나 굶주림에 지친 사람들은 탄식하고 슬퍼할 뿐 누구 하나 고기를 자르려 하는 자가 없었다.
　얼마 뒤 제자들이 달려오고, 임금의 사자가 나타나 그 광경을 보았다. 온 나라가 들썩거리며 슬픔의 통곡소리가 그치지 않았다.
　상처 입은 몸뚱이를 가마에 태워 궁중(宮中)으로 데려갔다.
　안주는 칙명(勅命)으로 3백 곡(斛)의 보리를 풀어 굶주리는 사람들에게 베풀었다. 그리고 다른 창고도 열어 빈민들을 구호했다.
　법진은 다음 날 아침에 입적했다.
　성밖 북쪽 교외에 나가 다비(茶毗)에 부치니 하늘을 찌를 듯이 불꽃이 타오르고 이레가 지난 뒤에야 불꽃이 멈추었다. 유해는 완전히 타 없어졌으나 그의 혀만은 타지 않고 있었다. 그래서 그 자리에 3층탑을 세우고 그 우측에 비석을 세웠다.

釋法進 或曰道進 或曰法迎 涼州張掖[1]人 幼而精苦習誦 有超邁之德 爲沮渠蒙遜[2]所重 遜卒 子景環[3]爲胡寇所破 問進曰 今欲轉略高昌 爲可剋不 進曰 必捷 但憂災餓耳 廻軍卽定 後三年景環卒 弟安周續立 是歲飢荒 死者無限 周旣事進 進屢從求乞 以賑貧餓 國蓄稍竭 進不復求 洒淨洗浴取刀鹽 至深窮窟餓人所聚之處 次第授以三歸 便掛衣鉢著樹 投身餓者前云 施汝共食 衆雖飢困 猶義不忍受 進卽自割肉和鹽以噉之 兩股肉盡 心悶不能自割 因語餓人云 汝取我皮肉 猶足數日 若王使來 必當將去 但取藏之 餓者悲悼 無能取者 須臾弟子來至 王人復看 擧國奔赴 號叫相屬 因輿之還宮 周勅以三百斛[4]麥 以施餓者 別發倉廩 以賑貧民 至明晨乃絶 出城北闍維之 烟炎衝天 七日乃歇 屍骸都盡 唯舌不爛 卽於其處 起塔三層 樹碑于右

1) 涼州張掖(양주장액) : 감숙성(甘肅省) 장액현(張掖縣).
2) 沮渠蒙遜(저거몽손) : 흉노(匈奴)의 한 종족으로 장액(張掖) 지역에 세력을 떨쳐 고장(姑臧)에 근거를 두고 장액공(張掖公)이라 칭하다가, 마침내 양왕(凉王)이라 칭하였다. '진서(晉書)' 권129, '송서(宋書)' 권98에 나옴.
3) 景環(경환) : 저거몽손의 아들인 저거경환(沮渠景環). '송서(宋書)' 권98. 저거몽손조(沮渠蒙遜條)에 몽손의 뒤를 이은 무건(茂虔)이 척발도(拓跋燾)에게 패한 뒤 다음 아우인 무휘(無諱)를 말하는 것이리라. 그렇지 않으면 무건(茂虔)일 텐데, 경환(景環)이 죽은 뒤에 아우 안주(安周)가 이어서 섰다는 것으로 보면, 역시 무휘로 보는 것이 자연스럽다.
4) 三百斛(삼백곡) : 한 곡(斛)이 열 말이니, 3천 두(斗)이다.

나의 신명(身命)이 무엇이 아까우랴
— 석혜익전(釋慧益傳)

석혜익(釋慧益)은 광릉(廣陵) 사람이다. 어린 나이에 출가하여 스승을 따라 수춘(壽春) 고을에 살았다.

송나라 효건(孝建) 연간(454~457)에 도성(都城)으로 나와 죽림사(竹林寺)에 머물러 수행에 각고면려(刻苦勉勵)하면서 소신공양(燒身供養)할 것을 맹세하였다.

이 말을 들은 사람들은 그것이 옳지 않다고 비난하기도 하고, 장한 생각이라고 칭찬하기도 하였다.

대명(大明) 4년(460 : 남북조시대의 송나라 효무제 시대)이 되자, 곡식을 먹지 않고 삼씨와 보리만 먹었다.

대명 6년이 되자 다시 보리 먹는 일도 중지하고 다만 소유(蘇油)만 입에 넣을 뿐이었다. 얼마 있다가 이번에는 소유마저 끊고 환약(丸藥)을 넘기는 것으로 바꾸었다. 신체의 활동은 아주 쇠약해졌으나 의식은 아주 분명했다.

효무제(孝武帝)는 깊이 공경하고 두려워하는 마음이 생겨 겸손하고 정중하게 위로의 말을 건네고, 태재(太宰) 강하왕(江夏王) 유의공(劉義恭)을 보내 혜익에게 생각을 바꾸도록 충고하였다.

혜익의 맹세는 굳어서 좀처럼 태도를 바꾸려 하지 않았다.

대명 7년(463) 4월 8일이 되니, 드디어 소신공양(燒身供養 : 자기 몸을 불태워 공양함)을 행하고자 종산(鍾山) 남쪽에 가마솥을 걸어 놓고 기름을 준비하였다.

그 날 아침나절 우차(牛車)를 준비하여 타고 절에서 산으로 향하는데, 제왕(帝王)은 만민이 의지할 곳이며 동시에 불법승(佛法僧) 삼보(三寶)가 의지할 곳이므로 혜익은 자신의 힘으로 궁성에 들어가 이별 인사를 하고자 했다.

운룡문(雲龍門)까지 겨우 걸어갔는데 거기서부터는 혜익의 힘으로는 도저히 할 발도 뗄 수가 없어 다른 사람에게 대신 주상(奏上)해 달라고 했다.

"혜익도인(慧益道人)은 이제 몸을 버리려 합니다. 문까지 이르러서 이별의 말씀을 올리고 다시 한층 불법을 돌보아 주시기 바란다고 합니다."

효무제는 이 말을 듣고 숙연한 표정을 지으며 곧 운룡문까지 스스로 나아가 혜익을 맞았다.

혜익은 황제를 뵙고 거듭 불법을 돌보아 달라고 아뢰고는 그 자리에서 물러났다.

황제도 소신(燒身)하는 현장까지 따라갔다.

여러 왕족들과 도인(道人)과 속인(俗人), 사대부(士大夫)와 일반 서민에 이르기까지 각계각층의 사람들이 산등성과 골짜기를 가득 메웠으며 그들이 희사(喜捨)하는 의복과 재물들은 이루 다 헤아릴 수 없이 많았다.

혜익은 가마솥 안으로 들어가 작은 의자에 몸을 걸치고 스스로 의상(衣裳)을 매만지고 긴 모자를 머리 위에 얹었다.

기름을 위에서 붓고 드디어 불을 당기려 하였다.

이 광경을 바라본 황제는 급히 태재(太宰)를 보내 마음을 고치라고 타일렀다.

"진리를 구명(究明)하는 방법은 여러 가지가 있을 것입니다. 어찌 반드시 목숨을 던져야 할 까닭이 있겠습니까. 생각을 고쳐 다른 방법으로 행하도록 하십시다."

혜익은 평소에 이미 정한 바 있었으므로 조금도 후회하는 기색 없이 대답했다.

"보잘것 없는 몸이요 천한 목숨입니다.
 어찌 천심(天心 : 황제의 마음)에 두실 만한 존재이겠습니까. 만약 가련하다는 생각을 멈추기 어려우시면 부디 20명을 득도(得度)해 출가(出家)시켜 주시기 바랍니다."

황제는 칙명(勅命)으로 곧 허락하였다.

혜익은 곧 손으로 촛불을 잡아 모자에 불을 붙였다. 모자가 타기 시작하니 초를 던지고 합장(合掌)하여 '약왕품(藥王品)'을 외기 시작했다. 불이 눈썹까지 닿아도 외는 소리는 더욱 분명하게 들렸으나, 눈에 이르러서는 흐릿해졌다.

고귀한 사람들이나 비천한 사람들이나 모두 슬픔에 잠겨 흐느끼는 소리가 그윽한 계곡을 떨게 했고, 손을 비비고 부처님의 명호(名號)를 부르면서 비탄의 눈물을 흘리지 않는 사람이 없었다.

불은 다음날 아침에 가서야 겨우 꺼졌다.

효무제는 그 때 공중에서 피리 소리가 들리고 불가사의한 향기가 공중에 감도는 것을 느꼈다.

황제는 낮이 되어서야 겨우 궁중으로 돌아갔다.

그 날 밤 꿈속에서 혜익이 석장(錫杖)을 휘두르며 와서는 다시 불법의 흥륭(興隆)을 부탁하고 가는 것을 보았다.

다음날 황제는 혜익을 위해 법회(法會)를 열어 사람들을 득도(得度)시키고, 법회를 주관하는 사람에게 이 상서로운 징조를 큰 목소리로 자세하게 설하여 넓히게 하였다.

소신공양한 자리를 약왕사(藥王寺)라 칭하고 이것의 기반이 되는 고사(故事)를 참고하도록 하였다.

釋慧益 廣陵人[1] 少出家 隨師止壽春[1] 宋孝建中 出都憩竹林寺 精勤苦行 誓欲燒身 衆人聞者 或毀或讚 至大明四年 始就却粒 唯餌麻麥 到六年 又絶麥等 但食蘇油[2] 有頃又斷蘇油 唯服香丸 雖四大[3]綿微 而神情警正 孝武深加敬異 致問慇懃 遣太宰江夏王義恭[4]

詣寺諫益 益誓志無改 至大明七年四月八日 將就焚燒 迺於鍾山[5]
之南 置鑊辦油 其日朝乘牛車 而以人牽 自寺之山 以帝王是兆民
所憑 又三寶所寄 乃自力入台 至雲龍門 不能步下 令人啓聞 慧益
道人 今捨身 詣門奉辭 深以佛法仰累 帝聞改容 卽躬出雲龍門 益
旣見帝 重以佛法憑囑 於是辭去 帝亦續至 諸王妃后 道俗士庶 塡
滿山谷 投衣棄寶 不可勝計 益乃入鑊 據一小床 以衣具自纏 上加
一長帽 以油灌之 將就著火 帝令太宰至鑊所 請喩曰 道行多方 何
必殞命 幸願三思 更就異途 益雅志確然 曾無悔念 迺答曰 微軀賤
命 何足上留天心 聖慈罔已者 願度二十人出家 降勅卽許 益迺手
自執燭以然帽 帽然 迺棄燭合掌 誦藥王品[6] 火至眉 誦聲猶分明 及
眼乃昧 貴賤哀嗟 響振幽谷 莫不彈指稱佛惆悵淚下 火至明旦迺盡
帝於時聞空中笳管 異香芬苾 帝晝日方還宮 夜夢見益振錫而至 更
囑以佛法 明日帝爲設會度人 令齋主唱白 具序徵祥 燒身之處 謂
藥王寺 以擬本事也

1) 壽春(수춘) : 안휘성(安徽省) 수현(壽縣).
2) 蘇油(소유) : 소합향유(蘇合香油). 소합향(蘇合香)의 수피(樹皮)에서 채취
   한 수지(樹脂)로, 보통 살충제(殺蟲劑)나 개선(疥癬 : 옴) 치료에 쓰인다.
3) 四大(사대) : 사람의 몸뚱이. 신체(身體). 지(地) 수(水) 화(火) 풍(風)의
   네 가지 원소가 우주의 모든 물질을 구성한다고 한다.
4) 太宰江夏王義恭(태재강하왕의공) : 태재(太宰)인 강하문헌왕(江夏文獻
   王) 유의공(劉義恭)을 말한다. 태재는 태부(太傅) 태보(太保)와 아울러 삼
   공(三公)이라고 하는데, 삼공의 우두머리가 태재이다. '송서(宋書)' 권61에
   나온다.
5) 鍾山(종산) : 장산(蔣山) 또는 북산(北山)이라고도 한다. 남경시(南京市)
   중산문(中山門) 밖의 자금산(紫金山)이다.
6) 藥王品(약왕품) : '묘법연화경(妙法蓮華經)' 약왕보살본사품(藥王菩薩本
   事品). 소신공덕(燒身功德)의 무량(無量)을 설한다.

제7장 송경전(誦經傳)

"예전에는 이 절의 사미(沙彌)였습니다.
부처님께 올리는 공양(供養)을 몰래 훔쳐 먹은 죄로
지금은 변소의 구더기가 되고 말았습니다.
이 세상에서 스님의 도업(道業)이
훌륭하시다는 말을 듣고, 와서
독송하시는 것을 듣고 있습니다.
부디 저를 도우시어 방편(方便)으로
이 죄에서 면하게 해 주십시오"

제7장 송경전(誦經傳)

행복을 초래한 힘의 원천

송경전은 온 몸과 온 정성을 기울여 송경(誦經)에 힘쓴 세 분 고승의 불가사의한 전기를 발췌하여 수록하였다.

부처의 가르침에 온 몸과 온 정성을 기울여 바치며 따르는 일은 별로 추상적인 이야기가 아니고 지극히 구체적인 형태를 띤다.

곧 부처의 가르침을 기술한 경전을 수지(受持)하고, 친근하게 독송(讀誦)하고 해설하고, 억념(憶念)하여 공양하는 것이다.

'마하반야바라밀경(摩訶般若波羅蜜經)'에서는 송경의 공덕(功德)에 대하여, 신앙심이 깊은 사람에게 그 복덕(福德)은 헤아릴 수 없고 끝이 없는 것으로서, 불가사의하다고 할 수밖에 없다고 설하였다.

그것은 비단 이 경전만 가지는 특유한 생각은 아니다.

'묘법연화경(妙法蓮華經)'에도 경을 수지하고 독송하고 해설하고 서사(書寫)하는 공덕의 불가사의함을 되풀이하여 설하고 있다.

'유마힐소설경(維摩詰所說經)'이라고 해서 그 사정이 다른 것은 아니다.

하고자 해서 되지 않는 것이 전혀 없는 전지전능(全智全能)한 부처의 깨달음. 그것이 경전(經典)이라고 한다면 경전을 독송한다는 것은, 부처의 전지전능을 확신하고 의뢰(依賴)하고 찬탄(讚嘆)하여 그 헤아릴 수 없고 끝없는 힘의 은혜를 입고자 하는 것을 뜻한다.

혹은 '법화경(法華經)'을 독송하고 혹은 '유마경(維摩經)'을 독송하고 혹은 '십지론(十地論)' '사익경(思益經)' '대열반경(大涅槃經)' '대품반야경(大品般若經)' '금강반야경(金剛般若經)' '금광명경(金光明經)' 등 독송하는 경전은 각각 다르다 하더라도 각종 불가사의한 일이 생겨 위험을 모면하고 행복을 초래하였다는 기록은 결코 적지 않다.

이런 말은 정전(正傳)에 수록된 21인과 부전(附傳)에 수록된 12인에 그치지 않고 '고승전'의 여러 곳에 자주 나온다.

소리를 가다듬어 경전을 외는 현실적인 위력(威力)을 확신하는 일은 동서고금의 어느 종교에도 보편화(普遍化)되어 있는 심성(心性)일 것이다.

송경전에서는 석담수(釋曇邃) 석홍명(釋弘明) 석도림(釋道琳), 세 고승의 전기를 발췌하여 수록하였다.

저에게 90일 동안 만 법을 설(說)하여 주십시오
― 석담수전(釋曇邃傳)

석담수(釋曇邃)는 어느 고장 사람인지 알 수 없다. 어린 시절에 출가하여 하남(河南) 백마사(白馬寺)에 머물러 있었다.

채식(菜食)과 거친 옷으로 생활하면서 '정법화경(正法華經)'을 창송(唱誦)하기 하루 한 편. 경전(經典)의 취지에 정통하여 남에게도 풀어서 밝혀 주었다.

어느 날 한밤중에 갑자기 방문을 두드리는 소리가 들리더니

"법사(法師)님께 원하는 바가 있습니다. 저에게 90일 동안 만 법(法)을 설(說)하여 주십시오"

라고 하는 소리가 났다.

담수(曇邃)는 일단 거절하였으나 워낙 간절하게 원하기에 밖으로 나갔다.

처음부터 잠들어 있는 상태 그대로였는데, 눈을 떠서 보니 자기의 몸이 백마사 토지신(土地神)의 사당(祠堂) 안에 있음을 깨달았다.

그로부터 한 사람의 제자와 함께 매일 남모르게 살짝 나갔으므로 누구 한 사람 눈치 챈 사람이 없었다.

뒤에 절의 승려 한 사람이 사당 앞을 지나다가 두 개의 높은 좌석이 있는 것을 보았다.

담수는 북쪽에 앉아 있고 제자는 남쪽에 앉아 강설(講說)하는 소리가 들리는 듯하였다. 그리고 이상한 향기가 감도는 것을 느꼈다.

이렇게 해서 도인(道人)이나 속인(俗人)이 모두 서로 전하고 전해서 신기하기 이를 데 없는 소문이 퍼졌다.

여름이 되어 설법(說法)은 끝났다.

토지신은 백마(白馬) 한 마리와 백양(白羊) 다섯 마리, 그리고 비단 90필(疋)을 담수에게 시주하였다.

담수가 원문(願文)을 주(呪)하여 마치자 그것들은 다 어디론가 없어지고 말았다.

석담수는 그 뒤 어디서 어떻게 이 세상을 떠났는지 아무런 기록이 없어 알 수가 없다.

釋曇邃 未詳何許人 少出家 止河陰白馬寺 蔬食布衣 誦正法華經[1] 常一日一遍 又精達經旨 亦爲人解說 嘗於夜中 忽聞扣戶云 欲請法師 九旬說法 邃不許 固請 乃赴之 而猶是眠中 比覺已身在白馬塢神[2]祠中 幷一弟子 自爾日日密往 餘無知者 後寺僧經祠前過 見有兩高座 邃在北 弟子在南 如有講說聲 又聞有奇香之氣 於是道俗共傳 咸云神異 至夏竟 神施以白馬一匹白羊五頭絹九十匹 呪願畢 於是各絶 邃後不知所終

1) 正法華經(정법화경) : 구마라습이 '묘법연화경(妙法蓮華經)'을 역출(譯出)하기 전에 축법호(竺法護)가 역출한 것.
2) 塢神(오신) : 마을의 수호신(守護神). 토지신(土地神).

하늘의 동자가 시중 들다
— 석홍명전(釋弘明傳)

석홍명(釋弘明)의 속성(俗姓)은 영(嬴)이라고 하며, 회계(會稽) 산음(山陰) 고을 사람이다. 어린 나이에 출가하였으며, 마음이 바르고 계율을 지키는 데 게을리 하지 않았다.

산음의 운문사(雲門寺)에 머물러 있으면서 '법화경(法華經)'을 독송하고 선정(禪定)을 닦으며, 참회(懺悔)의 행(行)에 힘써 낮이나 밤이나 쉬지 않았다.

매일 밤을 녘이면 물병이 저절로 가득 차는 일은, 실은 제천(諸天)의 동자(童子)가 그를 위해 시중을 들어 주는 것이었다.

홍명이 어느 때 운문사에서 좌선(坐禪)하고 있는데, 범이 홍명의 방으로 들어와 의자 앞에 옆으로 누워 있다가 홍명이 자세를 단정히 하여 까딱도 하지 않는 것을 보고는 잠시 후 나가 버렸다.

또 어느 때는 소동(小童) 하나가 보였다. 그 소동은 홍명이 경문(經文)을 독송하는 것을 듣고 있었다.

홍명이 물었다.

"너는 대체 누구냐?"

"예전에는 이 절의 사미(沙彌)였습니다. 부처님께 올리는 공양(供養)을 몰래 훔쳐 먹은 죄로 지금은 변소의 구더기가 되었습니다. 이 세상에서 스님의 도업(道業)이 훌륭하시다는 말을 듣고 와서 독송하시는 것을 듣고 있습니다. 부디 저를 도우시어 방편(方便)으로 이 죄에서 면하게 해 주십시오."

홍명이 곧 법(法)을 설하여 가르침을 받아들이도록 권하였더니, 설법을 완전히 이해하고는 몸을 감췄다.

그 뒤 영흥(永興) 고을의 석로암(石姥巖)에서 선정(禪定)에 들어 있는데 그 고을의 산정(山精)이 나타나 홍명의 정신을 산란하게 하였다.

홍명이 산정을 잡아 허리끈으로 묶었더니 산귀신인 산정은 마음으로부터 사과하면서

"이제부터 다시는 오지 않겠습니다."

라고 하며 놓아달라고 애걸하였다. 묶은 끈을 풀어 주니 곧 모습이 보이지 않았다.

원가(元嘉) 연간(年間 : 424~454)에 군수인 평창(平昌)의 맹개(孟顗)가 홍명에게, 진지하고 소박한 것을 중히 여긴다면 나와서 도수정사(道樹精舍)에 머물러 달라고 했다.

그 뒤 양강(陽江)을 건너 영흥읍(永興邑)에다 소현사(昭玄寺)를 세우고 다시 홍명을 청하여 주지로 있게 하였다.

대명(大明) 연간(457~465) 말기에 도리(陶里)의 동씨(董氏)가 또 홍명을 위하여 마을에 백림사(栢林寺)를 세우고 그를 청하여 머물러 있게 하며, 선(禪)과 계율(戒律)을 지도하게 하였는데 그의 문인(門人)이 열을 지어 모여들었다.

제(齊)나라 영명(永明) 4년(486)에 백림사에서 입적하니 향년 84세였다.

釋弘明 本姓嬴 會稽山陰[1] 人 少出家 貞苦有戒節 止山陰雲門寺 誦法華 習禪定 精勤禮懺 六時[2] 不輟 每旦則水甁自滿 實諸天童子 以爲給使也 明嘗於雲門坐禪 虎來入明室內 伏于床前 見明端然不動 久久乃去 又時見一小兒 來聽明誦經 明曰 汝是何人 答云 昔是此寺沙彌 盜帳下食 今墮圊中 聞上人道業 故來聽誦經 願助方便 使免斯累也 明卽說法勸化 領解方隱 後於永興[3] 石姥巖[4] 入定 又有山精 來惱明 明捉得以腰繩繫之 鬼遜謝求脫云 後不敢復來 及解

放於是絶迹 元嘉中 郡守平昌孟顗[5] 重其眞素 要出安止道樹精舍
後濟陽江 於永興邑 立昭玄寺 復請明往住 大明末 陶里董氏 又爲
明於村立栢林寺 要明還止 訓勖禪戒 門人成列 以齊永明四年 卒
於栢林寺 春秋八十有四

1) 會稽山陰(회계산음) : 절강성(浙江省) 소흥현(紹興縣) 회계산(會稽山) 북쪽에 해당한다.
2) 六時(육시) : 불가(佛家)에서는 낮을 신조(晨朝) 일중(日中) 일몰(日沒)의 세 시(時)로, 밤을 초야(初夜) 중야(中夜) 후야(後夜)의 세 시로 하여, 밤과 낮을 아울러 하루를 여섯 시(時)로 나눈다.
3) 永興(영흥) : 절강성(浙江省)의 중부인, 무의수(武義水) 연안의 영강(永康)을 말하는 듯하다.
4) 石姥巖(석로암) : 미상(未詳).
5) 孟顗(맹개) : '송서(宋書)' 권67과 '사영운전(謝靈運傳)'에 보이며 문제(文帝) 18년 11월에 상서복야가 되었다.

도림(道琳)이 와 살면서 요괴(妖怪)가 없어졌다
— 석도림전(釋道琳傳)

석도림(釋道琳)은 본래 회계(會稽) 산음(山陰) 사람이다.
어려서 출가하여 계율(戒律)에 정성껏 힘썼고, '열반경(涅槃經)'과 '법화경(法華經)'에 정통하였으며, '정명경(淨名經)'을 독송하였다.
오(吳)나라 장서(張緒)는 도림을 예를 다하여 섬겼다.
그 뒤 부양현(富陽縣)의 천림사(泉林寺)에서 살았다.
이 절에는 언제나 요괴(妖怪)들이 출몰했었는데 도림이 와서 살면서부터 요괴들이 없어졌다.
어느 때 도림의 제자 혜소(慧韶)가 무너져 내린 지붕에 깔려 머리가 어깨 밑으로 파묻혀 도림이 기원하였는데, 밤에 혜소의 눈에 서역의 도인(道人) 두 사람이 나타나 자기 머리를 어깨 밑에서 뽑아내는 것이었다.
날이 밝아 일어나 보니 머리가 예전 자리로 완전히 돌아가 있었다.
도림은 그래서 그 성승(聖僧)들을 위한 재(齋)를 베풀고, 비단을 새로 끊어다가 상(床) 위에 깔았다.
재가 끝난 뒤에 보니 비단 위에 사람의 발자국이 나 있는데, 모두 석 자 남짓한 길이였다.
사람들은 다 그 나타난 징조에 감복하였다.
그래서 부양(富陽) 사람들은 집집마다 그 성승들을 위해 단(壇)을 모으고 음식을 공양했다.

양(梁)나라 초기에 도림은 천림사에서 나와 제희사(齊熙寺)에서 살았다. 천감(天監) 18년(519)에 입적(入寂)하였는데 향년 73세였다.

釋道琳 本會稽山陰人 少出家 有戒行 善涅槃法華 誦淨名經[1] 吳國張緒[2]禮事之 後居富陽縣[3]泉林寺 寺常有鬼怪 自琳居之則消 琳弟子慧韶 爲屋所押 頭陷入肩 琳爲祈請 韶夜見兩梵道人拔出其頭 旦起遂平復 琳於是設聖僧齋 鋪新帛於床上 齋畢 見帛上有人迹 皆長三尺餘 衆咸服其徵感 富陽人始家家立聖僧坐 以飯之 至梁初 琳出居齊熙寺 天監十八年卒 春秋七十有三

1) 淨名經(정명경) : '유마힐소설경(維摩詰所說經)'의 다른 이름.
2) 張緖(장서) : '남제서(南齊書)' 권33에 있음.
3) 富陽縣(부양현) : 절강성(浙江省) 항주시(杭州市)의 서남방, 부춘강(富春江) 좌안(左岸)의 고을.

제8장 흥복전(興福傳)

"나는 너의 전세(前世)의 스승이다.
너를 위해 가르침을 설(說)하여 밝혀서
출가(出家)시키려 한다.
단양(丹陽)의 회계(會稽) 오군(吳郡)에 가서
거기 있는 아육왕의 탑상(塔像)을 찾아내라.
거기에 예배하고 참회하여
전세의 죄를 회개하여라."

제8장 흥복전(興福傳)

삼라만상은 곧 부처의 활동

흥복전(興福傳)은 많은 공덕(功德)을 쌓아 복(福)을 지어 불가사의한 대사업(大事業)을 이룬 두 고승의 전기를 발췌하여 수록하였다.

"지극히 정성스러운 마음에 감동하지 않은 사람이 일찍이 있었으랴. 성실하지 않은 마음에 감동하는 사람은 아직까지 한 사람도 없다."

도(道)는 꼭 고원(高遠)한 곳에 만 있을 까닭이 없고, 그날 그날 자기의 행위를 성실하게 쌓아 올리는 평명(平明)하고 비근(卑近)한 행위 그것 자체가 곧 도(道)라고 확신한 것은 맹자였다.

맹자가 성실한 마음에 감동한다고 생각한 그것이 어느 범위까지를 포함하는 지는 모를 일이다. 어쨌든 남의 행동에 응한다고 하는 '감응(感應)'의 원리는 사람과 하늘, 인간계와 자연계, 인간과 동식물, 사람과 사람이라고 하는 가지각색의 차원을 근거로 하여 세계 전체라는 광대한 범위로 생각하게 된다.

천인상관사상(天人相關思想)이라고 불리는 논리에 구애되는 중국 사람들에게, 상대의 수준에 따른 설법(說法)이나 병에 따라 약을 주는 식의 말로 구제자인 부처와 구제의 손길을 기다리는 중생과의 밀접불가분(密接不可分)의 감응관계를 설(說)하는 불교는, 다른 여러 가지의 가로막는 요인이 존재함에도 불구하고 지극히 공감을 얻어내기 쉬웠을 것이다.

지극히 정성스러운 마음이 모든 것을 감동시킨다고 하면, 진심을 기울여 부처의 형상을 그리거나 조각하고, 부처의 유물(遺物)을 안치하는 탑묘(塔廟)를 세우며, 그 밖의 많은 복업(福業)을 쌓아올리는 일은 부처의 불가사의한 영력(靈力)을 반드시 유인하고 발현(發現)시킬 것이다.

신앙심이 없는 사람의 처지에서 생각하면, 아무런 영적(靈的)인 존재도 아닌 나무나 돌을 숭상하고 종이나 비단에 무릎을 꿇는 일은 헛된 노력이요 낭비일 뿐 복된 갚음 따위가 있을 리 없다고 생각하리라.

흩어지지 않은 한 마음으로 부처를 구하는 사람에게는 그런 행위에 대하여 부처가 반드시 그 불가사의한 힘을 나타내 구함에 대한 답을 줄 것이다.

부처가 불가사의한 존재인가 아닌가를 구하는 일은 사람의 마음에 달려 있다.

사당(祠堂)에서 조상의 영혼에 제사 드릴 때 꼭 조상이 눈앞에 존재하는 듯이 마음 깊이 조상을 생각하며 제사 지내면 조상과 교감(交感)이 실현된다는 것은 유학(儒學)에서 역설하는 바이다.

그와 마찬가지로 부처를 실제로 대하는 것같이 불상이나 유물을 바라보면 영원불변의 존재인 부처는 반드시 그 영묘(靈妙)한 활동을 보이는 것이다.

확실하게 부처가 어떠한 존재이며, 그의 가르침이 어떠한 내용인가 우선 아는 일이 신앙의 조건일 것이다. 부처의 존재를 눈으로 보고 그 활동을 피부로 느끼지 않고는 결정적인 신앙심은 일어나지 않는다.

부처의 불가사의를 체험하기 위해서는 부처의 불가사의를 간절하게 요청하는 강한 심정이 필요하고, 거기에 걸맞은 복업(福

業)이 수반(隨伴)되지 않으면 안 된다.

　이와 같이 하여 불가사의한 체험을 얻을 수 있다면 지식은 확실한 보증을 얻고 신앙심은 더욱 깊어갈 것이다. 또 깨달음으로 가는 길은 크고도 넓어질 것이다.

　지혜의 깊이와 복업의 쌓아올림, 이 두 바퀴가 갖추어져 움직임을 계속할 때 이 세계 곧 삼라만상(森羅萬象)은 부처의 활동 그것이 된다고 한다.

　여기서는 공덕(功德)을 쌓음으로써 복업에 힘쓴 분들인 정전(正傳)의 14인과 부전(附傳)의 2인 중에서, 석혜달(釋慧達)과 석법열(釋法悅) 두 고승의 전기를 가려 초역(抄譯)하였다.

예배와 참회(懺悔)를 으뜸으로 삼다
― 석혜달전(釋慧達傳)

　　석혜달(釋慧達)의 속성(俗姓)은 유(劉)씨요, 이름은 살하(薩河)였으며, 병주(幷州)의 서하(西河) 이석(離石) 사람이다.
　　젊은 시절에는 수렵(狩獵)을 좋아하였는데, 31세 때 갑자기 까무라쳐서 죽은 듯이 며칠을 지낸 뒤에 다시 숨을 돌렸다.
　　그 동안 지옥의 괴로움을 고루 구경하다가 거기서 한 도인(道人)을 만났는데, 도인이 말했다.
　　"나는 너의 전세(前世)의 스승이다. 너를 위해 가르침을 설(說)하여 밝혀서 출가시키려 한다. 단양(丹陽)의 회계(會稽) 오군(吳郡)에 가서 거기 있는 아육왕(阿育王 : 아쇼카왕)의 탑상(塔像)을 찾아내어라. 거기에 예배하고 참회(懺悔)하여 전세의 죄를 회개(悔改)하여라."
　　눈을 떠 다시 살아나자 곧바로 출가하여 이름을 혜달(慧達)이라 하고 불도를 배웠다. 그는 일념으로 공덕을 쌓으면서 오직 예배하고 참회하는 데 전념하였다.
　　진(晉)나라 영강(寧康) 연간(373~376)에 경사(京師)로 왔다.
　　그보다 먼저 간문황제(簡文皇帝)가 장간사(長干寺)에다 삼층탑을 세웠는데, 탑이 다 이뤄지고 나자 매일 밤 거기서 광채가 발해지는 것이었다.
　　혜달이 월성(越城)에 올라가 근처를 바라보았을 때 그 탑 끝에 독특한 정취(情趣)가 있음을 보고 곧바로 달려가 예배하였다.
　　그렇게 하기를 아침저녁으로 게을리 하지 않았다.

밤에 탑 아래를 보니 마침 광채가 내비치는 것이었다. 곧 어떤 사람과 함께 그 자리를 파기 시작했다. 한 길쯤 파내려 가니 그 곳에 세 개의 돌비석이 있었다. 그중 가운데에 있는 비석 안쪽에 쇠로 만든 상자가 하나 있었다. 그 상자 속에는 또 은으로 만든 상자가 있고, 은상자 속에 또 금상자가 있었다.

금상자를 열어 보니, 세 개의 사리(舍利)와 손톱이 하나, 머리카락 하나가 들어 있었다. 머리카락을 펴보니 몇 자의 길이가 되는데, 다시 감으면 도르르 말려 소라 모양을 하며 눈이 부시도록 빛났다.

그것은 바로 중국의 주(周)나라 경왕(敬王) 때와 같은 시기에 인도의 아육왕이 8만4천의 탑을 여러 나라에 세웠는데, 그중 하나였던 것이다.

도인(道人)이나 속세 사람들 모두 깜짝 놀랐다. 거기서 먼저부터 있던 탑의 서쪽에 다시 탑 하나를 세우고 그 속에다 사리를 안치하였다.

혜달은 상(像)이 불가사의한 힘을 가지고 있음을 느끼고 더욱 더 정성껏 힘썼다.

그 뒤에 동쪽 지방으로 가 오현(吳縣)을 두루 돌고 석상(石像)에 예배하였다.

이 상은 서진(西晉)이 장차 멸망의 날을 맞이하려는 건흥(建興) 원년(元年 : 313) 계유년(癸酉年)에 오송강(吳松江) 호독구(滬瀆口)에 떠 있는 것을 어부가 발견하고, 혹 해신(海神)이 아닌가 하는 생각에서 무당들을 불러모아 맞이하려 했다. 그랬더니 바람이 강렬하게 불고 파도가 거칠어져서 그만 놀라고 두려운 마음에 물러서고 말았다.

도교(道敎)를 신봉하는 사람이, 이것은 천사도(天師道)의 신이라고 하면서 다시 모두 나아가 가까이 다가가니 바람과 파도가 먼저처럼 다시 강렬하고 거칠어졌다.

그런 뒤에 불교를 신봉하는 거사(居士)로서 오현(吳縣)에 사는 주응(朱應)이라는 사람이 그런 소문을 듣고는
"그렇다면 부처님의 현신(現身)이 아닐까."
하는 생각에서, 목욕재계하고 동운사(東雲寺)의 스님들과 신자 여러 사람을 이끌고 함께 호독구로 가 상이 있는 곳을 찾아 모든 정성을 다 기울여 경례한 뒤에 진심에서 우러나는 찬불가(讚佛歌)를 불렀다.

즉각 바람이 멈추고 파도가 잔잔해지면서 아득히 저 멀리서 두 사람이 강물 위에 떠서 오고 있는 것이 보였다.

바로 그들이 이 석상(石像)으로서, 등에 각각 이름이 기록되어 있었다. 하나는 유위(惟衛)라 하고 다른 하나는 가섭(迦葉)이라고 했다. 바로 거두어 통현사(通玄寺)에 안치하였다.

오(吳)나라 지방의 사대부(士大夫)와 서민(庶民)이 다같이 그 불가사의한 힘에 몹시 감탄하여 귀의(歸依)해서 신봉하는 사람이 많았다.

혜달은 통현사에 머무르기 만 3년 동안 낮도 없고 밤도 없이 예배에 힘쓰기를 조금도 게을리 하지 않았다.

얼마 뒤에 다시 걸음을 옮겨 회계(會稽)로 가서 무탑(鄮塔)에 예배하였다. 이 탑 역시 아육왕이 세운 것으로, 오랜 세월을 그대로 내버려 두어 기단(基壇)만 남아 있을 뿐이었다.

혜달이 일념으로 상념(想念)에 열중하니 신기한 광채가 번득였다. 석실을 수축하였더니 들새도 떼지어 모여드는 일이 없고, 절 근처에서는 사냥을 해도 잡히는 것이 없고, 물고기를 잡아도 잡히는 것이 전혀 없었다.

도인이나 속인이나 모든 사람들이 그 신기한 힘을 입을 모아 전하고 전하여 신앙심을 가지지 않는 사람이 없었다. 그 뒤에도 군(郡)의 태수(太守) 맹개(孟顗)가 또 사역(寺域)을 개척하였다.

혜달은 동으로 서로, 각처로 다니면서 예배에 힘쓰는 동안 몇

차례의 징험(徵驗)을 보였으나, 오로지 정려(精勵)에 힘썼을 뿐, 한평생 태도를 바꾸는 일이 없었다.

그러다가 그 뒤에 어디로 갔는지 행방이 묘연해졌다.

　　釋慧達 姓劉 本名薩河[1] 幷州西河離石[2] 人 少好田獵 年三十一 忽如暫死 經日還蘇 備見地獄苦報 見一道人 云 是其前世師 爲其說法訓誨 令出家 往丹陽會稽吳郡[3] 覓阿育王塔像 禮拜悔過 以懺先罪 旣醒卽出家學道 改名慧達 精勤福業 唯以禮懺爲先 晉寧康中至京師 先是簡文皇帝[4] 於長干寺 造三層塔 塔成之後 每夕放光 達上越城[5] 顧望 見此刹杪 獨有異色 便往拜敬 晨夕懇到 夜見刹下 時有光出 乃告人共掘 掘入丈許 得三石碑 中央碑覆中有一鐵函 函中又有銀函 銀函裏金函 金函裏有三舍利 又有一爪甲及一髮 髮申長數尺 卷則成螺 光色炫燿 乃周敬王時 阿育王起八萬四千塔 此其一也 旣道俗歎異 乃於舊塔之西 更竪一刹 施安舍利 達以刹像靈異 倍加翹勵 後東遊吳縣 禮拜石像 以像於西晉將末建興元年癸酉之歲 浮在吳松江滬瀆口[6] 漁人疑爲海神 延巫祝以迎之 於是風濤俱盛 駭懼而還 時有奉黃老者[7] 謂是天師之神 復共往接 飄浪如初 後有奉佛居士吳縣民朱應[8] 聞而歎曰 將非大覺之垂應乎 乃潔齋共東雲寺帛尼及信者數人 到滬瀆口 稽首盡虔 歌唄至德 卽風潮調靜 遙見二人 浮江而至 乃是石像 背有銘誌 一名惟衛[9] 二名迦葉[10] 卽接還安置通玄寺 吳中士庶 嗟其靈異 歸心者衆矣 達停止通玄寺 首尾三年 晝夜虔禮 未嘗暫廢 頃之進適會稽 禮拜鄮塔 此塔亦是育王所造 歲久荒蕪 示存基蹟 達翹心束想 乃見神光焰發 因是修立龕砌 群鳥無敢棲集 凡近寺側 畋漁者必無所獲 道俗傳感 莫不移信 後郡守孟顗 復加開拓 達東西勤禮 屢表徵驗 精勤篤勵 終年無改 後不知所之

1) 薩河(살하): '양서(梁書)' 권54에 유살하전(劉薩河傳)이 있다.
2) 幷州西河離石(병주서하이석): 병주(幷州)는 산서성(山西省)과 섬서성(陝西省)의 북부. 서하(西河)란 산서성 이석현(離石縣) 일대. 이석(離石)이란

산서성 이석현(離石縣).
3) 丹陽會稽吳郡(단양회계오군) : 강소성(江蘇省) 남부에서 절강성(浙江省) 북부 일대.
4) 簡文皇帝(간문황제) : 사마욱(司馬昱). '진서(晉書)' 권9에 있다.
5) 越城(월성) : 광서성(廣西省)과 호남성(湖南省) 두 성(省)의 경계(境界)가 되는 월성령(越城嶺).
6) 吳松江滬瀆口(오송강호독구) : 상해(上海)를 흐르는 수주하(蘇州河) 부근.
7) 奉黃老者(봉황로자) : 도교(道敎)를 신봉(信奉)하는 자. 황로(黃老)는 중국 상고 시대의 임금인 황제(黃帝)와 노자(老子)를 아울러 이르는 말로 도교(道敎)를 가리킨다.
8) 朱膺(주응) : 미상(未詳).
9) 惟衛(유위) : 비바시(毘婆尸). Vipaśyin의 음역(音譯). 과거칠불(過去七佛)에서 제1위.
10) 迦葉(가섭) : 가섭존자(迦葉尊者). 마하가섭(摩訶迦葉). Mahākāśyapa의 음역(音譯). 불제자 중 두타제일(頭陀第一)로 일컬어진다.

불가사의(不可思議)한 영상(靈像)
— 석법열전(釋法悅傳)

석법열(釋法悅)이라고 하는 사문(沙門)은 계율(戒律)을 빈틈없이 잘 지켰다.

제(齊)나라 말년에 칙명(勅命)에 의해 승주(僧主)가 되어 경사(京師)의 정각사(正覺寺)에 살면서 마음으로부터 공덕(功德)을 쌓아 사부대중(四部大衆)의 존경을 한 몸에 받았다.

법열은 어느 때 팽성(彭城)의 송왕사(宋王寺)에 60자나 되는 금불상이 있다는 말을 들었다.

그 불상은 송(宋)나라의 거기장군(車騎將軍)으로서 서주자사(徐州刺史)였던 왕중덕(王仲德)이 조성한 것으로, 광채가 빛나는 뛰어난 모습은 강좌(江左)에서 으뜸이라는 평판이었다.

만약 그 지역에서 재앙이나 이변(異變)이 일어날 조짐이 있거나, 비구(比丘)나 비구니(比丘尼)에게 좋지 않은 사태가 생길 기미가 보이면 그 불상의 몸에서 땀이 흘렀다.

그 흐르는 땀의 분량이 많으냐 적으냐에 따라 닥칠 재화(災禍)의 정도를 알 수 있었다.

송나라의 태시(泰始) 연간(年間 : 465~472) 초기에 팽성의 북방이 군로(群虜)에게 유린당하였을 때, 불상을 옮겨 가려고 1만 명이나 되는 인원을 동원해서 끌려고 했으나 도저히 움직일 수가 없었다고 한다.

제(齊)나라 초기에 연주(兗州)의 여러 고을에서 의군(義軍)이 일어나 그 지역을 남조에 귀속시키고자 하여 승려들을 핍박하여 요새의 수비를 돕게 하였다.

그런데 노(虜)의 장수 난릉공(蘭陵公)이 그 곳을 공격하여 함락시키고 많은 승려들을 포로로 잡았다.

두 주(州)의 도인(道人)들을 모두 포로로 잡아 수용소에 수감해 두고 위대(僞臺 : 北朝)에 보고하기를 그들은 모두 소란을 방조한 죄라고 무고(誣告)하였다.

60자나 되는 금불상이 이 때부터 땀을 흘리기 시작했는데 불상을 모신 전각(殿閣) 안을 온통 적셨다.

그 때 위양왕(僞梁王) 양(諒)이 팽성을 수호하고 있었는데, 그는 어느 정도 불교에 대해 신앙심을 가지고 있었다. 스스로 불상 앞으로 나아가 향하여 서서 사람을 시켜 땀을 닦게 하였으나, 닦고 나면 그 자리에서 다시 땀이 나오고 해서 결국 땀을 멈추게 할 수 없었다.

양왕(梁王)은 향을 피우고 예배하면서 마음으로 맹세했다.

"만약 승려들에게 죄가 없다면 제자(弟子 : 梁王)가 스스로 그들을 지켜 재화(災禍)에 걸리는 일이 없도록 하겠습니다. 만약 부처님 뜻에 느끼는 바가 계신다면, 부디 땀을 닦아드리는 대로 곧 멈추어 주시기 바랍니다."

하고는, 손수 수건을 들어 땀을 닦았다. 그랬더니 닦아 갈수록 닦은 자리가 마르는 것이었다.

양왕은 사정을 자세하게 열거하여 상표(上表)하였다. 그리하여 수감되었던 모든 승려가 다 방면(放免)되었다.

법열은 이런 불가사의한 힘을 볼 수 있다면 얼마나 좋을까라며 꼭 불상을 우러러보며 예배하리라 소원하였으나, 서로 왕래를 금하는 남과 북의 관문(關門)에 걸려 뜻을 세울 방법이 없었다.

또 옛날 송(宋)나라의 명황제(明皇帝)가 80자나 되는 금불상을 세우고자 하여 네 번이나 주조(鑄造)하였으나 완성을 보지 못하였다. 그래서 40자의 크기로 고쳤다.

법열은 백마사(白馬寺)에 있는 사문 지정(智靖)과 함께 인연이 있는 사람들을 모아 80자나 되는 무량수불(無量壽佛)의 불상으로 개조(改造)하여 명황제의 뜻을 이루고자 하였다.

처음 금과 구리를 모아들였을 때, 제(齊)나라 말기에 세상이 어지러워져 다시 옆으로 밀어젖혀졌다.

양(梁)나라 초기가 되어 겨우 일의 유래(由來)를 상신하였다.

황제는 칙명(勅命)을 내려 허가하며, 아울러 광배(光背)와 대좌(臺座) 만드는 일을 돕기로 하고 공사를 맡을 관리와 기술자들을 필요에 따라 보충하여 주기로 했다.

양(梁)나라 천감(天監) 8년(509) 5월 3일에 소장엄사(小莊嚴寺)에서 주조(鑄造)에 착수하였다.

기술자가 처음에 불상의 형체를 헤아려 4만 근(斤)의 구리가 필요하다고 했으나, 그것을 다 녹여서 부었는데도 아직 가슴께에도 차지 않았다.

천하의 모든 사람들이 보내 온 구리의 분량은 헤아릴 수 없을 정도였다. 그것을 용광로에 녹여 주조했는데, 그래도 주형(鑄型) 속이 가득 차지 않고 여전히 먼저와 같은 정도였다.

그래서 또 서둘러 황제에게 아뢰었다. 황제는 칙명으로 공덕(功德)의 구리 3천 근을 하사했다.

대성(臺城) 안에서는 처음에 보인 분량과 같이 하여 보냈다. 그것은 불상 주조소(鑄造所)로 보내져 벌써 준비되어 있었다.

양거(羊車)로 조서(詔書)를 전달하고 구리를 용광로 곁에다 쌓았다. 이렇게 해서 풀무를 저어 구리를 녹이고, 한번 녹여서 부으니 곧 하나 가득히 찼다. 처음 얼마 동안 사람도 수레도 다 없어졌다. 대성 안의 구리가 나오니 겨우 어디로 보내지는지 알 수 있게 되었다. 진실로 불가사의한 감응(感應)이었다. 기술자들은 뛸 듯이 기뻐하였고, 도인이나 속인들은 모두 그것을 칭송해 마지않았다.

주형(鑄型)을 열어 크기를 헤아릴 단계가 되었다.

크기는 부풀어 90자나 되었으며 그 빛나는 모습은 변함이 없었다. 그런데 동전(銅錢) 두 닢이 옷섶에 남아 끝까지 녹지 않고 있었는데, 그것은 왜 그렇게 되었는지 알 길이 없었다.

먼저 구리의 양을 헤아렸던 바 4만 근이었고, 필요 이상이었으나 뒤에 또 3천 근을 늘렸건만 그래도 가득 차지 않았었는데, 그것은 상서(祥瑞)로운 신기한 활동이었을까.

어쨌든 뜻대로 이루어진 것이다. 그러므로 불가사의한 이치는 사람이 알 수 없는 데서 활동하여 사람의 소행으로는 할 수 없다는 것을 알 수 있겠다.

처음에 불상의 바탕이 완성되었을 때 비구(比丘) 도소(道昭)가 어느 날, 밤을 새워 예배와 참회를 하고 있으려니 갑자기 바탕이 밝게 빛났다. 지그시 들여다 보다가 그것은 불가사의한 광채라는 것을 깨달았다.

주조가 끝나고 사흘만인 아직 주형(鑄型)을 열기 전에, 선사(禪師) 도도(道度)라는 고결한 승려가 자기가 가진 일곱 개의 주름이 달린 가사(袈裟)를 희사하여 비용의 일부에 충당하고 머리 부분을 열어젖히려 하였다.

보고 있는 동안 멀리 저편에서 두 사람의 승려가 무릎을 꿇고 불상의 상투 부분을 열고 있는 것이 보였다. 다가가 자세히 보려고 하니 곧 그들의 모습이 보이지 않았다.

그 때 법열과 지정 두 승려가 서로 이어서 세상을 떠났으므로 칙명에 의해 불상 완성에 대한 일을 정림사(定林寺)의 승우(僧祐)에게 맡겼다.

그 해 9월 26일에 불상을 광택사(光宅寺)로 옮겼다.

그 달에는 비가 내리지 않고 가물어서 먼지가 심하게 날렸다. 다음 날 아침에 불상을 옮기려고 준비했는데, 밤에 상공에 엷은 구름이 일기 시작하더니 약간의 비가 내려 알맞게 땅을 적셨다.

승우는 불상 곁을 지나면서 그 날의 일기를 근심하고 있었는데, 불상 근처에서 마치 등불 같은 불꽃이 빛나면서 올라갔다 내려갔다 하는 것이 보이고 그와 함께 참회하고 예배하는 소리가 들려와 들어가 보려고 하니, 불빛과 소리가 일시에 없어졌다.

그 일은 절의 경호(警護)를 담당한 장효손(蔣孝孫)도 함께 본 사실이었다.

그 날 밤에 회수(淮水) 지방의 상인들은 모두 대형의 배가 물에 떠내려가 다리를 고치느라고 수백 명의 사람들이 독촉하며 야단스럽게 떠들어대는 소리를 들었다고 말했다.

이 정도의 무게를 가진 영묘(靈妙)한 불상이라면 어찌 사람의 힘으로 움직일 수 있을 것인가.

그 뒤에 다시 빛나는 발바닥을 새로 주조하였다. 이것은 어느 경우에나 향기로운 바람이 불어오는 상서로움이 인정된 것이다.

총하(蔥河) 이서(以西) 지역에서 금불상으로 가장 뛰어난 것은 오직 이것 하나일 뿐이다.

釋法悅者 戒素沙門也 齊末勅爲僧主[1] 止京師正覺寺 敦修福業 四部[2]所歸 悅嘗聞彭城宋王寺有丈六金像 乃宋車騎徐州刺史王仲德[3]所造 光相之工 江左稱最 州境或應有災異 及僧尼橫延釁戾 像則流汗 汗之多少 則禍患之濃淡也 宋泰始初 彭城北屬群虜 共欲遷像 引至萬夫 竟不能致 齊初兗州[4]數郡 欲起義南附 亦驅逼衆僧助守營塹 時虜帥蘭陵公[5] 攻陷此營 獲諸沙門 於是盡執二州道人 幽繫圍裏 遣表僞臺[6] 誣以助亂 像時流汗 擧殿皆濕 時僞梁王[7]諒鎭在彭城 亦多小信向 親往像所 使人拭之 隨出 終莫能止 王乃燒香禮拜 至心誓曰 衆僧無罪 弟子自當營護 不使羅禍 若幽誠有感 願拭汗卽止 於是自手拭之 隨拭卽燥 王具表其事 諸僧皆見原免 悅旣欣覩靈異 誓願瞻禮 而關禁阻隔 莫由克遂

又昔宋明皇帝[8] 經造丈八金像 四鑄不成 於是改爲丈四 悅乃與

白馬寺沙門智靖 率合同緣 欲改造丈八無量壽像 以申厥志 始鳩集
金銅 屬齊末 世道陵遲 復致推斥 至梁初 方以事啓聞 降勅聽許 幷
助造光趺 材官工巧 隨用資給 以梁天監八年五月三日 於小莊嚴寺
營鑄 匠本量佛身 四萬斤銅 融瀉已竭 尙未至胸 百姓送銅 不可稱
計 投諸爐冶 隨鑄而模內不滿 猶自如先 又馳啓聞 勅給功德銅三
千斤 臺內始就量送 而像處已見 羊車傳詔 載銅爐側 於是飛輴消
融 一鑄便滿 甫爾之間 人車俱失 比臺內銅出 方知向之所送 信實
靈感 工匠喜踊 道俗稱讚

及至開模量度 乃踊成丈九 而光相不差 又有大錢二枚 猶見在衣
條 竟不銷鑠 竝莫測其然 尋昔量銅四萬 准用有餘 後益三千 計闕
未滿 而祥瑞冥密 出自心圖 故知神理幽通 殆非人事 初像素旣成
比丘道昭常夜中禮懺 忽見素所晃然洞明 詳視久之 乃知神光之異
鑄後三日 未及開模 有禪師道度 高潔僧也 捨其七條袈裟 助費開
頂 俄而遙見二僧 跪開像䯻 逼就觀之 倐然不見 時悅靖二僧 相次
遷化 勅以像事 委定林僧祐⁹⁾ 其年九月二十六日 移像光宅寺 是月
不雨 頗有埃塵 及明將遷像 夜有輕雲遍上 微雨沾澤 僧祐經行像
所 係念天氣 遙見像邊有光焰 上下如燈如燭 幷聞槌讖¹⁰⁾禮拜之聲
入戶詳視 搶然俱滅 防寺蔣孝孫 亦所同見 是夜淮中賈客 竝聞大
航舶下催督治橋 有如數百人聲 將知靈器之重 豈人致焉 其後更鑄
光趺 並有風香之瑞 自葱河以左 金像之最 唯此一耳

1) 僧主(승주): 승관(僧官)의 한 칭호(稱號).
2) 四部(사부): 출가자(出家者)인 비구(比丘)와 비구니(比丘尼)와 재가(在
家) 신도인 우바새(優婆塞: 남자 신도)와 우바이(優婆夷: 여자 신도). 사
중(四衆). 사부대중(四部大衆).
3) 王仲德(왕중덕): 왕의(王懿). 진(晉)의 태원연간(太元年間) 말기에 팽성
(彭城)으로 주거(住居)를 옮겼고 송무제(宋武帝)의 의군(義軍)에 가담하
여 송조(宋朝) 창업(創業)에 공로가 있는 중신(重臣). '송서(宋書)' 권46
에 나온다.

4) 兗州(연주) : 강소성(江蘇省) 동산현(銅山縣).
5) 蘭陵公(난릉공) : 북위(北魏)의 장수.
6) 僞臺(위대) : 남제(南齊)를 정통으로 보는 처지에서 북조(北朝)를 경멸하여 위(僞)자를 써서 위대(僞臺)라 한다.
7) 僞梁王(위양왕) : 누구인지 자세하지 않다. 위(僞)는 정통으로 인정하지 않는데서 쓰는 말.
8) 宋明皇帝(송명황제) : 유욱(劉彧). 치세(治世) 말년에 귀신을 좋아하고 가리는 것이 많아 피해를 입은 사람이 수없이 많았다. 송조(宋朝) 쇠퇴의 원흉(元凶)이라 일컬어진다. '송서(宋書)' 권8에 나온다.
9) 僧祐(승우) : 원전(原典) '고승전' 권13에 전기(傳記)가 있다. 율(律)에 밝은 인물이라기보다는 오히려 '석가보(釋迦譜)' '홍명집(弘明集)' '출삼장기집(出三藏記集)' 등의 편찬자로서 오늘날 그 명성을 남기고 있다.
10) 槌識(퇴참) : 퇴참(槌懺)의 잘못인 듯하다. 퇴참(槌懺)이라면 머리를 두드려 참회한다는 말일 것이다. 퇴참(槌識)으로는 뜻이 분명하지 않다.

제9장 경사전(經師傳)

청아한 음성에 맞추어
심원한 묘지(妙旨)가 읊조려질 때
살아 있는 모든 것의
몸뚱이를 감싼 피로는 흔적도 없이 사라지고,
일단 마음에 멈추어진 것은
다시 망각하는 일이 없고
마음에 응어리진 권태감은
어디론가 발산되어 버리며,
음성은 보기 좋게 정리되어
제천(諸天)과 선신(善神) 모두가
환희에 차는 정황(情況)이 눈앞에 나타난다.

제9장 경사전(經師傳)

대중을 사로잡는 독경 소리

경사편은 청아한 음성으로 경전(經典)을 독송함으로써 사람들의 심금을 울려, 사람들이 스스로 신앙심을 일으키게 하는 데에 크게 공헌한 세 고승의 전기를 발췌하여 수록하였다.

마음속에 생각한 바를 겉으로 나타내는 수단은 여러 가지가 있는데, 먼저 생각할 수 있는 것은 말[言]이다.

그런데 사진의부진(辭盡意不盡)이라는 말이 있듯이 생각한 바를 다 말로 표현할 수는 없다. 생각한 바를 남김 없이 말하려 해도 도저히 말로써 그 뜻한 바를 다 펼 수 없는 데서 자연히 노래가 입으로 흘러 나오고 손발을 움직여 춤을 추게 된다는 것이다.

마음속에 생각한 바를 다 표현하는 데는 말만으로는 진실로 불충분하며, 그래서 노래와 춤도 빼놓을 수 없다.

이상의 뜻은 대략 '모시(毛詩)'의 대서(大序)에 보이는 유가(儒家)의 언어관이지만, 유가에 한하는 견해는 결코 아닐 것이다.

언어(言語)와 가영(歌詠)과 무용의 관계가 위에서 말한 것과 같다면 경전의 문구(文句)를 독해하는 일도 대단히 중요한 것이다. 거기에 덧붙여 노래로 읊조리고 몸을 움직여 춤을 춘다면 더욱 깊게 이해하게 될 것이다.

만약 경전의 독해만 마음에 두고 음률(音律)의 청아함에는 관심이 없다면, 가령 이성이 있는 사람들을 이해시킬 수는 있다고 하더라도 세속의 인정을 포착하기는 어렵다 하겠다.

역(逆)으로 음률의 청아함만 중히 여기고 독해를 가벼이 여긴다면 우매한 사람들의 마음은 사로잡을 수 있겠지만 이성이 풍부한 사람들의 마음은 납득시킬 수 없다.

올바른 독해와 청아한 음률은 수레의 두 바퀴와 같다. 둘 다 갖추어져 움직일 때 이성과 감정이 다 수긍(首肯)할 것이다.

청아한 음률이 사람의 마음을 감동시키는 힘은 항상 모든 상상을 초월하는 바가 있다.

청아한 음률이란, 요컨대 경전을 청아하고도 전아(典雅)한 성운(聲韻)으로 노래하듯이 읊조리는 것을 말한다.

본래 범어(梵語)와 한어(漢語)는 말의 성립이 다르고 운율(韻律)의 구조가 같지 않다. 범어로 읊조리는 방법을 한어로 읊조리는 것에 맞추려는 데는 많은 무리가 있고, 누구나 쉽게 할 수 있는 일이 아니다.

만약 경전의 주된 취지에 정통하고 운율에도 밝은 사람이라면, 그 사람이야말로 한어의 운율에 딱 들어맞고 범어의 원래 뜻을 조금도 손상시키는 일 없이 읊조릴 수 있을 것이다.

청아한 음성에 맞추어 심원한 묘지(妙旨)가 읊조려질 때 살아있는 모든 것의 몸뚱이를 감싼 피로는 흔적도 없이 사라지고, 일단 마음에 멈추어진 것은 다시 망각하는 일이 없고, 마음에 응어리진 권태감은 어디론가 발산되어 버리며, 음성은 보기 좋게 정리되어 제천(諸天)과 선신(善神) 모두가 환희에 차는 정황(情況)이 눈앞에 나타난다. 그리하여 전 세계의 구석구석까지 불음(佛音)이 차서 퍼질 것이다.

여기서는 정전(正傳) 경사전에 실린 청아한 음운(音韻)에 능한 11인 중에서 백법교(帛法橋) 석담천(釋曇遷) 석담빙(釋曇憑) 세 고승의 전기를 수록하였다.

슬픈듯 아름다운 가락은 신의 경지에 이르렀다
— 백법교전(帛法橋傳)

백법교(帛法橋)는 중산(中山) 사람이다.
어려서부터 전독(轉讀)을 좋아하였으나 성량(聲量)이 항상 부족하여, 언제나 음성이 유창하지 못함을 개탄하였다.
어느 때 단식하면서 이레 낮과 이레 밤 동안 참회하며 관음보살(觀音菩薩)에게 예배하여 자신의 몸에 길보(吉報)가 있기를 기원하였다.
동문(同門)에서 함께 공부하는 사람들이 힘을 다해 중지하라고 충고했건만 굳게 맹세를 고치지 않았다.
이레가 되던 날, 목구멍 속이 탁 터지는 것 같은 느낌을 받았다.
곧 물로 양치질하면서 말하기를
"나에게 응보(應報)가 있었다."
라고 하고는, 경문(經文)을 삼단(三段)으로 바꾸어가면서 독창(讀唱)하는데 목소리가 근처 일대까지 울려 퍼졌다.
원근(遠近)의 사람들이 깜짝 놀라 모두 달려와 그 모습을 눈으로 보면서 그 목소리에 귀를 기울였다.
그 뒤로 경전을 독송하기 수십만 언(數十萬言)에 이른다.
밤낮으로 소리내어 읊조리는데, 애처로우면서 아름다운 가락은 신의 경지에 이르렀다.
90세가 되어서도 그 음성은 변하지 않았다.
진(晉)나라 목제(穆帝)의 영화(永和) 연간(年間 : 345~357)에 하북(河北) 땅에서 입적하였다.

이 때는 후조(後趙)의 석호시대(石虎時代) 말기였다.

帛法橋 中山[1]人 少樂轉讀[2]而乏聲 每以不暢爲慨 於是絶粒懺悔 七日七夕 稽首觀音 以祈現報 同學苦諫 誓而不改 至第七日 覺喉內豁然 卽索水洗漱云 吾有應矣 於是作三契經[3] 聲徹里許 遠近驚嗟 悉來觀聽 爾後誦經 數十萬言 晝夜諷詠 哀婉通神[4] 至年九十 聲猶不變 以晉穆帝永和中[5] 卒於河北 卽石虎末也

1) 中山(중산) : 하북성(河北省) 정현(定縣)과 당현(唐縣).
2) 轉讀(전독) : 경전(經典)을 독송(讀誦)하는 일. 경(經)의 제목이나 초(初) 중(中) 종(終)의 일부를 생략하는 것을 말한다.
3) 三契經(삼계경) : 삼단계(三段階)로 가락을 바꾸어 경문(經文)을 소리내 읊조리는 일.
4) 通神(통신) : 입신(入神)과 같은 뜻. 신의 경지에 이름을 말한다.
5) 穆帝永和中(목제영화중) : 목제(穆帝)의 영화(永和) 연간은 345~357년이고 석호(石虎 : 後趙의 王)의 시대는 334~349년이니, 따라서 345년에서 349년까지의 5년 간을 말하는 것이리라.

전무후무한 독경의 제일일자
— 석담천전(釋曇遷傳)

　석담천(釋曇遷)의 속성은 지(支)이고, 본래 월지국(月支國) 사람이었는데 건강(建康) 땅으로 옮겨 와 살았다.
　의외로 현학(玄學)과 유학(儒學)을 즐겼고, 불교에도 마음을 기울였으며, '노자'나 '장자'를 자유자재로 말할 수 있었고, 아울러 '십지론(十地論)'에도 주석을 달았다. 해서(楷書)에도 뛰어난 재주가 있어 늘 경전에 제(題)를 써서는 보시하였다.
　전독을 잘하여 그의 음성은 막히는 일이 없었다.
　범패의 음색은 참신하고 기발하며, 그 전에도 그 후에도 그와 비교할 만한 사람이 없을 정도였다.
　그는 또 팽성왕(彭城王) 유의강(劉義康)이나 범엽(范曄) 왕담수(王曇首) 등과 서로 사귀면서 지냈다.
　담천은 처음에 기원사(祇洹寺)에 살았으나 뒤에 오의사(烏衣寺)로 옮겼다.
　범엽이 중죄를 지어 처형되었을 때 그 문중(門中)에서 연좌되어 죽은 사람이 열 둘이나 되었다. 그래서 모두들 두려워하여 아무도 가까이 하려고 하지 않았다. 그런데 담천은 자기의 옷과 기물(器物)들을 팔아 그것으로 장례를 치러 주었다.
　송나라의 효무제(孝武帝)가 그 말을 듣고 격찬(激讚)하면서 서원(徐爰)에게 말했다.
　"그대는 '송서(宋書)'를 저술할 때 반드시 이 인물을 빠뜨리지 말아야 할 것이다."

그 뒤 왕승건(王僧虔)이 상주(湘州)와 삼오(三吳) 지방을 다 스리게 되자 그와 함께 교유하였다.
제(齊)나라 건원(建元) 4년(482)에 입적(入寂)하였는데 향년 99세였다.

釋曇遷 姓支 本月支[1]人 寓居建康 篤好玄儒[2] 遊心佛義 善談莊老 竝注十地 又工正書 常布施題經 巧於轉讀 有無窮聲韻 梵製新奇 特拔終古 彭城王義康[3] 范曄[4] 王曇首[5] 竝皆遊狎 遷初止祇洹寺 後移烏衣寺 及范曄被誅 門有十二喪[6] 無敢近者 遷抽貨衣物 悉營葬送 孝武[7]聞而歎賞 謂徐爰[8]曰 卿著宋書 勿遺此士 王僧虔[9]爲湘州及三吳 竝携共同遊 齊建元四年卒 年九十九

1) 月支(월지) : 신강성(新疆省) 서남 지역과 아프가니스탄・인도・파키스탄 의 국경이 서로 이어지는 일대의 지역.
2) 玄儒(현유) : 현학(玄學)과 유학(儒學). 현학은 '노자' '장자' '주역' 등을 숭상하는 학문.
3) 彭城王義康(팽성왕의강) : 팽성(彭城)의 왕인 유의강(劉義康). '송서(宋書)' 권68에 있다.
4) 范曄(범엽) : '후한서(後漢書)'를 편찬(編撰)한 사람. '송서(宋書)' 권69에 있다.
5) 王曇首(왕담수) : '송서' 권63에 있다.
6) 門有十二喪(문유십이상) : 범엽(范曄)과 아울러 연좌(連坐)되어 처형된 사람이 한 집안에서 12명이었다는 말. '송서' 권69에는 일문에서 연좌된 사람 14명의 이름이 열거되어 있다.
7) 孝武(효무) : 송(宋)의 효무제(孝武帝). '송서' 권6에 나온다.
8) 徐爰(서원) : '송서' 98에 있다.
9) 王僧虔(왕승건) : '남제서(南齊書)' 권33에 있다.

범음(梵音)이 한번 울리면
길 가던 사람이 걸음을 멈춘다
— 석담빙전(釋曇憑傳)

석담빙(釋曇憑)의 속성(俗姓)은 양(楊)씨였으며, 건위(犍爲)의 남안(南安) 고을 사람이다.

어려서부터 경사(京師)에 와 전독을 공부하면서 백마사(白馬寺)에 살았다.

그는 음조(音調)가 뛰어나 밝을 녘까지 소리내도 끄떡없다고 자신하고 있었지만, 사람들은 아직 그것을 인정해 주지 않았다.

그래서 오로지 준칙과 법도를 닦으면서 한층 더 연습하여 마침내 담빙을 따를 자가 없을 정도의 실력을 갖추었다. 그런 후로는 모든 사람이 일제히 그에 대한 평가를 고쳤다.

세 가지 종류의 '본기경(本起經)'을 독송(讀誦)하는데, 그 소리가 특별히 훌륭했다.

그 뒤에 촉(蜀)으로 돌아가 용연사(龍淵寺)에 살았다.

파한(巴漢) 땅에서 음성에 마음을 쓰는 사람들은 모두 그의 소리내는 방법을 따라 배웠다.

범패(梵唄) 소리가 한번 입에서 흘러 나오면 그 청아한 음성에 나는 새도 달리는 말도 모두 비명을 올리고, 길 가던 사람들도 모두 걸음을 멈추고 귀를 기울였다.

인하여 구리로 종을 만들어, 언제나 미래에는 팔음사변(八音四辯)을 갖추기를 원했다.

용촉(庸蜀) 땅에 동종(銅鐘)이 생긴 유래는 여기에서 시작되었다.

그 뒤에 살던 곳에서 세상을 떠났다.

釋曇憑 姓楊 犍爲南安[1]人 少遊京師 學轉讀 止白馬寺 音調甚工 而過旦自任 時人未之推也 於是專精規矩 更加硏習 晚遂出群 翕然改觀 誦三本起經[2] 尤善其聲 後還蜀 止龍淵寺 巴漢[3]懷音者 皆崇其聲範 每梵音一吐 輒鳥馬悲鳴 行途住足 因製造銅鍾 願於未來 常有八音四辯[4] 庸蜀[5]有銅鍾 始於此也 後終於所住

1) 犍爲南安(건위남안) : 사천성(四川省) 영현(榮縣) 서쪽.
2) 三本起經(삼본기경) : '중본기경(中本起經)' 2권, '서응본기경(瑞應本起經)' 2권, '오백제자본기경(五百弟子本起經)' 1권, '수행본기경(修行本起經)' 2권 등의 이름이 경록(經錄)에 보이는데, '중본기' '서응본기' '수행본기'의 세 본기(本起)를 이르는 말이다.
3) 巴漢(파한) : 섬서성(陝西省)에서 사천성(四川省)에 걸치는 지역.
4) 八音四辯(팔음사변) : 여래(如來)가 갖추고 있는 여덟 가지 음성인 극호음(極好音) 유연음(柔軟音) 화적음(和適音) 존혜음(尊慧音) 불녀음(不女音) 불오음(不誤音) 심원음(深遠音) 불갈음(不竭音)과, 보살의 설법에 갖추어진 네 가지의 변(辯)인 법무애변(法無礙辯) 의무애변(義無礙辯) 사무애변(辭無礙辯) 요설무애변(樂說無礙辯)을 말하는 것이다. 이것이 있음으로 해서 이것을 듣는 사람은 저절로 법열(法悅)에 젖어들어 무상(無上)의 신심을 일으킨다고 한다.
5) 庸蜀(용촉) : 호복성(湖北省)에서 사천성(四川省)에 걸치는 지역.

제10장 창도전(唱導傳)

"그대를 따라왔음으로 해서 그릇되게
사람을 죽일 판국이 되었습니다.
이제 태백성(太白星)이
남두육성(南斗六星)을 범하고 있습니다.
이것은 대신(大臣)을 죽인다는 징조입니다.
되도록 빨리 생각을 바꾸신다면
반드시 큰 공훈(功勳)을 세우게 될 것입니다."

제10장 창도전(唱導傳)

신앙심을 불러 일으키는 설법(說法)

창도전은 설법(說法)을 잘하여, 사람들에게 그 법을 듣고 스스로 신앙심을 일으키게 한 두 고승의 전기를 발췌하여 수록하였다.

대체 어떠한 인연을 기틀로 해서 신앙심이 싹트게 되는 것일까. 사람에 따라 그 사정은 각각 다를 것이다.

부처가 위대한 존재임을 알고 부처의 진리의 가르침을 아는 일, 그것이 무엇보다도 중요할 것이다.

그러나 불가사의(不可思議)한 영력(靈力)에 경탄하고, 고요하고도 아름다우며 자세하고도 미묘한 음성에 도연(陶然)해지는 것 그 자체도 그 이상으로 강력한 인력(引力)이 된다는 사실도 부정하지는 못할 것이다.

거기에 덧붙여서 인과응보(因果應報)의 설화(說話)를 듣고, 제법(諸法)이 무상하다는 법어(法語)를 듣고, 혹은 두려워 떨고 혹은 기쁨에 넘치는 일도 신앙심을 싹트게 하는 중요한 계기(契機)가 되는 것이다.

대체 어떠한 조건들을 갖추어야 사람들의 마음을 놀라게 하며 혹은 두려워 떨게 하고 혹은 기쁘고 즐겁게 하는 설법(說法)을 할 수 있을까.

우선 성색(聲色) 변설(辯舌) 재지(才智) 박학(博學)의 네 가지 조건이 갖추어지지 않으면 안 된다.

억양(抑揚)과 굴신(屈伸)이 자연스럽고, 강약(强弱)과 완급(緩急)이 자유로운 성색(聲色)은 사람들의 마음을 힘 있게 끌어당겨서 놓아 주지 않는다.

그때그때의 형편에 따라 적당하게 처리하는 임기응변의 술(術)을 요령 있게 행하는 변설(辯舌)은 사람들의 동의(同意)를 촉구하고 공감을 유도한다.

날카로운 재주와 지혜에 의거한 풍성하고도 화려한 표현은 사람의 귀를 통쾌하게 자극하여 앞으로 향하는 마음을 일으키게 한다.

증거가 될 만한 자료들을 널리 인용하고 전거(典據)를 자유롭게 대는 설명은 의심을 제거시킨다.

이와 같은 성색과 변설과 재지와 박학의 네 가지 조건을 먼저 갖춘 위에, 다시 청중에게 알맞은 제재(題材)를 가려 설교(說敎)하는 것이다.

가령 청중이 출가한 승려(僧侶)들이라면, 일체의 무상함을 설(說)하여 진실한 마음으로 참회할 것을 권장한다.

만약 청중이 군주(君主)이거나 부귀한 사람들이라면 세속의 서적 따위도 인용하면서 설명한다.

전연 범속(凡俗)하고 어리석은 서민들이라면 구체적인 사물이나 보고 들은 사실들을 설하여 보인다. 그리고 농사꾼들에게는 신변의 일들을 설명하되 구체적인 죄와 허물들을 지적한다.

요컨대 청중이 어떤 부류의 사람들인가를 알아서 듣는 사람에게 가장 적당한 이야기거리를 고르는 것이야말로 법화(法話 : 설법)로서의 가장 걸맞는 효과를 발휘하는 것이다.

병에 따라 약을 주고, 상태의 정도에 따라 법을 설한다는 것은 정히 이런 것을 두고 하는 말이다.

이와 같이 함으로써 법회(法會)에 모이는 모든 사람이 깊은 곳에서 마음이 흔들려 전신전령(全身全靈)을 던져 죄와 허물을 고백하고, 구원의 손길을 구하며, 입으로는 부처의 명호(名號)를 부르게 되는 것이다.
　이처럼 솜씨 있는 법화(法話)만이 사람들의 신앙심을 불러 일으키게 하며 그들의 마음을 눈뜨게 하는 것이다.
　여기서는 법화를 매우 잘한 분으로 전해지는 정전(正傳)의 10인 중에서, 가장 뛰어난 석담종(釋曇宗) 석법원(釋法願) 두 고승의 전기를 가려 뽑았다.

효무제를 불도(佛道)로 인도한
응변무궁(應變無窮)한 변설
― 석담종전(釋曇宗傳)

석담종(釋曇宗)의 속성(俗姓)은 괵(虢)이요, 말릉(秣陵) 사람이다. 출가하여 영미사(靈味寺)에 살았는데, 어려서부터 학문을 좋아하여 많은 경전(經典)에 널리 통달하였다.

창설(唱說)의 뛰어남은 당시에 그를 따를 사람이 없었고, 변설(辯說)은 임기응변으로 끊어지는 일이 없었다.

어느 때 효무제(孝武帝)를 위해 변설하여 효무제를 불도(佛道)로 인도하고 보살의 오법(五法)을 행하였다.

그 때 황제는 담종(曇宗)에게 웃으면서 말했다.

"대체 짐에게 무슨 죄가 있기에 참회(懺悔)하지 않으면 안 된다는 것인가."

이에 대하여 담종이 대답했다.

"옛날 순(舜)임금은 지극한 성인이었는데도 오히려 '여(予 : 순임금 자신을 가리킴)에게 잘못이 있으면 그대들이 보좌(補佐)해 주오.'라고 했다 합니다.

탕왕(湯王)과 무왕(武王)도 '만백성에게 죄가 있다면 그 책임은 나 한 사람에게 있다.'고 하였습니다. 성왕(聖王)이 되어 스스로 책임을 느낀 것은 아마도 세상의 모범이 되고자 해서였을 것입니다.

폐하께서는 그 덕(德)은 옛날의 성왕 시대에 앞서고, 성인이시라는 점에서는 순임금이나 은(殷)나라의 탕왕과 같으십니다. 도

(道)를 행하여 겸양의 덕을 베푸신다면 어찌하여 폐하 한 분만 옛날 성군(聖君)들과 다르실 수 있겠습니까."

이 대답을 듣고 황제는 대단히 기뻐하였다.

그 뒤에 은숙의(殷淑儀)가 세상을 떠났다. 그의 삼칠일(三七日)의 재회(齋會)는 모두 담종에게 의뢰했다.

담종은 처음에는 세상의 모든 일은 진실로 의지할 것이 못 되며, 은혜와 사랑의 관계에 있어서도 반드시 헤어지지 않으면 안 된다는 것을 개탄하였다. 그런 후에 은씨(殷氏)가 숙덕(淑德)을 갖추었으나 충분한 영화를 누리지 못한 채 그 과실(果實)은 당금(當今)에 멸(滅)하고 그 방향(芳香)을 오늘에 거두고 만 것을 탄식하였다.

그 말이 입에서 흘러 나올 때마다 슬픔이 지극하였다. 황제는 자주 눈물로 앞을 가리고 나서 더욱 깊이 상찬(賞讚)하였다.

담종은 그 뒤에 살던 곳에서 입적(入寂)하였다.

그는 '경사탑사기(京師塔寺記)' 2권을 저술하였다.

釋曇宗 姓虢 秣陵¹⁾人 出家止靈味寺 少而好學 博通衆典 唱說之功 獨步當世 辯口適時 應變無盡 嘗爲孝武唱導 行菩薩五法禮²⁾竟 帝乃笑謂宗曰 朕有何罪 而爲懺悔 宗曰 昔虞舜³⁾至聖 猶云予違爾弼 湯武⁴⁾亦云 萬姓有罪 在予一人 聖王引咎 蓋以軌世 陛下德邁往代 齊聖虞殷 履道思沖 寧得獨異 帝大悅 後殷淑儀⁵⁾薨 三七設會 悉請宗 宗始歎世道浮僞 恩愛必離 嗟殷氏淑德 榮幸未暢 而滅實當年 收芳今日 發言悽至 帝泫愴良久 賞異彌深 後終於所住 著京師塔寺記二卷

1) 秣陵(말릉) : 지금의 남경(南京).
2) 菩薩五法禮(보살오법례) : 보살(菩薩)의, 참회(懺悔) 권청(勸請) 수희(隨喜) 회향(廻向) 발원(發願)의 다섯 가지 뉘우침.
3) 虞舜(우순) : 순(舜)임금. 고대 중국의 성천자(聖天子)로, 역시 성천자인 요

(堯)임금에게 천자 자리를 선양(禪讓)받아 요순시대라는 태평성세를 이룩하였다는 군주.

4) 湯武(탕무) : 탕왕은 은(殷)나라를 세웠으며, 무왕은 주(周)나라를 세웠다. 둘 다 성군(聖君)이었다.

5) 殷淑儀(은숙의) : 성은 은씨(殷氏)이며, 숙의(淑儀)는 제왕의 후궁(後宮)을 이르는 말. '남사(南史)' 11권에 나온다.

모든 중생의 앞날을 정확히 맞추었다
― 석법원전(釋法願傳)

　석법원(釋法願)의 속성(俗姓)은 종(鍾)이요, 이름은 무려(武厲)였다. 그의 선조는 영천(潁川)의 장사(長社) 지방 사람이었는데, 조부 대에 전란(戰亂)을 피하여 오흥(吳興)의 장성(長城)으로 옮겼다.
　법원(法願)은 전에 매근야(梅根冶) 고을의 감찰이란 벼슬을 지내다가 시신민(施愼民)과 교대하였다. 이취임 당시에 문서(文書)의 대조가 제대로 되어 있지 않아 시신민은 결국 문책당하게 되어 있었다.
　일이 이렇게 되자 법원은 자기에게도 책임이 있음을 느끼고 그 죄(罪)를 두 사람이 나누어 지겠다고 호소하였다.
　다행히 황제의 칙지(勅旨)가 있어 시신민은 죽음을 면하게 되었고, 법원은 신도(新道)의 영(令)으로 임명되었다.
　법원의 집안은 본래부터 신(神)을 섬기고 있어 그 자신도 북을 치면서 춤추는 것을 익혔고, 세간의 여러 가지 기예(技藝)와 점괘로 점을 치는 술법(術法) 따위에 고루 정통하였다.
　어느 때 스스로 거울에 얼굴을 비춰 보다가 말했다.
　"나는 머지않아 천자를 알현(謁見)하게 될 것이다."
　그런 후에 그는 도성(都城)으로 나와 침교(沈橋)에 살면서 남의 관상(觀相)을 보아 주는 일로 생계를 유지하였다.
　그 때 종각(宗慤)과 심경(沈慶)은 신분이 미천하였는데, 법원에게 와서 관상을 보아 달라고 부탁하였다.

법원은 그들의 관상을 살피고 나서 말하였다.

"종군(宗君)은 세 고을을 다스릴 자사(刺史)가 될 것이다. 심군(沈君)은 삼공(三公)의 지위에 오를 것이다."

이와 같이 차례로 사람들의 관상을 점치고 나서 가까운 장래의 일들을 기록해 두었는데, 그 효험(效驗)이 나타난 것이 하나에 머무르지 않았다.

이러한 소문은 송나라 태조(太祖)의 귀에 들리게 되었다. 그럼으로써 법원은 자신의 예언대로 천자를 알현하게 된 것이다.

태조는 법원과 만날 즈음에 동야(東冶)의 죄수 한 사람과 보기에 그럴듯하게 생긴 노예 한 사람을 데려다가 의관(衣冠)을 갖추게 하고 법원에게 그들의 상(相)을 점치라고 하였다.

법원은 죄수를 가리키면서 말했다.

"자네는 위험한 일이 많은 사람이군. 계단을 내려서자마자 쇠사슬에 얽매어질 것일세."

또 노예에게 말했다.

"자네는 아주 미천한 사람이군. 잠시 동안만 그것을 면하고 있을 뿐일세."

이에 황제는 법원의 정확한 점에 놀라, 즉석에서 칙명(勅命)을 내려 그를 후당(後堂)에 머무르게 하고 음양(陰陽)의 비술(秘術)을 관장하게 하였다.

그 뒤 얼마 있다가 법원은 상서(上書)하여 출가(出家)할 것을 원했다. 그러나 황제가 허락하지 않아 세 번째 올린 상서로 겨우 뜻을 이루게 되어 상정림사(上定林寺)에 머무르고 있는 원공(遠公)의 제자가 되었다.

효무제(孝武帝)가 즉위하게 되었다. 종각(宗慤)은 변방으로 나가 광주(廣州)를 지키게 되었는데, 법원을 함께 데리고 가 우러러 오계(五戒)의 계사(戒師)로 삼았다.

때마침 초왕(譙王)이 반역을 꾀하여 영남(嶺南) 일대에 격문

(檄文)을 돌렸다.
 종각이 그 일에 대하여 법원과 상의하자 법원이 말했다.
 "그대를 따라왔음으로 해서 그릇되게 사람을 죽일 판국이 되었습니다. 이제 태백성(太白星)이 남두육성(南斗六星)을 범하고 있습니다. 이것은 대신(大臣)을 죽인다는 징조입니다. 되도록 빨리 생각을 바꾸신다면 반드시 큰 공훈(功勳)을 세우게 될 것입니다."
 과연 법원의 말과 같이 되었으므로, 종각은 예주자사(豫州刺史)로 옮기게 되었다. 그 때에도 법원과 함께 갔다.
 경릉왕(竟陵王) 유탄(劉誕)이 반역을 거사(擧事)했을 때에도 법원은 먼저와 같이 충고하였다.
 법원은 그 뒤에 자사 종각과 함께 여러 승려들의 의자(椅子)에 앉는 사람들의 수를 줄여 팔지(八指)의 제(制)에 의하게 하려고 하였다.
 당시에 사문(沙門) 승도(僧導)는 강서(江西)에서 독보적인 존재로서 명성을 떨치고 있었는데, 법원의 이러한 처사를 보고는, 법원은 자신의 신분도 분별하지 못하고 사인(士人)을 바로잡으려 한다고 생각하여 상당히 불평하는 기색을 보였다. 마침내 그 사실을 효무제(孝武帝)에게 상소하였다.
 효무제는 곧 칙명(勅命)을 내려 법원을 도성(都城)으로 돌아오게 하였다. 그리고 법원에게
 "그대는 어찌하여 채식한다는 등의 거짓말을 하는가."
하고 힐문(詰問)하였다. 이 힐문에 대하여 법원이 대답했다.
 "저는 채식을 시작한 지 10년이 되었습니다."
 황제는 직합(直閤) 심유지(沈攸之)에게 명하여 억지로 고기를 먹이려고 하였다.
 법원은 앞니가 두 개나 부러지도록 먹을 것을 강요당하면서도 기어이 지조를 굽히지 않았다.

이에 황제는 격노(激怒)하여 칙명을 내려 법원을 환속(還俗)시켜 광무장군(廣武將軍)을 삼아 화림원(華林園) 불전(佛殿)의 수비를 맡겼다.

환속이 되었으므로 외모는 일반 속인들과 같게 되었지만, 마음은 선정(禪定)과 계율(戒律)에 의지하여 결코 절개를 손상시키는 일이 없었다.

얼마 있다가 황제가 붕어(崩御)하였다. 소태후(昭太后)는 그를 사(赦)하여 불문(佛門)으로 돌아가게 하였다.

태시(泰始) 6년(470)에 교장생(佼長生)은 택지(宅地)를 희사(喜捨)하여 절을 세우고 정승사(正勝寺)라고 이름 붙여 법원에게 머물러 달라고 부탁하였다.

세상은 제(齊)나라로 바뀌어 고제(高帝)가 즉위하였는데 법원을 스승의 예(禮)로써 섬겼다. 무제(武帝)가 뒤를 이어 즉위하여서도 또한 스승으로 공경하였다.

영명(永明) 2년(484)에 법원은 형의 상(喪)을 당하자 상표(上表)하여 고향으로 돌아가게 해 달라고 원했다. 그리하여 고향으로 돌아가 얼마 지내는 동안 계속해서 돌아오라는 칙지(勅旨)가 내려왔다.

법원은 그 뒤에 도성을 떠나 상궁(湘宮)에서 한가롭게 지내고 있는데, 황제는 스스로 연(輦)을 타고 행행(行幸)하여 절로 내려와 그의 근황(近況)을 물었다.

이에 법원이 말했다.

"다리 아픈 병이 아직 낫지 않아 배알(拜謁)할 수가 없습니다."

황제는 연을 돌려 서울로 돌아갔다.

문혜태자(文惠太子)가 어느 때 절로 법원을 찾아갔는데 법원이 처음부터 앉으라고 말하지 않아 선 채로 경례하고 물었다.

"아주 좋은 피리 소리와 맑은 징과 북 소리로 공양(供養)을 하면 어떤 복이 있겠습니까."

법원이 대답했다.

"옛날에 보살(菩薩)이 8만의 기악(伎樂)을 갖추어 부처에게 공양하였는데, 그래도 지심(至心)을 이룰 수 없었습니다. 이제 대나무 구멍을 불고 죽은 소의 가죽을 두드린다고 해서 그것이 대체 무엇이라는 것입니까."

법원은 기품(氣品)이 높은 덕(德)을 지녀 당시에 비길 만한 사람이 없었던 것은 이런 정도였다.

왕후(王侯)나 비빈(妃嬪), 사방의 사서(士庶)가 모두 그에게 계(戒)를 받고 스승으로 받들어, 예를 다하지 않은 사람이 없었다.

법원이 행차할 때에는 반드시 마음으로 가고자 하는 바에 따라 발을 옮기고 누구에게 알리는 일이 없었으나 모두 수희심(隨喜心)을 발휘하여 매일 만 전(錢)씩이나 모였다. 법원은 받은 돈으로 공덕(功德)을 거듭 쌓아 조금이라도 모아 두는 일이 없었다.

때로는 사람을 사서 예불(禮佛)하게 하고, 또는 사람을 시켜 재(齋)를 베풀게 하며, 때로는 곡식을 사들여 물고기나 새들의 먹이로 주기도 하고, 혹은 음식물로 바꾸어 죄수들에게 나누어 주기도 하였다. 이렇게 그는 공덕을 거듭 쌓기를 헤아릴 수 없이 하였다.

법원은 또 창도(唱導)에도 뛰어나 경전(經典)에다 기초를 두어 법(法)을 설(說)하였다. 진심에서 우러나오는 설법(說法)을 하였을 뿐 음조(音調) 따위에는 신경 쓰지 않았다. 말에는 사투리가 섞여 좀 거칠었지만 오로지 그 때의 형편에 따라 또는 상대의 상태에 따라 적절하게 하여 상대가 이해할 수 있도록 하는 데에 힘썼다. 재지(才知)는 미칠 수가 있으나 우직(愚直)함은 흉내낼 수가 없다는 것이었으리라.

그 뒤에 선정(禪定)에 들어 사흘 동안 단식(斷食)하면서 갑자기 제자들에게

"너희들은 밥광주리를 잃었다."

하고는, 얼마 있다가 병이 들어 누웠다.

때마침 절 근처에서 불이 났는데 절이 바람을 맞고 있어 불길이 바야흐로 미치게 되어 있으므로, 제자들은 서둘러 법원을 가마에 태워 절에서 빠져 나가려고 하였다.

이에 법원이 말하기를

"부처님께서 태우시려고 한다면 내 어찌 살아날 수 있겠는가."하면서 일심불란(一心不亂)하게 부처에게 의지하였다.

그렇게 해서 세 방면으로 불길이 옮겨 붙어 다 타버렸으나 오직 법원이 있는 절만은 타지 않았다.

제(齊)나라 영원(永元) 2년(500)에 입적(入寂)하였는데 향년 87세였다.

釋法願 本姓鍾 名武厲 先潁川長社[1]人 祖世避難 移居吳興長城[2] 願常爲梅根冶[3]監 有施愼民來代之 先時文書未校 愼民遂偏當其負 願乃訴求分罪 有旨免愼民死 除願爲新道令 家本事神 身習鼓舞 世間雜技及耆父[4]占相 皆備盡其妙 嘗以鏡照面云 我不久當見天子 於是出都住沈橋 以庸相自業 宗慤[5]沈慶[6]微時 經請願相 願曰宗君應爲三州刺史 沈君當位極三公 如是歷相衆人 記其近事 所驗非一 遂有聞於宋太祖[7] 太祖見之 取東冶[8]囚及一奴美顏色者 飾以衣冠 令願相之 願指囚曰 君多危難 下階便應著鎖 謂奴曰 君是下賤人 乃暫得免耶 帝異之 卽勅住後堂 知陰陽秘術

後少時啓求出家 三啓方遂 爲上定林遠公[9]弟子 及孝武龍飛 宗慤出鎭廣州 携願同往 奉爲五戒之師 會譙王構逆[10] 羽檄嶺南 慤以諮願 願曰 隨君來 誤殺人 今太白[11]犯南斗[12] 法應殺大臣 宜速改計 必得大勳 果如願言 慤遷豫州刺史 復携同行 及竟陵王誕擧事[13] 願陳諫亦然 願後與刺史共欲減衆僧床脚 令依八指之制[14] 時沙門僧導[15] 獨步江西 謂願濫匡其士 頗有不平之色 遂致聞孝武 卽勅願還都 帝問願 何詐榮食 願答 榮食已來十餘年 帝勅直閤沈攸之[16] 强

逼以肉 遂折前兩齒 不廻其操 帝大怒 勅罷道 作廣武將軍 直華林佛殿 願雖形同俗人 而栖心禪戒 未嘗虧節 有頃帝崩 昭太后[17]令聽還道 太始[18]六年 佼長生[19]捨宅爲寺 名曰正勝 請願居之

及高帝[20]卽位 事以師禮 武帝[21]嗣興 亦盡師敬 永明二年 願遭兄喪 啓乞還鄕 至鄕少時 勅旨重疊 願後出憩在湘宮 鑾駕自幸 降寺省慰 願云 脚疾未消 不堪相見 帝乃轉躓而去 文惠太子[22]嘗往寺問訊 願旣不命令坐 文惠作禮而立 乃謂願曰 葆吹淸鐃 以爲供養 其福云何 願曰 昔菩薩八萬伎樂供養佛 尙不如至心 今吹竹管子 打死牛皮 此何足道 其秉德邁時 皆此之類 其王侯妃主及四遠士庶 竝從受戒 悉遵師禮

願往必直前 無有通白 咸致隨喜[23] 日盈萬計 願隨以修福 未嘗蓄聚 或雇人禮佛 或借人持齋 或收糴米穀 散飴魚鳥 或貿易飮食 賑給囚徒 興功立德 數不可紀 願又善唱導[24] 及依經說法 率自心抱 無事宮商[25] 言語訛雜 唯以適機爲要 可謂其智可及 其愚不可及也 後入定三日不食 忽語弟子云 汝等失飯籮矣 俄而寢疾 時寺側遭燒寺在下風 煙焰必及 弟子欲興願出寺 願曰 佛若被燒 我何用活 卽苦心歸命 於是三面皆焚 唯寺不爞 齊永元二年 年八十七卒

1) 潁川長社(영천장사) : 하남성(河南省) 장갈현(長葛縣) 경계.
2) 吳興長城(오흥장성) : 절강성(浙江省) 포성(浦城) 부근.
3) 梅根冶(매근야) : 안휘성(安徽省) 귀지현(貴池縣) 매근항(梅根港) 동쪽 5리 지점.
4) 蓍父(기보) : 시애(蓍艾)의 잘못인 듯하다. 그렇다면 점대(시초)로 점(占)치는 것을 말하는 것이리라.
5) 宗慤(종각) : 종각(宗愨)이라고도 한다. '송서(宋書)' 권 76에 있음.
6) 沈慶(심경) : 심경지(沈慶之)와 같다. '송서' 권 77에 있음.
7) 宋太祖(송태조) : 송(宋)나라의 태조(太祖). 송나라는 남북조(南北朝)시대 남조(南朝) 최초의 왕조(王朝). 동진(東晉)의 권신(權臣) 유유(劉裕)가 동진의 공제(恭帝)의 선양(禪讓)을 받아 세운 나라. 문제(文帝) 때 국세를 떨

쳤으나 59년 만에 소도성(蕭道成)에게 망하였다. 태조는 문제(文帝) 유의륭(劉義隆)의 묘호(廟號). '송서' 권5에 있음.

8) 東冶(동야) : 복건성(福建省) 민후현(閩侯縣) 동북에 있는 야산(冶山)의 산기슭.

9) 遠公(원공) : 원전(原典) '고승전(高僧傳)' 권8에 나오는 인물.

10) 譙王構逆(초왕구역) : 효건(孝建) 원년 2월에, 본래 남초왕(南譙王)으로 남군왕(南郡王)이 된 유의선(劉義宣)이 반란을 일으킨 일을 가리킨다.

11) 太白(태백) : 태백성(太白星). 저녁때 서쪽으로 크게 보이는 별. 금성(金星) 장경성(長庚星)이라고도 한다.

12) 南斗(남두) : 남두육성(南斗六星). 궁수(弓手)자리의 국자 모양을 한 여섯 개의 별.

13) 竟陵王誕擧事(경릉왕탄거사) : 경릉왕(竟陵王) 유탄(劉誕)이 작위를 깎은 데 대한 불복(不服)으로 일으킨 반란을 가리킨다.

14) 減衆僧床脚令依八指之制(감중승상각영의팔지지제) : 미상(未詳).

15) 僧導(승도) : 남도(南渡)하여 수춘(壽春)의 동산사(東山寺)에 머물렀으나 효무제(孝武帝)가 즉위한 뒤에 경사(京師)의 중흥사(中興寺)에 살다가 와관사(瓦官寺)에서 '유마경(維摩經)'을 강설(講說)하였다. 뒤에 수춘(壽春)으로 돌아가 석간(石磵)에서 입적(入寂)하였다. 원전(原典) '고승전' 권7에 나옴.

16) 沈攸之(심유지) : '송서' 권 74에 있다.

17) 昭太后(소태후) : 문제(文帝)의 비(妃)인 노숙원(路淑媛). '송서' 권41에 있다.

18) 太始(태시) : 태시(泰始)가 맞다.

19) 佼長生(교장생) : '송서' 권 83에 있다.

20) 高帝(고제) : 남조(南朝)의 송(宋)나라 순제(順帝)에게 선양(禪讓)받아 남제(南齊)라는 나라를 세운 소도성(蕭道成). 남제는 23년 만에 양(梁)나라 무제(武帝)에게 망하였다. '남제서(南齊書)' 권1, 권2에 있다.

21) 武帝(무제) : 소색(蕭賾). '남제서(南齊書)' 권3에 있다.

22) 文惠太子(문혜태자) : 소장무(蕭長懋). '남제서' 권21에 있다.
23) 隨喜(수희) : 남의 좋은 일을 보고 따라서 좋아하기를 마치 자기의 좋은 일과 같이 기뻐함.
24) 唱導(창도) : 법리(法理)를 베풀어 불도(佛道)에 인도(引導)함.
25) 宮商(궁상) : 말의 음조(音調).

시간과 공간을 초월하여
영원한 고전으로 남아질 수 있는 —

자유문고의 책들

1. 정관정요
최형주 해역 ●620쪽/18,000원

당나라 이후 중국의 역대왕들이 모든 제왕의 통치철학으로 삼아 오던 이 저서는 일본으로 건너가「도꾸가와 이에야스(德川家康)」가 일본 통일의 기틀을 마련하는데 큰 힘이 되었다. 〈완역〉

2. 식경
남상해 해역 ●325쪽/12,000원

어떤 음식을 어떻게 섭취하면 몸에 좋은가? 어떻게 하면 건강하게 무병장수 할 수 있는가 등등. 옛 중국인들의 음식물 조리와 저장방법 등 예방의학적 관점에서 그 해답을 얻을 수 있다. 〈완역〉

3. 십팔사략
증선지 지음 ●254쪽/6,000원

고대 중국의 3황 5제에서부터 송나라 말기까지 유구한 역사의 노정에서 격랑에 휘말린 인물과 사건을 시대별로 나눈 5천년 중국사를 한 눈에 볼 수 있는 역사서. 〈완역〉

4. 소학
조형남 해역 ●338쪽/7,000원

자녀들의 인격 완성을 위하여 성인이 되기 전 한번쯤 읽어야 하는 고전. 아름다운 말, 착한 행동, 교육의 기초 등, 인간이 지켜야 할 예절과 우리 선조들의 예의범절을 되돌아 볼 수 있다. 〈완역〉

5. 대학
정우영 해역 ●156쪽/5,000원

사회생활에서 지도자가 되거나 조직의 일원이 될 때 행동과 처세, 자신의 수양, 상하의 관계 등에 도움은 물론, 훌륭한 지도자로 성장할 수 있도록하는 조직관리의 길잡이이다. 〈완역〉

6. 중용
조강환 해역 ●192쪽/6,000원

인간의 성(性)·도(道)·교(敎)의 구체적인 사항을 제시하였다. 도(道)와 중화(中和)는 항상 성(誠)을 가지고 살아가야 한다는 것과 귀신에 대한 문제 등이 심도있게 논의됐다. 〈완역〉

7. 신음어
여곤 지음 ●256쪽/6,000원

한 국가를 경영하는 요체로써 인간의 마음, 인간의 도리, 도를 논하는 방법, 국가공복의 의무, 세상의 운세 그리고 성인과 현인, 국가를 경영하는 요체 등을 주제로 한 공직자의 필독서이다.

8. 논어
김상배 해역 ●376쪽/10,000원

공자와 제자들의 사랑방 대화록. 공자(孔子)의 '배우고 때때로 익히면 즐겁지 아니한가.'로 시작되는 논어를 통해 공문 제자의 교육법을 알 수 있다. 〈완역〉

9. 맹자
전일환 해역 ●464쪽/10,000원

난세를 다스리는 정치철학. 백성이란 생활을 유지할 생업이 있어야 변함없는 마음을 가질 수 있고, 생업이 없으면 변함없는 마음을 가질 수 없다. 〈완역〉

10. 시경
이상진·황송문 역 ●576쪽/12,000원

공자는 시(詩) 3백편을 한마디로 대변한다면 '사무사(思無邪)'라고 했다. 옛 성인들은 시경을 인간의 마음을 정화시키는 중요한 교육서로 삼았다. 각 시에 관련된 그림도 수록되어 있다. 〈완역-자구 색인〉

11. 서경
이상진·강명관 역 ●444쪽/6,000원

요순(堯舜)시대부터 서주(西周)시대까지의 정사(政事)에 관한 모든 문서(文書)를 공자(孔子)가 수집하여 편찬한 책이다. 유학의 정치에 치중한 경전의 하나. 〈완역〉

12. 주역
양학형·이준영 역 ●496쪽/12,000원

주역은 신성한 경전도 신비한 기서(奇書)도 아니다. 보는 자의 관점에 따라 판단을 내리도록 하는 것이 역의 기본이치다. 주역은 하나의 암시로 그 암시를 통해 문제를 해결해 나가는 것이다. 〈완역〉

13. 노자도덕경
노재욱 해역 ●272쪽/7,000원

난세를 쉽게 사는 생존철학으로 인생은 속절없고 천지는 유구하다. 천지가 유구한 것은 무위 자연의 도를 수행하고 있기 때문이다. 제일 귀중한 것은 자기의 생명이다 라고 했다. 〈완역〉

14. 장자
노재욱 편저 ●260쪽/7,000원

바람따라 구름따라 정처없이 노닐며 온 천하의 그 무엇에도 속박되는 것이 없이 절대 자유로운 삶을 영위하는 소요유에서부터 제물론, 응제왕 편 등 장주(莊周)의 자유무애한 삶의 이야기이다.

번호	제목	저자/역자	쪽수/가격	설명	완역
15	묵자	박문현·이준영 역	552쪽/15,000원	묵자(墨子)는 '사랑'을 주창한 철학자이며 실천가이다. 묵자의 이론은 단순하지만 그 이론을 지탱하는 무게는 끝없이 크다. 묵자의 '사랑'은 구체적이고 적극적이다.	〈완역〉
16	효경	박명용·황송문 역	232쪽/6,000원	효도의 개념을 정립한 것. 공자의 제자인 증자(曾子)는 효도의 마음가짐이 뛰어났다. 이 점을 간파한 공자가 증자에게 효도에 관한 언행을 전하여 기록하게 한 효의 이론서이다.	〈완역〉
17	한비자 상·하	노재욱·조강환 역	상·하/각 15,000원	약육강식이 횡행하던 춘추전국시대에 순자의 성악설(性惡說)을 사상적 배경으로 받아들여 법의 절대주의를 역설하였다. 법 위주의 냉엄한 철학으로 이루어졌다.	〈완역〉
18	근사록	정영호 해역	424쪽/8,000원	내 삶의 지팡이. 송(宋)나라의 논어(論語)라 일컬어진 『근사록』은 송나라 성리학(性理學)을 집대성한 유학의 진수이다. 높은 차원의 철학적 사상과 학문이 쉽고 짧은 문장으로 다루어졌다.	〈완역〉
19	포박자	갈홍 저/장영창 역	280쪽/8,000원	불로장생(不老長生). 이것은 모든 인간의 소망이며 기원의 대상이다. 인간은 죽음을 초월할 수 있는가? 불로불사(不老不死)의 약은 있는가? 등등. 인간들이 궁금해 하는 사연들이 조명되었다.	
20	여씨춘추 12기 8람 6론	정영호 12기/10,000원 8람/12,000원 6론/4,000원		여불위가 3천여 학자와 이룩한 사론서(史論書)로 유가·도가·묵가·병가·명가 등의 설을 취합. '12기(紀), 8람(覽), 6론(論)'으로 나뉘어 선진(先秦)시대의 학설과 사상을 총망라해 다룬 백과전서.	〈완역〉
21	고승전	혜교 저/유월탄 역	288쪽/8,000원	중국대륙에 불교가 들어 오면서 불가(佛家)의 오묘 불가사의한 행적들과 중국으로 전파되는 전도과정에서의 수난과 고통, 수도과정에서 보여주는 고승들의 행적 등을 기록한 기록문.	
22	한문입문	최형주 해역	232쪽/5,000원	조선시대의 유치원 교육서라고 하는 천자문, 이천자문, 사자소학, 계몽편, 동몽선습이 수록됨. 또 관혼상제 등과 가족의 호칭법 등이 나열되고 간단한 제상차리는 법 등이 요약되었다.	〈완역〉
23	열녀전	유향 저/박양숙 역	416쪽/7,000원	역사에 큰 발자취를 남긴 89명의 여인들을 다룬 여성의 전기이다. 총 7권으로 구성되었으며 옛여성들이 지킨 도덕관을 한 눈에 볼 수 있는 교양서.	〈완역〉
24	육도삼략	조강환 해역	296쪽/8,000원	병법학의 최고봉인 무경칠서(武經七書) 가운데 두 가지의 책으로 3군을 지휘하고 국가를 방위하는데 필요한 저서이다. 『육도』와 『삼략』의 두 권이 하나로 합한 것이다.	〈완역〉
25	주역참동계	최형주 해역	272쪽/10,000원	『주역참동계(周易參同契)』란 주나라의 역(易)이 노자의 도(道)와 연단술(練丹術)과 서로 섞여 통하며 『주역』과 연단은 음양을 벗어나지 못하며 노자의 도는 음양이 합치된다고 하였다.	〈완역〉
26	한서예문지	이세열 해역	328쪽/7,000원	반고(班固)가 찬한 『한서(漢書)』 제30권에 들어 있는 동양고전의 서지학(書誌學)의 대사전이다. 한(漢)나라 이전의 모든 고전을 일목요연하게 볼 수 있는 서지학의 원조이다.	〈완역〉
27	대대례	박양숙 해역	344쪽/8,000원	『대대례』의 정식 명칭은 『대대예기』이며 한(漢)나라 대덕(戴德)이 편찬한 저서로서 공자(孔子)와 그의 제자들이 예에 관한 기록의 131편을 수집하여 집대성한 것이다.	〈완역〉
28	열자	유평수 해역	304쪽/7,000원	『열자』의 학문은 황제(黃帝)와 노자(老子)에 근본을 삼았고 열자 자신을 호칭하여 도가(道家)의 중시조라고 했다. 『열자』는 내용이 재미가 있고 어렵지 않은 것이 특징이다.	〈완역〉
29	법언	양웅 저/최형주 역	312쪽/7,000원	전한(前漢)시대 사마상여(司馬相如)의 영향을 받아 대문장가가 된 양웅(楊雄)의 문집이다. 양웅은 오로지 저술에 의해 이름을 남기고자 힘써 저술에 전념하였다.	〈완역〉
30	산해경	최형주 해역	408쪽/10,000원	『산해경(山海經)』은 문학·사학·신화학·지리학·민속학·인류학·종교학·생물학·광물학·자원학 등 제반 분야를 총망라한 동양 최고의 기서(奇書)이며 박물지(博物志)이다.	〈완역〉

31. 고사성어 송기섭 지음 ●304쪽/7,000원	일상생활에서 많이 쓰이는 중심되는 125개의 고사성어가 생기게 된 유래를 밝히고 1,000여개 고사성어의 유사언어와 반대되는 말, 속어, 준말, 자해(字解) 등을 자세하게 실어 이해를 도왔다.	
32. 명심보감·격몽요결 박양숙 해역 ●280쪽/6,000원	인간 기본 소양의 명심보감과 공부하는 지침을 가르쳐 주는 격몽요결, 학교의 운영과 학생들의 행동에 대한 모범안을 보여주는 율곡 이이(李珥) 선생의 학교모범으로 이루어졌다.	〈완역〉
33. 이향견문록 상·하 이상진 역 ●상·하/각 8,000원	일반적으로 많이 알려지지 않은 숨은 이야기 모음이다. 소문으로 알려져 있는 평범한 이야기도 있고, 기이한 이야기도 있고, 유명한 사람의 이야기를 능가하는 이야기도 있다.	〈완역〉
34. 성학십도와 동국십팔선정 이상진 외2인 해역 ●248쪽/6,000원	'성학십도'는 어린 선조(宣祖)가 성군(聖君)이 되기를 바라는 마음에서 퇴계 이황이 집필한 책. '동국십팔선정'은 우리나라 사람으로서 성균관 문묘(文廟)에 배향된 대유학자 18명의 발자취를 나열한 책.	〈완역〉
35. 시자 신용철 해역 ●240쪽/6,000원	진(秦)나라 재상 상앙의 스승이었다는 시교의 저서로 인의(仁義)를 바탕에 깔고 유가(儒家)의 덕치(德治)를 바탕으로 '정명(正名)과 명분(名分)'을 내세워 형벌을 주창하였다.	〈완역〉
36. 유몽영 장조 저·박양숙 역 ●240쪽/6,000원	장조(張潮)가 쓴 중국 청대(淸代)의 수필 소품문학의 백미(白眉)로, 도학자(道學者)다운 품격과 차원높은 은유로 인간의 진솔한 삶의 방법과 존재가치를 탐구하였다.	〈완역〉
37. 채근담 박양숙 해역 ●288쪽/7,000원	명(明)나라 때 홍자성(洪自誠)이 지은 저서로 하늘의 이치와 인간의 정(情)을 근본으로 삼아 덕행을 숭상하고 명예와 이익을 가볍게 보아 담박한 삶의 참맛을 찾는 길을 모색하였다.	〈완역〉
38. 수신기 간보 저/전병구 역 ●462쪽/10,000원	동진(東晉)의 간보(干寶)가 지은 것으로 '신괴(神怪)한 것을 찾다'와 같이 '귀신을 수색한다'의 뜻으로 신선, 도사, 기인, 괴물, 귀신 등의 이야기로 이루어져 있다.	〈완역〉
39. 당의통략 이덕일·이준영 역 ●462쪽/10,000원	조선 말기의 정치가이며 학자인 이건창이 지은 책으로 선조(宣祖) 때부터 영조(英祖) 때까지의 당쟁사이다. 음모와 모략, 드디어 영조가 대탕평을 펼치게 되는 일에서 끝을 맺었다.	〈완역〉
40. 거울로 보는 관상 신성은 엮음 ●400쪽/15,000원	달마조사와 마의선사의 상법(相法)을 300여 도록을 완비하여 넣고 완전 현대문으로 재해석하여 누구나 쉽게 알 수 있도록 꾸민 관상학의 해설서. 원제는 '마의상법(麻衣相法)'이다.	
41. 다경 박양숙 해역 ●240쪽/7,000원	당나라 육우(陸羽)의 『다경(茶經)』과 일본의 영서(榮西)선사의 『끽다양생기』를 합 현대문으로 재해석하고 도록으로 차와 건강을 설명하여 전통차의 효용성과 커피의 실용성을 곁들여 다루었다.	〈완역〉
42. 음즐록 정우영 해역 ●176쪽/6,000원	선행을 많이 쌓으면 타고난 운명을 바꿀 수 있다는 저서. 음즐은 '하늘이 아무도 모르게 사람의 행동을 보고 화복을 내린다.'는 뜻에서 딴 것. 어떤 행동이 얼마만큼의 공덕에 해당하는 가에 대한 예시도 해놓았다.	〈완역〉
43. 손자병법 조일형 해역 ●272쪽/8,000원	혼란했던 춘추시대에 태어나 약육강식의 시대를 살며 터득한 경험을 이론으로 승화시킨 손자의 병법서. 현대인들에게는 처세술의 대표적인 책으로 알려졌다.	
44. 사경 김해성 해역 ●288쪽/9,000원	'사람을 쏘려거든 먼저 말을 쏘아라'라는 부제가 대변해 주듯, 활쏘기의 방법에 대한 개론서. 활쏘기 자체를 초월한 도(道)의 경지에 오르는 길을 설명하고, 관련 도록을 수록하고, 『예기』에서 관련된 부분을 발췌해 넣었다.	〈완역〉
45. 예기 상·중·하 지재희 역 ●상/14,000원 ●중/14,000원 ●하/14,000원	옛날 사람들의 생활과 관련된 모든 것을 총망라하여 49편으로 구성해 놓은 생활지침서로 상·중·하로 나누었다. 옛날 사람들이 어떤 문화를 가지고 살았으며, 어떤 것을 생활의 무게를 두었는가 하는 것들을 살필 수 있다.	〈완역-자구 색인〉
46. 이아주소 최형주·이준영 역 ●424쪽/18,000원	중국 13경(經)의 하나. 가장 오래된 동양 자전(字典). 이(爾)는 가깝다, 아(雅)는 바르다, 곧 '가까운 곳에서 바른 것을 취하다'는 뜻. 천문·지리·음악·기재(器材)·초목·조수(鳥獸)에 대한 고금의 문자 설명.	〈완역〉

47. 주례
지재희·이준영 역 ●604쪽/20,000원

중국의 국가 제도를 기록한 최고의 책이며, 삼례(三禮)의 하나이다. 중국 주(周)나라의 관직을 천관(天官), 지관(地官) 춘관(春官), 하관(夏官), 추관(秋官), 동관(冬官)의 육관(六官)으로 분류하고 그에 따른 예하의 관명과 각 관직에서 행하는 직무의 범위를 설명한 것으로 전체 6편으로 이루어졌다.
〈완역 – 자구 색인〉

48. 춘추좌전 상·중·하
남기현 해역
● 상 664쪽/20,000원
● 중 656쪽/20,000원
● 하 688쪽/20,000원

오경(五經)의 하나이다. 중국의 노(魯)나라 은공(隱公) 1년에서부터 애공(哀公) 14년까지의 12대 242년 간의 일들을 노나라 사관이 편년체로 기록한 것을 공자(孔子)가 윤리적 입장에서 비판 수정을 가하여 정사(正邪)와 선악(善惡)의 가치판단을 내린 저서. 주(周)나라의 경왕(敬王) 39년에서 시작하여 경왕 41년에 완성되다. 좌구명(左丘明)이 전(傳)을 쓰다.
〈완역 – 자구 색인〉

49. 순자
이지한 해역 ●656쪽/23,000원

예(禮)를 앞세워서 맹자(孟子)의 성선설(性善說)을 부정하고 성악설(性惡說)을 주창한 순자의 모든 사상이 담겨 있는 저서이다. 특히 형명법술(刑名法術)을 대성한 한비(韓非)는 그의 문하생이다. 순자는 총 20권 32편으로 나누어졌다. 모든 국가는 예로써 다스려야 한다는 순자의 이론을 집대성하고 있다.
〈완역 – 자구 색인〉

101. 한자원리해법
김철영 엮음 ●232쪽/6,000원

한자가 이루어진 원리를 부수를 기본으로 나열하여 쉽게 풀어놓았다. 한자의 기본인 부수가 생겨나게 된 원리를 보여주어 한자에 쉽게 다가갈 수 있게 하여, 초보자도 쉽게 깨우칠 수 있도록 하였다.

102. 쉽게 풀어쓴 상례와 제례
김창선 지음 ●248쪽/7,000원

편의주의에 밀려난 조상들이 지켰던 상례와 제례를 알기 쉽게 풀어써서 그 의식에 스며있는 의의를 고찰하고 오늘날의 가정의례준칙상의 상례와 제례와도 비교하였다. 또한 상례와 제례가 실제 거행되는 50여컷의 사진들을 함께 실어 이해를 돕고 있다.

동양사상① 한글 소학(小學) 어머니 회초리에 힘이 없으시니
임종문 해역
●284쪽/8,000원

고려 중기 이후 조선 말까지 7백여 년 동안 우리 나라 청소년의 기초 인성 교육을 맡아 온 책인. 소학에서 배우는 가치 있는 삶.

동양사상② 한글 여씨춘추(呂氏春秋) 외날개 새는 어떻게 날아가나
임종문 해역
●312쪽/9,000원

이야기로 읽는 중국 제자백가 사상의 백과사전. 역사에서 배우는 지혜와 교훈의 보물 창고. 천문 지리 인사 등의 모든 것을 담았다.

동양사상③ 한글 이인기행록(異人奇行錄) 이것도 인생이다
유태전 지음
●314쪽/10,000원

즐겁게 살다 간 사람들의 이야기에서 배우는 삶의 방법과 인생의 의미. 우리의 고정 관념을 깬 사람들의 인생 기록이다.

동양사상④ 한글 논어(論語) 썩은 나무에는 조각할 수 없고
지재희 해역
●320쪽/10,000원

인간다운 삶, 인간다운 사회의 이상향을 꿈꾼 동양 정신의 다이아몬드. 공자의 제자마다 달랐던 다양한 교육방법을 엿볼 수 있다.

동양사상⑤ 한글 맹자(孟子) 맹자로 한국 살리기
이승철 해역
●312쪽/10,000원

논술 시험을 보는 학생과 수험생이라면 반드시 읽어야 할 논쟁의 대가 맹자의, 정치 경제 사회 문화 등 각 분야의 말솜씨 배우기.

동양사상⑥ 한글 오륜행실도(五倫行實圖) 나보다 남을 더 사랑한 사람들
지재희 해역·김홍도 그림
●312쪽/10,000원

나보다 우리를 먼저 생각하고, 내 처지보다 네 처지를 더 많이 생각한 139인의 행적을 그림과 함께 소개.

동양사상⑦ 한글 정관정요(貞觀政要) 나랏님은 배요 백성은 물이다
신순원 해역
●328쪽/13,000원

중국 역사상 가장 성공한 황제, 당태종에게 배우는 지도자의 길. 어떤 조직의 리더라도 반드시 읽어야 할 지도자의 교과서.

■동양학 100권 발간 후원인(가나다 순)

후원회장 : 유태전
후원회운영위원장 : 지재희

김경범, 김관해, 김기흥, 김소형, 김재성, 김종원, 김주혁, 김창선, 김창완, 김태수,
김태식, 김해성, 김향기, 박남수, 박문현, 박양수, 박종거, 박종성, 백상태, 송기섭,
신성은, 신순원, 신용민, 양태조, 양태하, 오두환, 유재귀, 유평수, 이규환, 이덕일,
이상진, 이석표, 이세열, 이승균, 이승철, 이영구, 이용원, 이원표, 임종문, 임헌영,
전병구, 전일환, 정갑용, 정인숙, 정찬옥, 정철규, 정통규, 조강환, 조응태, 조일형,
조혜자, 최계림, 최영전, 최형주, 한정곤, 한정주, 황송문

인지
생략

동양학총서[21]
고승전(高僧傳)

초판발행   1991년 1월 25일
개정판발행 2003년 8월 30일

지은이 : 혜교(慧皎)
편역자 : 유월탄
펴낸이 : 이준영

회장 · 유태전
사장 · 백상태
주간 · 김창완 / 편집 · 홍윤정 / 교정 · 강화진
조판 · 태광문화 / 인쇄 · 천광인쇄 / 제본 · 기성제책 / 유통 · 문화유통북스

펴낸곳 · 자유문고
서울 영등포구 문래동6가 56-1 미주프라자 B-102호
전화 · 2637-8988 · 2676-9759 / FAX · 2676-9759
홈페이지 : http://www.jayumungo.com
e-mail : jayumg@hanmail.net
등록 · 제2-93호(1979. 12. 31)

정가 8,000원

※잘못 만들어진 책은 구입하신 서점에서 바꿔드립니다.

ISBN 89-7030-021-X 04150
ISBN 89-7030-000-7 (세트)